Faire confiance à la vie

Hans Küng

Faire confiance
à la vie

Traduit de l'allemand par
Éric Haeussler

Éditions du Seuil

CE LIVRE EST PUBLIÉ
SOUS LA RESPONSABILITÉ ÉDITORIALE DE JEAN-LOUIS SCHLEGEL

Titre original : *Was ich glaube*
Éditeur original : Piper Verlag GmbH, Munich
© original : Piper Verlag GmbH, Munich, 2009
ISBN original : 978-3-492-05333-4

ISBN : 978-2-02-102245-2

www.editionsduseuil.fr

Une vision du monde globale

« En toute franchise, que croyez-vous personnellement ? »
C'est peu ou prou ainsi qu'au cours de ma longue vie de théologien j'ai été interpellé à maintes reprises. J'essaie de
répondre à cette question de façon non seulement protocolaire
et convenue, mais aussi personnelle et globale.

J'écris pour des hommes qui sont en recherche. Ceux qui
ne savent que faire avec la foi traditionnelle, romaine ou protestante. Ceux qui pourtant ne sont pas non plus satisfaits de
leur incroyance ou de leurs doutes. Ceux qui ne se contentent
pas d'une « spiritualité de bien-être » ou ne demandent pas
une « béquille existentielle » à court terme. J'écris aussi pour
tous ceux qui vivent leur foi, mais veulent pouvoir en rendre
compte. Ceux qui ne se bornent pas à « croire », mais désirent
« savoir » et donc attendent une conception de la foi fondée
d'un point de vue philosophique, théologique, exégétique et
historique, avec des conséquences pratiques.

Au cours de ma longue vie, ma conception de la foi s'est
clarifiée et élargie. Je n'ai jamais rien dit, écrit, publié d'autre
que ce que je crois. Durant des décennies, j'ai pu étudier
Bible et tradition, philosophie et théologie, et cela a comblé
mon existence. Les résultats se retrouvent traités dans mes
livres. L'un d'eux est consacré au « credo apostolique » : une
profession de foi qui n'a cependant été parachevée qu'au
Ve siècle. Celui qui souhaite, pour leur contenu et leur actualité, connaître par le menu ces douze articles de foi, divers au

plus haut point et souvent controversés (par exemple la naissance virginale, la descente aux enfers, la montée au Ciel…), qu'il lise le livre – toujours valable selon moi – *Credo. La confession de foi des Apôtres expliquée aux hommes d'aujourd'hui* [1]. Ici je ne renie rien de ce que j'ai écrit dans ces pages ou encore dans *Le Christianisme. Ce qu'il est et ce qu'il est devenu dans l'histoire* (à propos notamment des dogmes christologiques).

Mais une chose est la « religion officielle » d'un homme, qui le relie à sa communauté religieuse ; une autre la religion tout individuelle du cœur *(heart religion)*, qu'un homme porte « dans son cœur » et qui ne recouvre que partiellement la « religion officielle ». Connaître quelque chose de cette philosophie de la vie personnelle, non déformée, est, du point de vue psychologique, une *via regia*, une voie royale pour comprendre en profondeur l'homme concerné.

Toutefois je ne suis pas de ceux qui, à propos des questions de foi, « se confient facilement » et en toutes circonstances livrent, voire imposent aux autres leurs convictions religieuses. C'est justement dans les discussions sur la religion que tact et doigté sont requis et même exigés. De toute façon, en tant que théologien, je ne peux substituer aux arguments un excès d'émotions ou des professions de foi précipitées. C'est pourquoi je réponds volontiers à la question – de nos jours en vogue – qui s'enquiert de ma « spiritualité » : à ce propos, on peut en apprendre bien assez par la lecture de mes livres. Mais, par ailleurs, je ne voulais pas me fermer au souhait, souvent exprimé, d'une présentation de ma spiritualité brève, cohérente et compréhensible par tous. « Spiritualité » – du latin médiéval *spiritualitas* – a une acception beaucoup plus large que la « foi » au sens religieux. Cette

---

1. Toutes les notes sont du traducteur. Pour les livres dont Hans Küng est l'auteur et qu'il cite, voir la bibliographie et les traductions en français à la fin de cet ouvrage.

notion englobe en effet toutes les influences intellectuelles de la mystique orthodoxe et de la dogmatique ecclésiale, incluant même les courants ésotériques et le *New Age*. Cependant, pour cette raison elle mène aussi à n'importe quoi.

C'est pourquoi je veux revenir sur les multiples éléments spirituels qui ont mûri au cours de ma vie et se retrouvent dans mes livres, en proposer une réflexion critique et en faire une synthèse. « Ce que je crois » ? Je souhaite être sûr que chaque mot sera compris dans son sens le plus large.

Je ne comprends pas *je* d'une manière subjectiviste : je ne me vois pas en fier solitaire, encore moins en élu. Depuis longtemps, il m'importe de penser solidairement et d'œuvrer avec d'autres au sein de ma communauté de foi, au sein du christianisme, des religions du monde et même du monde séculier. Je serais ravi si ce livre pouvait exprimer largement ce qui est aussi la conviction de beaucoup d'autres personnes.

Je n'interprète donc pas le verbe *croire* en un sens strictement ecclésial ni purement intellectuel. Admettre sans autre forme de procès « ce que l'Église me prescrit de croire », même pour les catholiques conservateurs cette formule traditionnelle ne va aujourd'hui plus guère de soi. « Croire » désigne en effet plus qu'un simple « tenir pour vraies » des propositions de foi déterminées. « Croire » fait signe vers ce qui motive la raison, le cœur et la main, ce qui englobe le penser, le vouloir, le sentir et l'agir. En tout cas, la foi aveugle m'est suspecte depuis le temps de mes études à Rome ; tout comme l'amour aveugle, la foi aveugle a conduit beaucoup d'hommes et des peuples entiers à la perdition. Mes efforts allaient et vont toujours dans le sens d'une foi compréhensive, qui ne dispose certes pas de preuves rigoureuses, mais qui a de bonnes raisons. Dans cette mesure, ma foi n'est ni rationnelle, ni irrationnelle, mais bien raisonnable.

« *Ce que* je crois » englobe donc considérablement plus qu'une profession de foi au sens traditionnel. « *Ce que* je crois » désigne les convictions et les attitudes de base qui étaient et sont essentielles dans ma vie, et dont j'espère qu'elles peuvent aussi aider les autres à s'y retrouver dans leur propre vie, leur proposer une aide pour s'orienter dans l'existence. Pas uniquement des conseils d'ordre psychopédagogique pour « se sentir bien » et « vivre sa vie ». Pas davantage un sermon condescendant ou un discours édifiant : je ne suis ni un saint, ni un prêcheur. Il s'agit bien au contraire de livrer une réflexion sérieuse et informée, portée par l'expérience personnelle, pour une vie accomplie et sensée.

Ou, si l'on veut, ce sont des « méditations » ! *Meditari* signifie littéralement « mesurer », « mesurer spirituellement », et à partir de là « réfléchir », « penser », « méditer sur quelque chose ». Toutefois, il ne s'agit en aucun cas de méditations dans la perspective d'un moine parlant à partir de la présence à Dieu, mais de celles d'un homme vivant dans ce monde, en recherche de Dieu. Il faudrait que non seulement la tête participe, mais que notre cœur aussi s'ouvre à d'autres dimensions de la réalité. Ma spiritualité se nourrit d'expériences quotidiennes que beaucoup de personnes vivent ou pourraient vivre. Elle est éclairée cependant par des connaissances scientifiques accumulées au cours d'un long parcours de théologien. Concernée aussi par des évènements mondiaux lourds de conséquences que je ne peux pas abstraire d'une histoire de luttes et de souffrances, comme je l'ai décrite dans les deux volumes de mes Mémoires.

Croire, en tant que fondement de la vie spirituelle, ne va plus de soi aujourd'hui, et la foi chrétienne encore moins. Pourtant, plus que jamais nous avons besoin – submergés que nous sommes d'informations dans une époque qui donne souvent le tournis – non seulement de pures connaissances pour nous informer, mais aussi de connaissances pour nous orienter, d'objectifs et de données clairs. Or, pour ce faire, chaque homme doit avoir en même temps son propre compas intérieur, lequel, dans la dure réalité quotidienne, est déterminant pour les décisions concrètes. Ce livre voudrait apporter sa contribution à cette orientation fondamentale.

Je tenterai de maintenir ensemble et de structurer la surabondance des thèmes et des questions qui se posent à l'aide du concept englobant, à multiples facettes, de *vie*, en considérant la manière dont il se réalise dans les développements de la vie en général, au cours d'une vie d'homme singulière, dans mon histoire personnelle. Bien entendu, on ne saurait aborder par ce biais tous les aspects ou thèmes de la foi chrétienne. Beaucoup d'entre eux sont traités dans les ouvrages présentés à la fin de ce livre.

Ce n'est pas à une promenade théologique anodine dans quelque plat pays, avec des randonnées en différentes provinces de la vie, que je convie la lectrice ou le lecteur. Mais plutôt – si la métaphore, transposition imagée, m'est permise – à une captivante et spirituelle excursion en montagne : à une patiente ascension, d'un pas lent d'alpiniste, avec des passages faciles, d'autres dangereux, malheureusement sans faire étape dans des refuges, et sans jamais perdre de vue le but qui, du sommet, nous fait signe : une vision du monde globale. C'est pourquoi, dans le premier chapitre, je commence en toute simplicité, de façon élémentaire et personnelle ; je ne descends pas du Ciel avec un hélicoptère théologique, je commence les préparatifs en bas, dans la vallée du quotidien : indispensable aux hommes, à chaque homme, est, dans un premier temps, la confiance en la vie, une confiance fondamentale.

Hans Küng,
Tübingen, juillet 2009.

1

La confiance en la vie

La confiance originaire est la pierre angulaire de la personnalité en bonne santé : une attitude envers soi-même et le monde qui remonte aux premières expériences de la vie.

Erik H. Erikson, psychologue américain, allemand d'origine, précurseur de la psychologie de l'enfant,

Identity and the Life Cycle, 1959[1].

Quelle est la base spirituelle qui, selon moi, importe pour l'homme ? Une confiance fondamentale, une confiance en la vie. Celle-ci a en chaque homme son histoire propre. Elle commence au plus tard au moment où l'enfant perçoit la lumière du monde.

La pierre angulaire d'une saine personnalité

Toutefois, la confiance en la vie n'est pas simplement « présente », elle doit être apprise. Erik Erikson et d'autres psychologues du développement l'ont étudiée empiriquement : l'enfant apprend littéralement au sein maternel à avoir confiance en la vie. Pour un développement physique et

1. Cité et développé par Hans Küng dans *Dieu existe-t-il ?*, p. 534.

psychologique sain du petit enfant, l'acquisition d'une confiance fondamentale est d'une importance vitale. Si, étant encore un nourrisson, l'enfant est lésé – par des maladies psychogènes, le retrait de la personne de référence ou un déficit émotionnel dû au manque d'intérêt ou de temps du personnel soignant (c'est l'« hospitalisme », déjà étudié auparavant par René Spitz) –, une confiance fondamentale ne peut même pas émerger. Selon Erik Erikson, le premier stade du développement de la petite enfance (en gros la première année de la vie) est justement identique au *stade de la confiance fondamentale (basic trust).*

Des recherches plus approfondies ont montré que la mère (ou la personne qui la remplace) constitue pour l'essentiel la base de confiance de toutes les explorations du monde par le petit enfant. Nul besoin d'avoir eu cinq sœurs cadettes et un frère cadet pour observer avec précision comment un enfant, lorsqu'il devient apte en rampant à explorer le monde et à établir des contacts avec d'autres personnes, cherche néanmoins sans cesse le contact visuel avec sa mère et se met à pleurer dès qu'il le perd. Et comment dans sa deuxième année, bien qu'il soit alors apte à se mouvoir aussi en dehors de la vue de sa mère, il revient sans cesse vers elle, sinon l'angoisse de séparation apparaît.

En s'ouvrant ainsi d'abord à la mère, l'enfant – tout en se détachant progressivement d'elle – s'ouvre aux autres, aux choses, au monde. De nouvelles recherches ont corroboré l'importance du premier lien pour un moi fort. Plus un enfant est en insécurité dans sa relation avec sa mère, plus il est bloqué dans la construction des relations avec les autres, car il est tout occupé à construire une relation fiable au moins à la mère. Et inversement : à partir de la confiance en la mère (ou la personne qui la remplace) se constitue, en un processus complexe – je laisse ici de côté la position du père et d'autres considérations de toutes sortes –, la d'abord naïve et incontestable confiance fondamentale de l'enfant qui lui permet de se situer dans la vie, mais qui est sans cesse en danger et mise à l'épreuve. Et pour moi-même ?

La confiance en la vie sur le banc d'essai

Je fais partie de ces innombrables personnes qui – sur la base d'une relation non sans problèmes, mais intacte avec leur mère, leur père et les autres personnes de leur entourage – ont reçu une solide confiance en la vie. Cependant ma confiance aussi a été sans cesse mise à l'épreuve par la vie elle-même.

Dès le commencement, nous, les hommes, n'apprenons pas seulement par l'éducation, mais aussi par l'expérience propre et souvent aussi par la souffrance personnelle. « Chat échaudé craint l'eau froide » dit, sans doute pas par hasard, un vieux proverbe.

Au titre peut-être de plus ancienne expérience vécue dans sa propre chair, je me rappelle ceci : j'avais trois ou quatre ans lorsque je mis mon index gauche dans une machine à couper le pain pour en retirer un petit morceau, tout en faisant tourner la manivelle avec la main droite : le bout du doigt coupé, ongle compris, resta dans la machine. Un remarquable médecin de famille fut capable, avec l'aide d'un peu de peau de la jambe de mon père, de recoudre le bout du doigt, en sorte qu'aujourd'hui on remarque à peine la différence.

La première personne morte, je l'ai vue à six ans, et elle resta gravée dans ma mémoire : ma grand-mère fut tuée lors d'un tragique accident de voiture, mon grand-père étant au volant. Elle était allongée, pâle, tranquille et belle, seul un petit point rouge sur le front témoignait de sa blessure. On me disait qu'elle était maintenant « au Ciel »... Cependant pareilles expériences, et beaucoup d'autres, n'ont pas dans mon cas provoqué de traumatismes psychiques et n'ont pu ébranler ma confiance en la vie.

C'est pourquoi, sur la base de nombreuses expériences personnelles, je suis – tout en tenant la psychothérapie en haute estime – réticent envers les psychanalystes qui, à propos de toutes sortes de problèmes tardifs, veulent découvrir un traumatisme dans la petite enfance. Certes, je n'ignore pas que tôt déjà, et de plus en plus, de graves *crises de confiance* peuvent se produire : par des échecs à l'école, durant la formation et dans les relations personnelles. Mais plus tard aussi, à cause d'un avenir sans perspective, d'une amitié trahie ou de la première grande déception amoureuse. Et, enfin, à la suite d'un échec professionnel, de la perte de la santé, du poids souvent insupportable de l'existence…

Ainsi faut-il, plus tôt chez l'un, plus tard chez l'autre, qu'à partir de la confiance incontestable, inconditionnelle, spontanée de l'enfant en tout dépendant de la mère, une *confiance fondamentale mûrie et responsable* grandisse en traversant les crises : à savoir la confiance réfléchie et critique de l'adulte devenu autonome face à une réalité du monde et des hommes opaque et difficile à saisir. Une confiance en soi véritable est la condition pour une personnalité forte et compatissante. Et plus on met de temps à prendre une décision de fond consciente quant à la façon dont on se situe à l'égard de l'existence, d'autrui et de la réalité, moins on y échappe. Sans une confiance fondamentale mûre, une confiance en la vie, on ne peut guère surmonter les crises existentielles.

Une base philosophique en apparence sûre

Deux décennies avant que je lise pour la première fois une ligne d'Erik Erikson, je me suis, comme étudiant en théologie à Rome, au Collège germanique pontifical dirigé par les jésuites, confronté à la question d'une perspective et d'une base de la connaissance sûres : six semestres de philosophie, avec une histoire de la philosophie qui incluait de remarquables introductions à la pensée de Kant et de Hegel. Je clôturai mes études de philosophie par la licence, avec un travail portant sur « l'existentialisme comme humanisme » de Jean-Paul Sartre – à la mode dans les années 1950.

À Rome, j'ai appris ce à quoi encore aujourd'hui je ne voudrais renoncer en aucun cas : la clarté latine, la précision terminologique, l'argumentation en elle-même cohérente et, en général, une stricte discipline de travail. C'est ainsi qu'après trois ans j'étais fermement convaincu d'avoir acquis pour ma vie une perspective et pour mon chemin de vie une base scientifique absolument sûre, dont je pouvais répondre rationnellement à tout moment.

Je me rappelle encore avec précision comment, après la licence de philosophie, me promenant avec un ami suisse du Collège germanique pontifical jusqu'au Pincio, un grand parc de Rome, nous trouvions grandiose que, pour notre compte et assez péniblement, nous ayons élaboré concernant la théologie un fondement clair, de part en part rationnel et philosophique : une base naturelle de principes ontologiques évidents et des conclusions déduites avec une rigueur méthodique. Il ne nous restait plus qu'à asseoir avec la même minutie, sur cette base naturelle de raison et de philosophie, l'édifice surnaturel de la foi et de la théologie. Ainsi serions-nous équipés pour la vie : pour nos relations avec nous-mêmes et avec les autres, pour notre travail, notre compréhension du monde, notre conformité au temps actuel. C'est ce que nous pensions. Mais c'est justement ce schéma en étages de la raison et de la foi qui se révéla trompeur. Cette *philosophia perennis* néoscolastique était-elle – j'en doutais de plus en plus – une base véritablement sûre et solide ?

17

Mes doutes

Je ne me suis jamais totalement débarrassé d'un ultime doute
– que je n'avais d'abord pas pris très au sérieux. Désormais
les doutes font partie de ma pensée. Il y a des doutes superficiels ou stupides, qu'on peut écarter facilement en s'infor-
mant. Mais il y a aussi des doutes intelligents, plus profonds,
qui s'incrustent en nous. C'est ainsi que, dès mon séjour à
Rome, il m'est devenu clair que je ne pourrai jamais être
aussi doux et « équilibré » que notre collègue étudiant et pré-
fet exemplaire, qui allait plus tard devenir l'évêque au plus
haut point borné d'un grand diocèse allemand.
Sur le plan intellectuel tout me paraissait d'une clarté cristal-
line, mais sur le plan existentiel demeurait une incertitude
refoulée. Elle ne cessa de resurgir durant le premier semestre
de théologie et me fit douter que tout soit en fin de compte
lumineux, évaluable et démontrable : est-il vraiment si clair
que ma vie a un sens ? Pourquoi suis-je comme je suis ? J'ai
des faiblesses et des défauts que je ne peux effacer d'un
simple vœu. Pourquoi dois-je m'accepter une bonne fois
pour toutes tel que je suis, avec mes facettes positives et
négatives ? L'acceptation de moi-même sur la base d'arguments rationnels me semblait difficile.
Et qu'est-ce que je veux en fait ? Quel est le sens de ma
liberté ? Pourquoi n'est-elle pas sans plus orientée vers le
bien ? Qu'est-ce qui me stimule ? Pourquoi la culpabilité est-
elle possible ? Et la possibilité de faillite, de ratage et de se
transformer en coupable ne retombe-t-elle pas sur celui qui a
voulu l'homme ainsi, de sorte que j'en suis moi-même
délesté ? Même ma liberté, ambivalente au plus haut point, il
me semblait impossible de l'affirmer sur la base d'une compréhension purement rationnelle.

Face à ces questions et ces embarras, face aussi à un examen de conscience journalier et méthodique, les principes ontologiques prétendument évidents de la métaphysique grecque et thomiste – l'être est être et non néant – me sont d'un faible secours. D'ailleurs l'être n'est-il effectivement pas néant ? À chaque existant en tant que tel appartiennent l'identité, la vérité et le bien. Mais l'existant n'est-il pas multiplement contradictoire, ni dans la vérité, ni dans le bien ? Qu'en est-il du mal dans le monde ?

À l'époque du nihilisme et de l'existentialisme – en renvoyant aux contradictions et au caractère passager de l'existence humaine, à sa possible déchéance ou perdition et, justement, à son néant –, on pouvait aussi contester les principes ontologiques. Jean-Paul Sartre, dont l'existentialisme se comprend comme un humanisme, n'a-t-il pas décrit l'homme comme un « trou d'être » qui doit librement se réaliser lui-même ? Et Nietzsche n'a-t-il pas de façon pénétrante formulé le « soupçon », la méfiance et la défiance contre tout ce qui se targue d'être et vrai et bon, et spécialement contre toute métaphysique ?

Crises de la vie

En tout cas, je me suis toujours éprouvé moi-même comme un être humain à bien des égards contradictoire, ambivalent, avec des points forts et des faiblesses, très loin de l'accomplissement souhaité. Nullement comme un homme idéal, mais comme un homme avec ses hauts et ses bas, ses côtés diurnes et nocturnes, ce que Carl Gustav Jung appelle l'« ombre » de la personne, ce que l'homme justement, au lieu de le traiter, n'écarte, ne refoule ou n'étouffe que trop volontiers. Et plus d'un ne voudrait-il pas en son cœur être différent ? Un peu plus intelligent, plus riche, plus beau ?

Souvent l'on accepte plus facilement le monde que soi-même, quelle que soit la manière dont on est fait ou la manière dont d'autres nous ont fait. J'ai lu chez Carl Gustav Jung que « le simple cependant est toujours le plus difficile. En réalité, être simple est en effet un art suprême, et ainsi l'acceptation de soi-même est le summum du problème moral et le noyau de toute une représentation du monde[1] ».

Je ne suis pas le chantre d'un pessimisme de la vie qui voue d'avance chaque action à l'échec ; dans la vie, il y a aussi des succès, des progrès, des cadeaux, du bonheur. Cependant même les hommes qui ont beaucoup de succès ne sont guère épargnés par les crises de la vie qui partout sèment le doute. Un homme peut en faire l'expérience dès son jeune âge. Mais tout aussi bien seulement lors de la *midlife crisis*, ou d'une maladie mortelle possible à tout moment, ou d'un fiasco professionnel, ou à un âge avancé, au cours d'une dépression suite à la mise à la retraite. Lorsqu'un homme a obtenu tout ce qu'il pouvait obtenir et qu'il ne peut en aucun cas en obtenir davantage, que se passe-t-il ?…

Ce que j'ai éprouvé durant mes études, je l'ai trouvé décrit avec justesse, une dizaine d'années plus tard, par un théologien catholique qui avait enseigné à Tübingen une bonne dizaine d'années avant moi, également hors d'une faculté de théologie. Il s'agit de Romano Guardini ; dans le livre *Die Annahme seiner selbst* (« L'acceptation de soi-même »)[2], publié en 1960, l'année où j'ai été appelé à Tübingen, il écrivait ceci : « La tâche peut devenir très difficile. Il y a la révolte contre le fait de devoir être soi-même : pourquoi donc y suis-je tenu ? Ai-je demandé à être ?… Il y a le senti-

1. « Über die Beziehung der Psychotherapie zur Seelsorge » (« Les liens entre psychothérapie et religion »), 1932, article repris dans *Psychologie et Religion*, trad. M. Bernson et G. Cahen, Buchet-Chastel, 1975, p. 143 ; cité dans *Dieu existe-t-il ?*, p. 499.
2. Würzburg, non traduit en français. La citation se trouve dans Hans Küng, *Dieu existe-t-il ?*, p. 500.

ment que cela ne vaut plus la peine d'être soi-même : quel profit pour moi ? Je suis pour moi-même un sujet d'ennui. Je me dégoûte moi-même. Je ne me supporte plus moi-même... Il y a le sentiment de se duper soi-même, d'être enfermé sur soi-même : je ne suis que cela, mais je voudrais être plus. Je n'ai que ce talent, mais j'en voudrais de plus grands, être plus brillant. Sans fin je suis contraint au même. Sans cesse je bute sur les mêmes limites. Je n'arrête pas de commettre les mêmes fautes, je fais l'expérience de la même défaillance... De tout cela peut naître une monotonie infinie, un dégoût terrible. »

Mais comment puis-je, telle est maintenant ma grande question, sans verser dans l'irrationalisme, parvenir à une disposition fondamentale positive par rapport à la réalité du monde problématique et ambivalente, et par rapport à moi-même ?

Une décision de vie différée

Il y a des hommes qui portent en eux des années durant un doute à propos de leur existence humaine, un doute existentiel donc, sans pouvoir ou vouloir le lever. Je fais aussi partie de ceux-là. Je pense à ce propos à Martin Walser, qui a, comme Günter Grass, mon âge et est l'un des écrivains actuels à l'écriture la plus puissante. Je n'ai eu qu'une courte conversation avec lui pendant l'entracte d'une représentation au festival de Bayreuth. Je lui ai demandé s'il était envisageable qu'il aborde le thème de la religion dans l'un de ses romans. Sa réponse fut qu'en effet il portait en lui ce thème en germe, mais qu'il était encore trop tôt pour cela. Désormais nous sommes octogénaires. Or Martin Walser raconte dans son dernier roman comment Goethe, à soixante-quatorze ans, s'enflamma d'une violente passion du grand âge pour une jeune femme avant d'échouer à la limite du ridicule. Une histoire qui sert de miroir à Martin Walser ? Aurait-il mis au placard la « question de Gretchen » : « Où en es-tu avec la religion ? » ?

Ma question fondamentale d'alors n'était pas en réalité celle de la religion, mais ma disposition envers la vie en général. Comment puis-je parvenir à une disposition existentielle constructive, qui englobe le vécu, le comportement et les actes de l'homme total si la réalité du monde et de moi-même, douteuse au plus haut point, ne s'impose pas dans son caractère sensé et sa valeur avec une évidence nécessaire ? Comment puis-je acquérir un point de vue solide et réussir ma vie ?

De toute évidence, il s'agit, avec cette question fondamentale, de ma prise de position libre et, dans cette mesure, responsable. Je ne suis totalement préprogrammé ni par mon génotype ni par mon inconscient, ni totalement conditionné par mon environnement. Je suis, dans certaines limites, libre. Tous les arguments exagérés des physiologistes du cerveau sont vains : je ne suis ni un animal ni un robot. Dans les limites de l'inné et des déterminations environnementales, je suis libre dans le sens de l'autodétermination et de la responsabilité de soi-même. Soit : je ne peux démontrer théoriquement cette liberté de choix ou de décision. Mais dès que je le veux, je peux à chaque instant l'expérimenter immédiatement en pratique : je peux maintenant me taire… Non, je veux parler… Ou finalement dois-je préférer me taire ? Je pourrais donc aussi faire autrement. Voilà que je fais autrement. Une expérience non seulement du faire, mais aussi du ne pas faire. Et, hélas, pas uniquement la réussite, mais aussi parfois l'échec.

Déjà à propos des petites questions quotidiennes, je peux me décider pour une chose ou une autre, mais je le peux aussi à propos de questions de principe, et même celle de ma disposition existentielle principale. Certes, je peux lui échapper, l'ajourner, la refouler, me plonger dans la vie de tous les jours, je peux esquiver des conséquences déterminées. Il y a là d'un point de vue psychologique bien des possibilités, mais d'un point de vue philosophique il y a là une *alternative fondamentale entre une option positive et une option négative*. Et j'ai fait l'expérience qu'il est bon de réfléchir de près à ces deux postures existentielles qui s'imposent de façon dramatique lors d'une crise existentielle.

Est possible une *défiance* fondamentale *en la vie* : je peux plus ou moins consciemment dire *non* à un sens à ma vie, à la réalité en général. Cette option nihiliste, qu'elle soit le fruit d'une réflexion philosophique qui conclut au néant de tout sens ou qu'elle soit vécue de façon pragmatique au sens d'un « tout se vaut » (pour éviter des mots plus triviaux), trouve toujours assez d'aspects négatifs pour conclure à l'absurdité, au déchirement, au vide de l'existence et à son absence de sens et de valeur. Ces personnes méfiantes par principe ne peuvent être satisfaites par rien. Elles répandent autour d'elles une atmosphère d'insatisfaction, de lamentation et de cynisme.

Mais est possible aussi une *confiance* fondamentale *en la vie* : je peux, malgré le non-sens omniprésent, en toute conscience dire *oui* au sens de ma vie, je peux dire *oui* à la réalité en général, malgré tous les côtés problématiques, adverses, confinant au néant. Il est vrai que c'est une entreprise osée au regard du risque manifeste de déception, au regard d'échecs toujours possibles. Naturellement, je voudrais que ma vie soit une réussite, que malgré toutes mes faiblesses et mes erreurs je sois satisfait et au clair avec moi-même. Je voudrais non pas une vie ratée, mais une vie heureuse : mais qu'est-ce qui m'aidera en ce sens ?

Une théologie peu secourable

Déjà quand j'étais étudiant, je désirais ardemment une réponse claire : pourquoi devrais-je dire fondamentalement oui à ma vie ? Mes maîtres romains m'aident à poser le problème, mais je dois moi-même trouver la solution. Je me rappelle avec précision comment avec cette question je mets mon premier prédicateur de retraite dans l'embarras. Il me renvoie alors à... Dieu. Mais les questions sur mon propre point de vue, sur le sens de ma vie, de ma liberté, de la réalité en général, me paraissaient plus fondamentales, plus pressantes que la question de Dieu, qui logiquement serait à étudier seulement dans un deuxième temps.

Il objecte avec l'argument massue suivant : une telle insistance est en fin de compte une rébellion contre Dieu. Que répondre ? Je prends congé, silencieux et insatisfait : comment croire en Dieu si je ne puis m'accepter moi-même ? Je dois tout simplement « croire », me dit-on. Mais, d'un autre côté, « croire », enseigne-t-on à l'Université pontificale grégorienne, ne vaut en fait qu'au niveau « supérieur » des vérités christiques révélées (Trinité, Incarnation...). « Croire » n'aurait rien à faire au niveau « inférieur », naturel, de la raison. Là, seuls la *ratio* et le savoir devraient régner : principes évidents et arguments rationnels.

Lors de mes dernières années à Rome, je comprends autre chose : même la théologie évangélique que j'ai appris à connaître autrefois avec admiration à travers la monumentale *Dogmatique* de Karl Barth se trouve dans l'embarras sur ce point. À propos de cette question fondamentale, dois-je d'emblée m'en remettre à la parole de Dieu ? Simplement lire la Bible ? Mais qu'en est-il des milliards de non-chrétiens qui ne lisent pas la Bible parce qu'ils ne peuvent pas la lire, ou ne le veulent pas, ou ne savent pas du tout lire ?

C'est ce que se demandent sérieusement aussi beaucoup de chrétiens évangéliques : est-ce que tous ces non-chrétiens peuvent en fait trouver un solide point d'appui dans leur vie, atteindre une confiance en la vie ? La foi dans le Dieu chrétien n'est-elle pas une condition préalable à chaque oui à la vie et pour chaque éthique qui s'établit sur cette base ? Des questions existentielles, auxquelles aujourd'hui encore se confronte aussi la théologie évangélique.

Le destin des « incroyants »

Tandis qu'à l'Université pontificale j'étudie sagement, traité après traité, les théologies néoscolastiques – rien que des thèses qui, quelque quarante années plus tard constitueront de nouveau l'essentiel du « catéchisme universel » romain –, me fascine de plus en plus le problème d'une fondation rationnelle de l'existence humaine et du « salut des infidèles ». *De salute infidelium* : ainsi s'intitule un séminaire qui me propose beaucoup de matériaux tirés de la tradition chrétienne. Mais il me laisse finalement insatisfait, car il n'apporte aucune solution convaincante concernant le salut des non-chrétiens et une perspective possible par rapport à lui. En outre, il y a aujourd'hui encore des chrétiens qui – pour exhorter à la responsabilité – en appellent à un enfer. Un enfer qui, naturellement, est exclusivement pour les autres, ceux qui sont « extérieurs », *extra ecclesiam*, les « mécréants » et les « infidèles ».

Les religions du monde n'étaient pour moi qu'un aspect du problème des « infidèles ». Dès 1955, je vais en Afrique du Nord façonnée par l'islam et, quelques années plus tard, je fais un voyage autour du monde. Je rencontre d'innombrables personnes, de couleurs de peau, de cultures et de religions des plus différentes.

25

Tous seraient exclus du salut, promis à l'enfer ? Il est pourtant écrit : « Dieu veut le salut de tous les hommes » (1 Timothée 2,4). Mais l'autre aspect du problème des « infidèles » est pour moi le nombre croissant de non-chrétiens au sein de l'Europe et même dans mon environnement immédiat, à l'université. Il me semble inacceptable que les membres d'autres religions, et en premier lieu les athées et les agnostiques, ne puissent dans leur vie accéder à aucun point de vue solide ni à aucune confiance en la vie ; donc que la foi dans le Dieu chrétien soit la condition préalable à tout oui à la réalité et à toute éthique.

De l'athéisme et de l'agnosticisme nous entendons beaucoup parler dans les cours magistraux, mais dans des formes purement abstraites. Des philosophes modernes on parle aussi dans une large mesure sans aborder les évènements dramatiques de leur vie. Comme si un système intellectuel en avait engendré un autre et celui-ci à son tour un troisième ! N'y a-t-il pas derrière les questions des précurseurs de l'« époque moderne séculière » des questions existentielles et même des évènements de vie ?

Quoi qu'il en soit, pour moi la question d'une fondation consciente et raisonnable de l'existence humaine reste non résolue. En 1953, une longue discussion pendant mes secondes et dernières vacances dans ma patrie durant mes sept années à Rome devient pour moi une expérience clé – mais encore une fois négative. J'effectue alors un stage pastoral de plusieurs semaines à Berlin-Moabit, dans la paroisse de Saint-Laurent. J'y discute, entre autres, avec un jeune artiste qui a à peu près les mêmes difficultés avec le sens de la vie que moi. Mais malgré ma formation philosophique, entre-temps accrue de deux années de théologie, il s'avère que je reste incapable de donner une réponse convaincante à mon interlocuteur. Même les digressions sur l'esthétique sont ici d'un faible secours. À nouveau se pose la question : comment parvenir à une position ? En fin de compte, ma résolution de ne pas continuer plus longtemps d'esquiver ou de refouler cette question, mais de l'aborder de façon offensive, est prise avec fermeté.

Une expérience spirituelle

Au Collegium Germanicum il y a un « père spirituel », le « spi », auquel on doit accorder une confiance sans réserve. J'eus la chance d'y rencontrer un homme extraordinaire : Wilhelm Klein, un jésuite expérimenté qui avait beaucoup voyagé, avec une formation de base philosophique et théologique tout imprégnée de Hegel ; c'est seulement en 1998, à l'âge de cent deux ans, qu'il est décédé ! Les thèses de la grégorienne sur raison et révélation sont « claires comme de l'eau de roche », mais elles ne sont « que de l'eau » : voilà un de ses bons mots typiques. C'est cet *homo spiritualis* que je vais voir après mon retour du Nord.

Naturellement, j'obtiens de nouveau la réponse à laquelle je m'attends, à laquelle je suis depuis longtemps allergique et à laquelle je m'étais fermement décidé à m'attaquer avec des arguments pour enfin arracher une solution au conflit. On doit croire ! Croire ? Croire ?? Mais ce n'est pas là une réponse ! Je veux *savoir* !

Puis soudainement – au cœur de cette discussion – une idée me traverse l'esprit. Je ne parle pas volontiers d'« illumination », mais plutôt d'expérience spirituelle ; en tout cas cette connaissance intuitive ne provient ni de mon interlocuteur ni de mon propre effort de conceptualisation. Peut-être du dehors, d'en haut ?

« Croire » ? Manifestement, il n'y va pas en cette question fondamentale d'un « croire » au sens catholique traditionnel de l'acceptation intellectuelle de vérités de foi surnaturelles, le plus souvent sous forme de dogmes. Et en tout cas pas davantage d'un « croire » au sens évangélique : l'acceptation d'une justification par la grâce de Dieu en Christ. Ma compréhension personnelle n'est peut-être pas si éloignée de cette conception, mais elle est plus simple, plus élémentaire, plus fondamentale. Avec la fondation consciente et raisonnable de l'existence humaine, il y va de la question qui se pose pour les chrétiens et pour les non-chrétiens déjà « avant » toute lecture de la Bible : comment puis-je acquérir un point de référence solide ? Comment admettre mon propre moi avec toutes ses zones d'ombre ? Comment accepter ma propre liberté, ouverte aussi au mal ? Comment, malgré tant de non-sens, affirmer un sens dans sa vie ? Comment dire oui à la réalité du monde et des hommes, telle qu'elle est, avec ses énigmes et ses contradictions ?

Qu'est-ce qui s'ouvrait ainsi soudainement à moi ? Que dans cette question de la vie il est exigé de moi de prendre un risque élémentaire, un *risque de faire confiance*. Voici le défi : ose un oui ! Au lieu d'une abyssale méfiance sous la forme du nihilisme ou du cynisme, risque une confiance fondatrice en cette vie, en cette réalité ! Au lieu d'une méfiance envers la vie, risque une confiance en la vie : une confiance fondamentale en toi-même, dans les autres hommes, dans le monde, en la réalité problématique en général.

Chez Dag Hammarskjöld, l'ancien secrétaire général des Nations unies, je trouvai bien des années plus tard cette pensée ainsi exprimée (datant de la Pentecôte 1961, quatre mois avant sa mort lors de sa mission de pacification à la frontière du Congo) : « Je ne sais pas qui ou quoi posait la question. Je ne sais pas quand elle a été posée. Je ne sais pas si j'ai répondu. Mais un jour j'ai répondu "oui" à quelqu'un – ou à quelque chose. À partir de cette heure est advenue la certitude que l'existence a un sens et que de ce fait ma vie, dans la soumission, a un but. Depuis cette heure j'ai su ce que veut dire "ne pas regarder en arrière", "ne pas se préoccuper du lendemain" [1]. »

Nulle peur de l'eau profonde

Cette expérience singulière me remplit d'une joie sans limites. Dire effectivement oui, risquer une confiance fondamentale, risquer la confiance en la vie : c'est ainsi, et seulement ainsi, que je suis en mesure de poursuivre le chemin de ma vie, de parvenir à une disposition fondamentale positive, c'est ainsi que je peux continuer et garder le bon rythme.

Autrement dit, la confiance fondamentale que j'avais reçue étant enfant, que j'ai gardée durant la puberté et l'adolescence, et à laquelle je n'ai jamais renoncé, je la faisais alors, en toute conscience, mienne. Et cette joie effrénée que je ressentais était semblable à celle que j'éprouvais enfant en nageant, lorsque pour la première fois je faisais l'expérience que l'eau porte réellement mon corps, que je peux faire confiance à l'eau, que je peux moi tout seul – sans assistance et sans artifice – me fier à l'eau. Aucune théorie, aucune observation à partir de la rive, aucun enseignement hors de l'eau ne me l'ont permis. Je devais l'oser moi-même et je l'ai osé : une confiance en la vie désormais mûrement réfléchie, celle d'un homme adulte, mûr.

Cependant il s'agit d'une confiance en la vie de part en part critique ! Autrefois déjà, ceci m'était clair : cette confiance en la vie n'a rien à voir avec la crédulité ni avec un optimisme facile. La réalité du monde et de moi-même, si souvent triste, n'était pas changée. C'est seulement ma disposition

1. *Vägmärken*, 1963 ; trad. fr : *Jalons*, trad. C.G. Bjurström et P. Dumaine, Plon, 1966.

29

fondamentale à son égard qui a changé. Elle ne s'est d'aucune façon transformée en monde « sauvé », au contraire : elle portait toujours la marque de la contradiction et la menace du chaos et de l'absurdité. Et mon propre moi n'avait en aucune façon perdu ses zones d'ombre. Il restait impénétrable, faillible, menacé par la culpabilité, mortel. Ma liberté était toujours capable de tout, et celle de mes semblables aussi.

Néanmoins je peux comprendre que beaucoup de personnes, même si elles savent nager, ont une peur quasi insurmontable de l'eau profonde : il se pourrait qu'elles coulent quand même ! Des parents qui donnent des cours de natation aux enfants d'un à quatre ans sont mis en garde par les spécialistes contre l'insouciance, car les enfants en bas âge ne savent pas encore évaluer les dangers. Je dois admettre que dans mes jeunes années moi aussi, je ressentais une légère appréhension lorsque, même par temps couvert, je nageais au loin absolument seul dans le lac de mon enfance et qu'il me venait à l'esprit que celui-ci fait presque quatre-vingt-dix mètres de profondeur et qu'à cet endroit personne ne pourrait me venir en aide. Si, nageant en pleine nature, on ne veut pas couler, il ne faut pas s'arrêter : au contraire, on doit avancer sans cesse, sans se lasser, pour atteindre de nouveau une rive. Et si l'on se retrouve d'aventure dans le brouillard, veiller à apercevoir dès que possible les arbres de la rive pour se guider.

La vie en ce monde n'est pas un bassin de natation bien surveillé, où l'on peut à tout moment sentir de nouveau le fond sous ses pieds et se reposer. La vie a ses abîmes et souvent, surtout en politique et en économie, elle s'apparente plutôt à un repaire de requins. Celui qui aspire à une vie constamment protégée et sécurisée de toutes parts sera tôt ou tard confronté au fait que l'existence est toujours incertaine, qu'elle a constamment des hauts et des bas, des chances et des risques. Il convient de n'être pas exubérant dans les hauts et non découragé dans les bas. Sur ce point, l'homme ferait bien de se faire une image réaliste de lui-même et de renoncer aux images de soi où l'on s'idéalise et se surestime.

Mais n'est-il pas déraisonnable de s'en remettre à l'eau sans avoir de preuves – bien qu'on s'appuie sur beaucoup de données ? Non, car j'*expérimente* la rationalité – par le fait même de nager ! Même ma confiance en la vie n'est d'aucune façon irrationnelle, d'aucune façon invérifiable. En fait, mon point de vue fondamentalement positif – ma disposition constructive par principe antinihiliste envers la vie et envers la réalité en général – ne saurait être présenté pour ainsi dire « objectivement » de l'extérieur. On ne peut le présenter *a priori* comme évident ou rationnel, ce qui pourrait alors fonder ma confiance fondamentale. Un tel « point d'Archimède » présupposé de la pensée n'existe pas. Même un penseur aussi critique que Karl Popper, philosophe britannique d'origine autrichienne, épistémologue, ne peut éviter de présupposer à la base de son « rationalisme critique » au moins la rationalité de la raison ou, comme il le dit explicitement, « une foi en la raison »[1].

Les philosophes rationalistes pourront tenir une telle confiance en la raison pour irrationnelle ; Popper lui-même parle d'une « décision irrationnelle ». Ainsi rendent-ils manifeste le fondement irrationnel de leur rationalisme. Pour ma part, je ne désignerais en aucun cas ce « s'en remettre à », cette confiance fondamentale en la raison, comme irrationnel. Car la confiance en la raison ne saurait certes être démontrée *a priori*, mais fort bien *expérimentée dans sa mise en œuvre* : *par* l'usage de la raison, *en s'ouvrant* à la réalité *par* le oui. La confiance fondamentale en la réalité, ainsi que d'autres expériences

---

1. Karl Popper (en collaboration avec Herbert Marcuse), *Revolution oder Reform. Eine Konfrontation*, Kösel Verlag, 1971, p. 38 (non traduit en français). Cité par Hans Küng dans *Dieu existe-t-il ?*, p. 510.

fondamentales comme l'amour ou l'espérance ne peuvent justement pas être démontrées par une argumentation préalable, mais pas davantage uniquement après coup. Elle n'est ni prémisse ni conséquence de ma décision. Cette confiance fondamentale est bien au contraire susceptible d'expérimentation grâce à la mise en œuvre de ma décision, et même dans l'acte de confiance comme tel en tant qu'il est raisonnable et sensé de part en part.

Mais un non nihiliste, une défiance cynique ne sauraient assurément être ébranlés par aucun argument, si rationnel soit-il. Néanmoins il s'empêtre dans des contradictions croissantes ; l'œuvre, la vie et l'esprit qui s'éteint de Friedrich Nietzsche l'ont montré de façon émouvante. En revanche, un oui fondamental peut être maintenu dans la pratique de la vie de façon conséquente malgré toutes les difficultés et tous les obstacles. Je l'ai expérimenté : on peut le vivre malgré toutes les tentations et toutes les déceptions, et le préserver en prenant sans cesse nouvellement position et de nouveaux départs. Une confiance originelle, contre les approches sans cesse menaçantes de la frustration et du désespoir, qui devient malgré tout un espoir maintenu. Ainsi peut-on exercer la vertu de *perseverantia*, de constance, de ténacité, d'endurance.

Confiance en la vie et foi religieuse

Cette confiance fondamentale, peut-on déjà la nommer « foi » ? Ma réponse : on le peut, mais on ne devrait pas le faire. Il y a eu des philosophes de grand mérite, tel Karl Jaspers, qui parlaient de « foi philosophique », mais sans distinguer clairement entre foi et confiance fondamentale. D'autres au contraire (tel le psychiatre bâlois Balthasar Staehlin) ont beaucoup trop vite assimilé la confiance fondamentale à une « confiance originelle » théologique et mystique, mais quelquefois c'était aussi pour polémiquer contre les Lumières.

Par souci de clarté, dès mes années estudiantines il m'a semblé important de distinguer entre la confiance fondamentale et la foi au sens d'une foi religieuse ou d'une foi en des dieux. En aucun cas je ne voulais interpréter théologiquement les hommes autrement qu'ils ne se comprennent eux-mêmes ; je ne voulais pas, comme d'autres théologiens, faire de Nietzsche un croyant en Dieu, et des athées ou des agnostiques des chrétiens occultes ou « implicites », ou, comme le disait le théologien Karl Rahner, « anonymes ». Qu'en particulier juifs et musulmans n'apprécieraient guère cette sorte d'« anonymisation », en tant que tentative de récupération chrétienne, je l'ai compris très tôt.

Cependant, la relation entre confiance fondamentale et foi en Dieu peut être très complexe. D'après mon expérience, confirmée par Erik Erikson, on peut distinguer trois sortes d'hommes :

— Il y a des hommes qui tiennent leur confiance en la vie d'une foi religieuse. Motivés par leur religion, ils sont extraordinairement impliqués dans leur existence, mais aussi aptes à endurer les coups du sort et à tenir ferme lors des crises : ce sont des croyants convaincus et convaincants.

— Mais il y a aussi des hommes qui, bien qu'ils se désignent comme croyants, n'ont aucune confiance en la vie, ni envers les hommes, ni envers eux-mêmes. Ils se trouvent en situation précaire. De leurs mains ils saisissent pour ainsi dire les nuages du ciel, mais sur cette Terre ils ne trouvent pas de véritable appui. Ils sont étrangers au monde, ce sont des doux rêveurs et des enthousiastes religieux qui n'ont pas les pieds sur terre.

— Enfin, il y a des hommes qui ont confiance en la vie sans avoir une foi religieuse. On ne peut pourtant contester que sur cette Terre, dans certaines circonstances, ils sont en mesure de réussir leur vie aussi bien ou parfois même mieux que des croyants. Ils puisent leur confiance fondamentale dans les relations humaines, dans un travail créateur, dans une activité scientifique ou politique, dans une éthique humaniste.

J'en conclus ceci : à partir d'une confiance fondamentale, athées ou agnostiques peuvent mener une vie authentiquement humaine et, en ce sens, morale. En d'autres termes : de l'athéisme ne s'ensuit pas nécessairement un nihilisme. Sur ce point, je dois contredire Dostoïevski : même si Dieu n'existait pas, tout ne serait pas permis !

La confiance est aussi à la base de la science,
de la politique et de l'économie

Pour ma part, j'en suis arrivé de plus en plus à penser ceci : la confiance fondamentale ne détermine pas seulement les premières phases du développement de l'homme, elle reste au long de la vie la *pierre angulaire de la santé psychique d'une personnalité* ; la méfiance fondamentale en constitue le contrepoint durant toute l'existence. Car, pour reprendre les mots clés du psychanalyste et psychothérapeute Horst-Eberhard Richter, il s'agit partout, au lieu de « fuir » et d'esquiver, de « tenir bon » et de résister, et ce surtout dans une société très complexe comme la nôtre. La confiance fondamentale est donc le fondement du sentiment d'identité, qui doit cependant sans cesse et à nouveaux frais se maintenir à travers tous les conflits sociopsychologiques. Aussi la confiance fondamentale demeure-t-elle tout au long de la vie une tâche à accomplir, elle doit toujours et encore être donnée à chacun.

Cependant la confiance fondamentale n'est pas seulement importante pour la vie individuelle, elle l'est aussi pour la vie

collective. Il y a trente ans, j'ai écrit dans *Dieu existe-t-il ?*
un long chapitre sur la « confiance fondamentale » sans
susciter beaucoup d'intérêt dans la corporation des théologiens ou des philosophes : à l'époque déjà, il s'agissait de la
confiance fondamentale en tant que base de l'éthique et de la
science. Plus tard, j'ai compris de mieux en mieux l'importance incalculable de la confiance pour toute la vie de la
société, même pour la politique et l'économie mondiales.

Or il a fallu la crise économique mondiale de 2008-2009
pour que les hommes sentent à fleur de peau ce que signifie
un *manque de confiance*. Désormais ils peuvent mesurer
aussi la confiance fondamentale dans sa dimension sociale.
Le cœur de la crise est la méfiance entre les grandes banques,
avec toutes les conséquences fatales pour les entreprises
partout dans le monde, pour les propriétaires et les innombrables clients privés. Plus que jamais, on reconnaît également l'importance fondamentale de la confiance dans les
activités économiques partout dans le monde ; et, suite à
cette crise économique, on parle même tout d'un coup de la
confiance comme étant la valeur la plus importante pour le
bon fonctionnement des marchés financiers, du décevant
mais pourtant nécessaire « système de confiance ».

Je n'exagère donc aucunement en désignant la confiance
comme la *base du vivre ensemble des hommes*. Dans
l'entreprise, on réclame aujourd'hui plus de confiance
entre supérieurs et collaborateurs, entre collègues et partenaires. Les contrôles ne peuvent en aucune façon remplacer la confiance, ni la compétence professionnelle la
force de caractère, ni l'efficacité le génie. On demande
des dirigeants qui créent de la confiance ; eux seuls peuvent,
dans les temps difficiles, unir et motiver les forces vives,
renforcer la confiance des collaborateurs dans l'entreprise
et transmettre une orientation pour le présent et l'avenir.
Face à un déficit de confiance croissant, notamment dans
le domaine financier, conseillers, représentants, commerçants

et analystes doivent eux aussi à nouveau s'efforcer de rétablir la confiance perdue et ainsi entretenir la sincérité, l'audace et la modération. En outre, une confiance raisonnable, précisément en matière de finance, inclut un certain scepticisme et exige une estimation rationnelle des risques. La confiance ne remplace donc jamais le jugement propre et elle ne rend pas superflue la régulation étatique ou internationale des marchés financiers.

En tout cela il est très important d'avoir toujours ceci à l'esprit : ni une instance étatique ou ecclésiale, ni un homme d'État ou un pape ne possèdent le droit à une confiance inconditionnelle et par suite non critique. Je peux finalement l'illustrer avec une petite histoire : « Vous devez me faire confiance », disait le 2 décembre 1965 au jeune théologien conciliaire que j'étais, lors d'une audience privée à la fin du deuxième concile de Vatican, le pape Paul VI. *Deve avere fiducia in me*. Peut-on, en de tels instants, dire non ? Je répondis : « Je vous fais confiance, *Santità, ma non in tutti quelli che sono intorno a Lei* – mais pas en tous ceux de votre entourage. » Une franchise qui n'était pas coutumière dans les milieux de la Curie et qui fit légèrement sursauter le pape. Si, dans l'esprit du concile, il avait fait appel à mes services pour une sérieuse réforme de la Curie, je ne lui aurais sans doute pas refusé ma confiance. Mais le système romain absolu issu du Moyen Âge, auquel, selon toute apparence et en accord avec le noyau dur de la Curie, il ne voulait pas renoncer, ne méritait et ne mérite pas une telle confiance.

Aujourd'hui, presque cinq décennies plus tard, je peux rétrospectivement reconnaître ce qui en chaque spiritualité est important : dans toute confiance en la vie est aussi exigée la *prudence*, l'une des quatre vertus cardinales : une faculté de jugement appliquée, un équilibre entre confiance et réserve justifiée, occasionnellement aussi un scepticisme total et une méfiance totale. Dans une situation déterminée, refuser de faire confiance peut être décisif pour un chemin de vie. D'un autre côté, je dois toujours redonner une chance à la confiance dans les hommes et les choses, en espérant que l'on m'octroiera la force de supporter les échecs en retour et de relever la tête. Il vaudra la peine de réfléchir plus en profondeur sur les notions de « chemin de vie », de « sens de la vie » et de « modèle de vie ». Mais il va d'abord être question de la joie de vivre.

2

Joie de vivre

Je ne me couche jamais sans penser que peut-être, si jeune que je sois, je ne serai plus le lendemain – et pourtant, parmi tous ceux qui me connaissent, aucun ne pourra dire que je suis morose ou triste. Et de ce bonheur je remercie tous les jours mon Créateur et le souhaite de tout cœur à mon prochain.

Wolfgang Amadeus Mozart à son père,
4 avril 1787 (quatre ans avant sa mort).

La confiance en la vie, c'est bien ; la joie de vivre, c'est mieux. Ainsi pourrait-on dire en pensant à la joie véritable et non à la « joie malveillante » *(Schadenfreude)*, qui, selon le proverbe[1], serait la plus belle des joies. *Schadenfreude* est même passé comme mot d'emprunt dans l'anglais, car l'expression *malicious pleasure* n'inclut pas nécessairement la méchanceté qui veut nuire.

En 2009, plus d'un s'est demandé ce qui avait pris aux Londoniens, d'habitude peu enclins à l'excès : plus de huit cents bus affichaient ces mots : *There's probably no God* (« Il n'y a probablement pas de Dieu »). On comprend immédiatement cette opération quand on sait qu'il s'agit d'une réaction au message des croyants fondamentalistes diffusé sur ces mêmes bus, qui menaçait tous les non-croyants d'une damnation éternelle dans le feu de l'enfer. La joie de vivre des non-croyants devait ainsi – non sans joie malveillante – être gâtée en profondeur par cette perspective d'une triste fin.

---

1. *Schadenfreude ist die schönste Freude :* « La joie malveillante est la plus belle joie ».

39

C'est pourquoi ces athées déclarés ont ajouté à leur négation de Dieu la phrase jubilatoire suivante : *Now stop worrying and enjoy your life* (« Alors arrêtez de vous faire du souci et profitez de la vie »).

Cette action athée, qui a fait tache d'huile dans d'autres pays, est soutenue financièrement par le promoteur d'un « nouvel athéisme », Richard Dawkins, neurophysiologiste de son état. Après des travaux sérieux dans son domaine scientifique, il a publié un livre intitulé *The God Delusion*[1]. Avec cette critique de la religion superficielle et partiale, suffisante et peu éclairée, il serait sûrement tombé sous le verdict de celui qui, à la fin du XIXᵉ siècle, a le premier proclamé avec solennité la « mort de Dieu » : Friedrich Nietzsche. Celui-ci s'est moqué de « nos Messieurs naturalistes et physiologistes », auxquels il « manque la passion pour ces choses, d'en souffrir ». Ils sont incapables de mesurer ce que signifie la perte de Dieu. Ils répondent au cri de « l'homme insensé "Je cherche Dieu ! Je cherche Dieu !" par de grands éclats de rire »[2].

« Gai savoir »

La parabole de « l'homme insensé » de Nietzsche se trouve dans son livre *Le Gai Savoir*[3]. « Gai savoir » renvoie à la *gaya scienza* provençale des trouvères, des chevaliers et des libres penseurs, avec laquelle ils dansent par-delà la morale (avec les « Chansons du prince hors-la-loi »). Pour Nietzsche, c'est le pas décisif vers une « guérison » intérieure et exté-

---

1. *The God Delusion*, Houghton Mifflin, 2006 ; trad. fr : *Pour en finir avec Dieu*, trad. M.-F. Desjeux-Lefort, Flammarion, 2008.
2. Friedrich Nietzsche, *L'Antéchrist*, aphorisme 8.
3. *Id.*, *Le Gai Savoir*, livre III, aphorisme 125.

rieure, vers une nouvelle joie de vivre, *une joie de vivre sans Dieu* !

Lorsque, en 2009, à l'occasion d'une mission dans la haute vallée suisse de l'Engadine, située à 2 000 mètres au-dessus du niveau de la mer, je contemplais de mon hôtel le Silsersee en bas, il était inévitable que j'y repense : ici Nietzsche a écrit cette œuvre en 1882 dans une exaltation neuve ; car son état de santé s'était remarquablement amélioré lors de son premier séjour à Sils-Maria. Mais comment oublier la parabole de « l'homme insensé » qui met d'emblée en avant trois images de Dieu puissantes quand « l'homme insensé » proclame : « Comment avons-nous pu vider la mer ? Qui nous a donné l'éponge pour effacer l'horizon tout entier ? Qu'avons-nous fait lorsque nous avons détaché la chaîne qui liait cette Terre à son Soleil ? Vers où se meut-elle à présent ? Où allons-nous ? » Puis, pour les conséquences de la mort de Dieu, vient une cascade de questions désespérées : « Loin de tous les soleils ? Ne tombons-nous pas continuellement ? Et cela en arrière, de côté, en avant, vers tous les côtés ? Y a-t-il encore un haut et un bas ? N'errons-nous pas comme à travers un néant infini ? L'espace vide ne nous fait-il pas sentir son haleine ? Ne fait-il pas plus froid ? Ne fait-il pas sans cesse nuit et de plus en plus ? Les lanternes ne doivent-elles pas être allumées déjà le matin ? N'entendons-nous rien encore du bruit des fossoyeurs qui enterrent Dieu ? Ne sentons-nous encore rien de la putréfaction divine ? – Les dieux aussi se putréfient ! Dieu est mort ! Dieu reste mort ! Et nous l'avons tué ! »

Néanmoins, avec son « gai savoir », Nietzsche veut rendre sensible ceci : la mort de Dieu signifie pour l'avenir de l'homme un genre nouveau de lumière et de bonheur, de soulagement, de gaieté, d'encouragement, d'aurore. L'horizon est à nouveau dégagé. Nos vaisseaux peuvent à nouveau quitter le port pour aller vers tous les risques, toute audace des explorateurs est à nouveau permise ; et voici la mer à nouveau ouverte, peut-être n'y eut-il jamais de mer aussi ouverte.

Donc y aurait-il, sans Dieu, davantage de joie de vivre ? Pourtant les suites de la mort de Dieu s'avèrent plutôt un ébranlement et un obscurcissement qui finissent par se traduire aussi dans le destin personnel de Nietzsche. À la fin de sa vie, peu avant son aliénation en 1889, il en appelle encore à Dieu, qui est pour lui à la fois souffrance et bonheur :

> Non !
> Reviens !
> Avec tous tes martyrs !
> Toutes mes larmes coulent,
> Vers toi elles coulent,
> Et l'ultime flamme de mon cœur
> Brûle pour toi.
> Ô reviens,
> Mon dieu inconnu ! Ma souffrance !
> Mon ultime bonheur[1] !…

Le bonheur : l'éternelle quête des hommes. Bonheur : le grand mot magique – la véritable formule magique ?

L'important, c'est d'être heureux !?

With a little bit of luck – pour citer un célèbre refrain de *My Fair Lady*, qui reste ma comédie musicale préférée : « avec un peu de bonheur » et de gaieté, je traverse sans doute mieux la vie qu'avec une permanente culture du pessimisme. Ne devrions-nous pas aujourd'hui donner cours un peu plus à l'« optimisme anglo-saxon » pour contrer la *German Angst*

---

1. *Id.*, « La plainte d'Ariane », *Poèmes, 1858-1888*, suivis de *Dithyrambes pour Dionysos*, trad. M. Haar, Gallimard, coll. « Poésie », 1997.

(même le mot *Angst*[1], d'apparence typiquement allemande, a été repris par l'anglais) ?

Mais ces deux expressions sont des slogans réducteurs. Car les médias d'Angleterre et des États-Unis diffusent aussi, comme une demande du Notre Père, la formule : « Donne-nous notre fiasco quotidien. » Inversement, les acteurs de la scène culturelle allemande brandissent sans compter le bonheur. Cependant ceci m'a toujours frappé : déjà dans la première Constitution américaine de 1787 figurait une justification de l'aspiration au bonheur *(happiness)* – à côté du droit à la vie et à la liberté. Et ce n'est pas un philosophe allemand, mais anglais – Jeremy Bentham, un réformateur social – qui échafauda dès 1789, sur le principe du « plus grand bonheur du plus grand nombre », son système utilitariste de la morale et du droit qui exerça une grande influence. Sur ce point, la langue anglaise (tout comme le latin) fait une différence entre le bonheur d'accomplissement *(happiness, beatitudo)* et le bonheur de hasard *(luck, fortuna)*. Se pourrait-il cependant que les heureux hasards mènent à une vie heureuse ?

Moi-même j'apprécie beaucoup le bonheur de l'instant : quand par exemple, un matin, s'étend devant moi un paysage blanc de neige, étincelant sous le soleil, ou lorsque quelqu'un m'a dit un mot gentil, fait un geste amical, ou quand j'ai pu procurer de la joie à quelqu'un. Petit bonheur du quotidien. Mais aucun homme n'est en mesure de faire durer l'intense bonheur d'une expérience ponctuelle comme l'ivresse de la musique, l'expérience du sublime de la nature, l'extase de l'amour. « Reste donc, tu es si bon » : déjà le Faust de Goethe implorait cela de « l'instant » – mais en vain. Il en faut beaucoup pour être heureux et peu pour le malheur : *Bonum ex integra causa, malum ex quolibet defectu* (« Le bien ne provient que d'une cause accomplie,

---

1. *Angst* : « peur », « angoisse ».

mais le mal de n'importe quel manque »), ai-je appris déjà lorsque j'étais étudiant à Rome. Et, certes, la neurobiologie du bonheur m'enseigne que des informations très diverses produisent dans mon cerveau des endorphines euphorisantes, des hormones du bonheur, et qu'elles sont capables de susciter ce sentiment. Mais en même temps elle rappelle que l'accoutumance provoque l'hébétude et que notre système biologique du bonheur n'est pas conçu pour un fonctionnement continu.

C'est pourquoi je suis sceptique à l'égard des tentatives qui visent à forcer le bonheur. Trop souvent la demande de bonheur des hommes est dévoyée par la politique, trop souvent elle est exploitée par le commerce. Le bonheur ne s'obtient tout de même pas par la publicité ! Qui ne peut contrôler ses sens ne trouvera aucun bonheur dans la vie. La consommation de drogues – et aujourd'hui qu'est-ce qui ne peut pas devenir drogue ! – produit certes des sensations de bonheur momentanées, mais elle renforce à la longue la tristesse. Il n'existe de drogue ni pour une vie heureuse, ni pour une joie de vivre durable.

Même avec des bons revenus, le bonheur ne peut être accru à volonté. Être en possession de millions peut certes rassurer, mais ne rend pas automatiquement plus heureux. L'avidité, le « toujours plus » mènent – la crise économique mondiale le montre – à la fièvre spéculative et à des catastrophes personnelles, à des pertes par milliards et au malheur de la collectivité.

Pour le bonheur dans la vie, ce n'est pas la situation financière qui est décisive, mais l'attitude et l'activité spirituelles. Il existe bel et bien quelque chose comme une vie – relativement – heureuse : un bonheur entendu non pas comme *état d'esprit euphorique*, mais comme *état d'esprit fondamental*, qui est aussi un soutien pour traverser les situations malheureuses. Consentir à la vie telle qu'elle est, tout simplement, sans néanmoins s'accommoder de tout ! Je ne cesse d'admirer les personnes en chaise roulante, qui me semblent plus heureuses que beaucoup de gens valides. J'admire les parents qui rayonnent de joie de vivre et de courage malgré leur enfant lourdement handicapé. J'admire ces femmes et ces hommes vaillants (chrétiens et autres) dont j'ai pu faire la connaissance dans les bidonvilles de Nairobi, de San Salvador et de Chicago, au service désintéressé des plus pauvres de ce monde.

Heureux les hommes qui sont en paix avec eux-mêmes malgré toutes les peines du quotidien et sont contents de leur existence vécue, ceux qui n'ont pas perdu la sérénité de leur cœur malgré toutes les détresses. La devise de notre société : « Le principal est que je sois heureux », n'est en tout cas pas la maxime de ma vie. La jouissance hédoniste déçoit bien trop souvent, et même le jouisseur le plus raffiné se retrouve tôt ou tard dans une situation où la « plaisanterie » s'arrête, où toute jouissance est épuisée. La joie de vivre durable ne s'exprime pas par la proposition « Je suis heureux », mais plutôt par la proposition « Je suis en accord, au clair, en paix avec moi-même ». Ce qui n'exclut pas les hauts et les bas.

Un heureux vivre ensemble

Les hauts : « Quel a été le plus beau jour de votre vie ? Votre plus grande joie ? » Questions d'interview, auxquelles d'ordinaire je ne réponds pas. Trop de choses dépendent de la perspective, des circonstances et aussi de l'âge. J'ai vécu beaucoup de jours de joie. Mais des joies durables au quotidien me sont tout aussi importantes que des jours de joie vite envolés.

Pour mon quatre-vingtième anniversaire, une personne m'écrivit que ce qui l'avait frappée en moi lors de sa visite, c'était « à quel point vous pouvez vous réjouir de beaucoup de choses : cela, je ne l'ai encore jamais vu ». Malgré toute ma bonne volonté, je n'arrive pas à me souvenir de ce qui alors m'avait réjoui. Mais je suis sûr que c'était aussi dû à l'interlocutrice elle-même, à son comportement et à ce qu'elle m'avait raconté. En effet, je suis capable depuis toujours de me réjouir de beaucoup de choses. Bien sûr, le plus souvent à propos des personnes, hommes et femmes, avec qui je vis en permanence et sans qui je ne pourrais pas du tout vivre ni agir. J'ai cité nommément certaines d'entre elles dans les deux tomes de mes Mémoires (et dans le petit livre *Die Frau im Christentum*, « La Femme dans le christianisme »), sinon j'espère leur rendre un hommage spécial dans le troisième tome.

Donc un vivre ensemble en général heureux. Je ne suis pas né pour devenir ermite. Certes, je suis incapable, moi aussi, d'aborder tous les hommes avec une égale amabilité. Certains hommes, on les aime, d'autres non, d'autres encore laissent indifférent. Mais je n'ai cessé d'en faire l'expérience : l'amabilité manifestée à mon égard par des gens totalement inconnus de moi m'a fait plus d'une fois du bien, la bienveillance et la gratitude exprimées dans les lettres m'ont redonné courage. Tout comme le petit enfant a besoin d'une mère ou de la personne qui la remplace pour acquérir de la confiance en soi et envers le monde étranger, l'adulte a besoin d'autres personnes pour préserver et confirmer sa confiance dans un environnement qui n'est pas toujours amical. Une éducation au respect de soi et à la tolérance, ouverte, fondée sur la confiance, peut être importante pour la vie entière.

Pour être plus clair : afin de m'y retrouver dans la réalité, j'ai besoin d'un « tu ». Pas seulement d'un « ça », pas seulement d'une autre chose, d'un non-moi. Bien plutôt d'un autre moi, capable de liberté, d'aide, de bonté et de compréhension, et à qui je m'adresse comme à un « tu » : un « tu » qui accueille la confiance et offre la confiance. Sans confiance la joie de vivre et de travailler ensemble n'est pas possible. Cela vaut aussi, comme on l'a exposé dans le chapitre précédent, pour la prospérité des affaires et une politique efficace, pour l'action d'autorités, d'organisations et d'institutions, plus encore dans le domaine totalement personnel : sans confiance il n'y a ni amitié, ni amour, ni partenariat, ni mariage, ni même de psychothérapie. La perte de confiance générale qu'on peut observer actuellement, pas uniquement envers les politiciens et les journalistes, mais aussi envers les managers, les médecins et les prêtres – causée souvent par la défaillance morale ou la faute de quelques-uns –, a de graves conséquences. Face à une accumulation de ruptures de confiance, les jugements critiques sont justifiés, mais pas les préjugés qu'on généralise ni les condamnations *a priori*.

Le vivre ensemble dans la gaieté de personnes de différentes origines, nations ou religions, en Europe notamment, est sans cesse mis en question et troublé par des généralisations sommaires négatives, propagées par des rumeurs et certains médias. Entre catholiques et protestants elles sont heureusement quasi dépassées. Mais tout comme jadis beaucoup pensaient : « Ne fais confiance à aucun juif », on entend aujourd'hui le conseil – tout aussi indéfendable : « Ne fais confiance sur ta route à aucun musulman. » Certains juifs ou musulmans pensent de même des chrétiens. En Inde aussi, certains hindous à propos des musulmans, ou au Sri Lanka, les bouddhistes nationalistes à propos des Tamouls – et la réciproque est toujours vraie. Des étiquettes infamantes sont mises par les « croyants » de différentes provenances sur les « incroyants » ou les « mécréants », les athées, les sceptiques de toutes sortes, et inversement – sans parler des généralisations politiques bien connues : « les » Allemands, « les » Suisses, « les » Américains, « les » Chinois. À cet égard mon expérience est que dans toutes les nations, religions ou cultures, j'ai rencontré des femmes et des hommes dignes de confiance et avec lesquels j'ai pu travailler en confiance.

On ne peut faire confiance à tout le monde

Naturellement, on ne peut de prime abord faire confiance à *tous* les hommes. Je suis en général prêt à accorder un certain capital de confiance aux personnes que je rencontre. Mais il y en a toujours qui donnent de sérieux motifs de méfiance. De plus, il y a une catégorie de gens inamicaux qu'on trouve aussi dans la politique, l'économie, la culture et les sciences, même s'il est souvent impossible de les reconnaître en tant que tels. Mais leur parfum « Égoïste » les trahit. Dans le meilleur des cas ils croient en eux-mêmes, sinon, littéralement, à *rien* (latin *nihil*)[1]. Ils ne reconnaissent ni valeurs, ni normes, ni vérités, ni idéal, et c'est pourquoi, à la suite du roman de Tourgueniev *Pères et Fils* (1862) et de Nietzsche, ils sont qualifiés non sans raison de « nihilistes ».

Je me suis déjà expliqué en profondeur sur ce *nihilisme fondamental*, philosophiquement justifié ou non, dans mon livre *Dieu existe-t-il ?* Friedrich Nietzsche a vu venir en notre temps, plus lucidement que d'autres, ce type d'homme. Pour celui-ci l'horizon du sens est effacé, il ne connaît plus aucune valeur supérieure, plus aucune norme obligatoire, plus aucun modèle fiable. Contre cette tendance aucun remède philosophique n'est à la hauteur. Il n'y a pas d'argument rationnel (c'est ma conviction personnelle) qui puisse faire changer d'avis celui qui prétend que cette vie serait en fin de compte absurde, que le monde serait régi par le hasard, par un destin

---

1. En allemand *Nichts*, dont Küng rappelle qu'il vient du latin *nihil*, « rien », « néant », qui a évidemment donné « nihilisme » en français.

aveugle, le chaos, l'absurde et l'illusion, bref que tout serait en fin de compte nul et non avenu. Il est impossible de contrer un tel individu théoriquement. Néanmoins il est également impossible de prouver rationnellement cette conception nihiliste. Se pourrait-il malgré tout que cette existence humaine ne soit pas ultimement absurde, sans valeur, proche du néant, dépourvue de joie ? En d'autres termes : l'homme a le choix !

Certes, lors d'élections politiques on ne ferait guère confiance à un politicien ou à une personnalité publique qui reconnaîtrait haut et fort, avec le pathos du Zarathoustra de Nietzsche, un radical nihilisme des valeurs et des normes. Bien plus répandu aujourd'hui est un nihilisme *trivial*, *pragmatique* : vivre factuellement comme si « rien » n'avait de valeur – *anything goes*, pourvu que la vie nous « amuse ». C'est un « gai savoir » ou un mode de vie superficiels.

Loin de moi tout discrédit ou incrimination de personnes. Cependant nul besoin d'être un moralisateur suffisant pour préférer prendre ses distances avec les défenseurs de telles conceptions. *A fortiori* s'ils se comprennent comme des cyniques (du grec *kynikós*, « comme un chien », « impudique »). Je ne suis pas contre la dérision des cabarets « politiques », ni contre les bonnes émissions comiques et leur ironie mordante, leurs satires et leurs sarcasmes. Mais opposé à un cynisme qui – justement dans la lutte pour le pouvoir politique, économique ou publicitaire – expose avec méchanceté à une critique dévalorisante et blessante, et même dévastatrice, ceux qui pensent autrement, et instrumentalise ainsi toute vérité, valeur ou norme. Il est apparenté au cynisme, ce phénomène d'époque que j'ai – en référence au « grobianisme »[1] dans la littérature des XVe et XVIe siècles – nommé « hargnisme » pour donner un nom à la hargne comme procédé de style destiné à abaisser et à diffamer, surtout répandu dans le journalisme.

---

1. De *grob* : « vulgaire », « grossier ».

Le nihilisme, le cynisme et le hargnisme sont des dispositions existentielles qui peuvent gâcher la véritable joie de vivre chez soi-même et les autres. Ainsi il existe des spécimens désagréables du genre humain – et là je me souviens aussi de réunions à la faculté naguère – dont la présence ou l'absence modifie complètement l'atmosphère de l'être-ensemble. On souhaiterait volontiers à nos contemporains renfrognés et capricieux, qui compliquent la vie à eux-mêmes et à leurs prochains, qu'ils bénéficient d'un peu plus de véritable joie de vivre.

Se réjouir de la nature

« Se faire une joie de maintes choses » : pour moi cela inclut notamment se réjouir de la nature. Je tiens cela de ma mère, je l'entends encore dire : « Regarde comme c'est beau... ! » Il peut s'agir de choses très simples. Je ne puis certes pas prétendre comme certains que je parle avec les plantes (« Sottise ! » me disait un célèbre collègue de botanique). Mais une seule rose dans mon cabinet de travail suffit à me donner de la joie : combien il existe d'espèces, de couleurs et de formes de pétales ! Émerveillé, je contemplais de ma fenêtre le splendide cerisier d'ornement japonais aux fleurs roses s'épanouir, fleurir et défleurir à toute vitesse.

Oui, il y a des milliers de choses dans la nature dont les hommes peuvent tirer du bonheur – s'ils le veulent bien ! Car il y a des hommes, même très cultivés, qui ne jouissent guère de la nature. Il leur manque une sensibilité à la nature assez profonde pour cela, comme à d'autres manque une sensibilité musicale ou artistique. Il y a des littéraires qui, où qu'ils se trouvent, ne vivent que dans l'univers de leurs livres. Ou des scientifiques qui ne voient le monde qu'à travers leurs lunettes de physicien, de chimiste ou de biologiste – sans être sensibles à sa beauté et à son éclat. D'autres qui ne vivent que dans le domaine des affaires. D'autres encore dont toute la vie tourne uniquement autour de la mode, de la cosmétique et de la santé. Pour eux, la nature est dans le meilleur des cas une donnée marginale de leur existence. Ils ne remarquent guère tout ce qui se passe dans la nature et quel inestimable enrichissement leur échappe dans la vie.

J'ai souvent vécu dans des grandes villes où beaucoup de gens ne peuvent avoir que des plantes d'intérieur et j'y ai fort regretté la nature. La nature est, comme le soleil, une force vitale pour le bien-être physique et psychologique. Depuis mon adolescence je travaille aussi souvent que je peux à l'air libre. Je comprends aisément les personnes qui, n'ayant pas de jardin, font néanmoins pousser des plantes sur leurs balcons, et ceux qui s'entichent d'un coin de terre ou d'un paysage. Chaque jour je me réjouis de l'impressionnant panorama qu'ici, à Tübingen, j'ai constamment sous les yeux – bien que toujours changeant selon la météo, les saisons et le moment de la journée : la vue sur la partie verte, non construite, de l'Österberg, situé au milieu de la ville, et en arrière-plan sur le Jura souabe. De même, dans ma Suisse natale, je peux contempler la chaîne des Alpes et devant, entre de douces collines, le lac de Sempach, qui obéit au moindre souffle du vent et reflète la configuration et les caprices changeants du ciel.

Chaque individu, s'il les recherche, a ses propres expériences de la nature, même de grandes qui restent gravées dans sa mémoire. Je me souviendrai toute ma vie de ce clair jour d'hiver où, lors d'une promenade à skis sur les hauteurs de la station du Weissfluhjoch près de Davos, je fus pour la première fois subjugué par le panorama sur les innombrables sommets des Alpes ensoleillés et couverts de neige. « Buvez, ô mes yeux, ce qui aux cils vient de cette pléthore en or du monde ! » : je ne suis sans doute pas le seul auquel s'impose ce mot du poète suisse'Gottfried Keller.

Je fus de même saisi lorsque, aux abords de l'île des Pins dans le Pacifique, je plongeai pour la première fois avec un masque en eau profonde, longtemps, au milieu du paysage sous-marin, et que je traversai ainsi, dans une lumière bleu-vert irréelle, les récifs de corail et leurs abîmes, entouré de quantité de poissons et d'autres animaux aux formes bizarres. Je sais que beaucoup de personnes peuvent aussi perdre la notion du temps lorsqu'elles pratiquent la plongée libre au-dessus d'un récif.

Mais, s'il vous plaît, malgré toute la joie que procure la nature, pas de faux enthousiasme pour elle ! Un même paysage peut dans d'autres conditions tout aussi bien faire peur. Lorsque l'océan se déchaîne ou que le foehn gronde en traversant les Hautes Alpes, lorsqu'une tempête de neige glaciale cingle le visage ou qu'on est totalement enveloppé dans le brouillard pendant une descente à skis, ou qu'en plongée on n'a plus d'oxygène, alors la nature révèle son autre visage, menaçant, voire terrifiant. La nature peut se montrer autant amie qu'ennemie de l'homme, dans les petites et les grandes choses. Pendant des siècles on a ressenti la nature, des montagnes à la mer, comme hostile.

Cependant qui dit nature ne pense pas seulement aux paysages et à la végétation, mais aussi bien aux animaux.

Et les animaux ?

Il est vrai qu'aujourd'hui encore des théologiens pensent que les animaux n'ont rien à voir avec notre foi. Il suffit de les évoquer rapidement à propos de la théologie de la Création. Déjà Albert Schweitzer notait : « Tout comme une maîtresse de maison qui vient de récurer sa chambre veille à en bien fermer la porte, de peur que le chien ne s'y précipite avec ses pattes sales et ne vienne gâcher son travail, les penseurs européens, eux aussi, veillent à ce qu'aucun animal ne fasse irruption dans leur éthique[1]. »

Mais les temps ont changé. Disant cela, je ne pense pas uniquement aux excellentes séries télévisées sur les animaux sauvages. Deux développements avant tout ont donné une forte impulsion aux mouvements de protection des animaux, fondés dès le XIXe siècle et aujourd'hui internationaux :

— La *théorie de l'évolution*, entre-temps confirmée par la microbiologie : à propos du patrimoine génétique, elle a fait ressortir la parenté entre les hommes et les animaux, notamment pour ce qui est des primates supérieurs. Les gènes de l'homme se différencient de ceux du chimpanzé seulement dans environ 1 % des chaînons de la substance héréditaire de l'ADN, mais ce pourcentage représente tout de même trente millions sur trois milliards de briques du génome.

— Le *principe du « développement durable »* : il exige une relation pleine d'égards avec la flore et la faune, et en même temps une réflexion qui porte au-delà du moment présent, en vue des générations futures. Il suscite aujourd'hui un intérêt croissant, en économie et en politique aussi.

Certaines personnes n'aiment pas les animaux. J'aime les animaux, mais ne puis ni ne veux – par manque de temps et d'espace – avoir un animal domestique, mis à part quelques fourmis, guêpes et araignées occasionnelles. À ce propos, je connais peu de gens auxquels un chien ou un chat, malgré tous les inconforts, n'apporte pas une joie quotidienne. Le chien, meilleur ami de l'homme ? Les animaux, en particulier pour les personnes intérieurement ou extérieurement solitaires, peuvent être des compagnons. Et pourquoi les hommes ne devraient-ils pas attribuer des qualités personnelles

1. *Kultur und Ethik*, 1923 ; trad. fr. : *La Civilisation et l'Éthique*, trad. M. Horst, Alsatia, 1976, p. 147-148.

– attachement, fidélité, sympathie, joie et peine – aux animaux ? Elles sont attestées par la recherche la plus récente : les animaux très évolués peuvent effectivement, comme les hommes, manifester des sentiments. C'est ainsi qu'ils sont en mesure d'apporter aux humains une meilleure qualité de vie. Des pédagogues expérimentés soulignent que les animaux domestiques, qui par ailleurs demandent des soins et doivent être encadrés, présentent certains avantages pour le développement des enfants.

Je me réjouis surtout des oiseaux qui, dans nos contrées très boisées, volent librement çà et là et chantent. La réserve naturelle d'oiseaux du lac de mon pays natal est un paradis pour eux. Chaque fois que j'y nage, j'observe attentivement les différents oiseaux aquatiques, du cygne au grèbe huppé.

Les passionnés d'animaux me demandent parfois si par hasard les oiseaux, les chats et les chiens vont après leur vie terrestre dans une sorte de paradis éternel, un « Ciel des animaux ». Je n'ose répondre oui ; au contraire, je suis assez réservé sur le fait qu'à une époque où pour les hommes, à cause du manque d'espace, on plaide pour l'incinération au lieu de l'enterrement, on aménage de plus en plus de cimetières pour animaux. Je suis tout aussi réticent lorsqu'on joue l'animal prétendument pur et naturel contre les hommes jugés tous faux et égoïstes. Les animaux sont-ils réellement meilleurs que les hommes ? En tout cas les animaux ne sont pas des hommes.

D'un autre côté, ils ne sont pas non plus de simples choses ou de simples marchandises. Ils ne sont absolument pas des « automates sans âme », comme René Descartes, le philosophe rationaliste qui a dissocié le sujet pensant et rationnel de la nature objective, l'a conclu au début des temps modernes. Une conception avec de néfastes conséquences, dont celle de l'élevage industriel de masse qui planifie tout en vue de l'abattoir et fait des animaux des machines à produire et des fournisseurs de matières premières.

À l'opposé de ce qu'Emmanuel Kant pensait encore, l'homme a aussi une responsabilité envers les animaux. Celle-ci lui interdit toute cruauté à leur égard. Mais un élargissement de l'interdit du meurtre au monde animal et une limitation générale de l'humanité à un régime alimentaire purement végétarien ne sont pas, selon moi, fondés ni même réalisables en pratique. Cependant les animaux méritent, partout où c'est possible ou nécessaire, protection et soins de la part de l'homme. Les enfants déjà devraient apprendre qu'on ne doit pas être cruel avec les animaux ni les maltraiter, en particulier les animaux domestiques qui ont confiance en nous. À l'époque de la protection des animaux, nous avons aussi en vue, contrairement à naguère, le bien-être des animaux domestiques ou productifs, et pour l'espace vital, les soins, la nourriture et le transport, nous demandons un élevage adapté à l'animal. Déjà, si un animal doit être tué, que cela se fasse aussi vite et soit aussi indolore que possible. Mais nous sommes encore loin d'un élevage opéré dans des conditions satisfaisantes.

Face aux « limites de la croissance » et aux menaces sur les fondements de la vie de l'humanité, ce ne sont plus seulement aujourd'hui l'étude et la science de la nature qui s'imposent, mais aussi la protection et le souci de la nature. Le mot du livre de la Genèse très souvent cité et, dans la modernité, souvent de façon abusive : « Emplissez la Terre et soumettez-la » (1,28), ne doit pas être compris comme une exploitation accomplie par la science moderne et la technique, mais dans l'esprit d'une mise en culture du jardin originel de l'Éden. Au lieu d'une attitude dominatrice et exploiteuse, c'est la cohabitation de l'homme avec la nature qui doit être cultivée.

L'économie de marché écologique et sociale exige aujourd'hui un rééquilibrage entre économie et écologie. Les *connaissances* écologiques, propagées et popularisées avec force pour notre génération, ne suffisent pas. À partir d'elles c'est une *responsabilité* écologique qui doit mûrir : un recours aux ressources et aux techniques locales, nationales et globales en pleine conscience de ses responsabilités. Le tout maintenu et soutenu par une éthique du « respect de la vie », ainsi que le théologien et médecin Albert Schweitzer l'a formulée pour la première fois et qu'elle a été présentée en 1993 dans la Déclaration pour une éthique planétaire du Parlement des religions dans le monde réuni à Chicago. Là aussi est mise en avant la responsabilité particulière vis-à-vis de la planète Terre et du cosmos, vis-à-vis de l'air, de l'eau et du sol.

Depuis cette date, l'insidieuse crise du changement climatique global s'avère chaque année une menace croissante pour l'humanité entière, surtout pour les pauvres et les plus pauvres. On assiste à des catastrophes naturelles aux effets dévastateurs sur des millions d'hommes : sécheresses et inondations, ouragans et tornades, feux de forêt et manque d'eau, fonte des glaciers et des pôles, submersion des îles et des régions côtières… Une politique climatologique constructive et des actions immédiates – selon les exigences, entre autres, du Global Humanitarian Forum (Genève) fondé par Kofi Annan, ancien secrétaire général de l'ONU, dont je suis moi aussi membre – sont de toute urgence nécessaires, avant tout pour empêcher la progression du réchauffement planétaire.

Mais par rapport à nos comportements envers la nature, une précision supplémentaire s'impose.

Il ne s'agit pas de mystique de la nature,
mais d'un attachement à la nature

Malgré tout le plaisir que me procure la nature, je suis incapable d'être un mystique de la nature. En d'autres termes, mon expérience de la nature ne remplace pas l'expérience de

Dieu. J'observe, respecte, admire la nature, mais je ne crois pas en la nature, et j'en connais aussi la face obscure. Je n'en fais pas un dieu, je ne suis pas un idolâtre du tout ni un panthéiste.

Convaincu par les connaissances actuelles sur la nature, je garde toujours à l'esprit qu'elle est régie en totalité par la cruelle loi de l'évolution : la « survie des mieux adaptés », valable des molécules aux carnassiers. Les principales intuitions de Darwin ont été confirmées par la microbiologie. Mais je ne suis certes pas convaincu par le darwinisme social, qui ne remonte pas à Darwin et cherche à justifier le capitalisme sauvage qui met la vie en danger. « Manger ou être mangé » – cet adage me rappelle la phrase ironique que déjà un de mes maîtres romains appliquait souvent à la vie sociale : *Pisces maiores manducant pisces minores* (« Les gros poissons mangent les petits »). C'est une « loi » de la nature et de l'histoire de l'humanité difficile à concilier avec un gai vivre ensemble humain, mais aussi avec un *intelligent design* divin.

Il n'existe malheureusement pas, le monde parfait de la paix entre animal et animal, animal et homme. Nous ne vivons pas dans le royaume de Dieu de la fin des temps, tel que dans la Bible le prophète Isaïe (11,6) le désirait déjà ardemment, où le loup habite avec l'agneau, où la panthère se couche avec le chevreau, où le veau, le lionceau et la bête grasse vivent ensemble sous la houlette d'un petit garçon.

C'est pourquoi je ne me fais guère d'illusions : toujours et partout les êtres vivants ne peuvent survivre que s'ils lèsent et même anéantissent d'autres êtres vivants. Nous les hommes ne pouvons faire ni plus ni moins que de maintenir ces nuisances à un niveau aussi bas que possible. Nous ne pouvons pas sans plus régresser dans le temps. Dès que nous demandons des œufs ou des poulets bon marché, nous encourageons l'élevage de masse moderne.

Les *expériences sur les animaux* sont-elles moralement acceptables ? De nos jours un conflit passionné est en cours pour déterminer si et jusqu'où c'est possible, mais il ne devrait pas dégénérer en une lutte – typiquement allemande, diraient certains à l'étranger – entre dogmes d'idéologues extrémistes. Autant que je sache, aucun protecteur raisonnable des animaux ne réclame la suppression de l'importante, nécessaire et tragique expérimentation sur les animaux, ni l'exode de la recherche fondamentale des sciences neurologiques à l'étranger. Mais, à l'inverse, il n'y a guère de chercheurs en neurologie raisonnables qui défendent le maintien d'essais sur les animaux infligeant, par exemple, à la légère des souffrances à des êtres aussi évolués que le singe rhésus Comme me le disait le Pr Mathias Jucker, spécialiste de la maladie d'Alzheimer à Tübingen, en Allemagne la recherche sur cette maladie se passe totalement des essais sur les singes au profit de ceux sur les mouches, les vers et les souris.

On devrait donc pouvoir trouver un accord dans un examen éthique sensible : dans le but à long terme de guérir et diminuer les peines des hommes, minimiser en même temps celles des animaux et peut-être même les éviter. Ce qui peut nous rassurer à propos des recherches expérimentales sur les causes des maladies graves du cerveau, c'est l'idée que l'animal n'appréhende pas la mort – si elle n'est pas cruellement retardée – de la même façon que l'homme. Des recherches récentes sur les animaux établissent aussi qu'ils vivent tout entiers dans le présent, que seul l'homme a une véritable conscience, une conscience du temps, de l'histoire, de la fin. Seul l'homme réfléchit à la mort. Lui seul dispose d'un langage muni de structures propositionnelles complexes, de la faculté de penser de façon stratégique, de considérer des actions alternatives et de la capacité d'autoréflexion – autant de conditions pour une pensée abstraite et des états mentaux orientés tels que l'amour et la haine, des convictions et des désirs, des craintes et des espoirs. Déjà Charles Darwin ne désignait comme « être moral » que l'homme : l'animal est essentiellement guidé par des instincts et ne peut par nature endosser la moindre responsabilité. Dans l'état actuel de nos connaissances, seul l'homme, dans tout le cosmos, est un sujet de droit qui peut, en plus des droits, prendre en compte aussi des devoirs.

Mais le cosmos où vivent l'homme et l'animal abrite un secret. Il faut maintenant l'examiner de plus près.

Une religiosité cosmique

Malgré mes multiples doutes à l'égard d'une mystique de la nature, je trouve intéressante la « religiosité cosmique » d'Einstein, qui ne correspond pas à un concept anthropologique de Dieu : « Quelle foi profonde en la rationalité de l'édifice du monde et quel désir ardent de saisir, ne serait-ce que le reflet de la raison révélée dans le monde, devaient animer Kepler et Newton, pour qu'ils aient pu débrouiller, dans un travail solitaire de longues années, le rouage de la mécanique céleste ! » Donc foi en la rationalité de l'édifice du monde et désir ardent de comprendre coexistent. « Seul celui qui a consacré sa vie à des buts analogues, écrit Einstein, peut se représenter vivement ce qui a animé ces hommes et leur a donné la force de rester, malgré d'innombrables échecs, fidèles à leur objectif. C'est la religiosité cosmique qui prodigue de telles forces »[1]. Je me permets d'ajouter à quel point, partout où je puis avoir un aperçu de la recherche expérimentale, je suis impressionné par la somme de force, de patience et d'endurance qu'il faut, souvent des années

1. « Religion und Wissenschaft » (« Religion et science »), 1930 ; article repris dans *Comment je vois le monde*, trad. M. Solovine, Flammarion, coll. « Champs », 1989, p. 9 *sq.*

durant, pour obtenir un résultat d'importance, par exemple sur un ver, un poisson ou une mouche.

Aujourd'hui cependant nous prenons au sérieux – ce avec quoi Einstein avait encore des difficultés en raison de ses penchants panthéistes – le fait que l'ordre (le « cosmos ») et la nécessité ne sont qu'une face de l'univers. L'autre est le désordre (le « chaos »), le flou, l'indéterminé, le hasard qui se manifestent dans tout le développement du cosmos, et en particulier dans la mécanique quantique, ce pourquoi Einstein la rejetait.

Quiconque s'informe un peu sur les fantastiques progrès de la science de la nature de ces deux derniers siècles depuis Kant ne peut qu'être étonné. Mais justement, les progrès des connaissances sur la nature ont pointé leurs limites cognitives autant pour le macrocosme que pour le microcosme. Ces limites sont à prendre en considération, mais elles ne devraient pas troubler notre joie de vivre, au contraire.

Avec le même respect profond que le philosophe et naturaliste Emmanuel Kant contemplait le ciel étoilé au-dessus de lui, je contemple souvent de ma chambre à coucher l'infinie étendue du ciel nocturne, étoilé ou ennuagé dans une modulation incessante. Quel silence et quelle majesté rayonnent du ciel étoilé quand il n'est pas brouillé par l'éclairage humain ! Et je ne cesse de méditer sur les grandes questions que le cosmos pose à l'homme – élevant ainsi une « prière de la pensée », comme le dit le philosophe Hegel. Je sais que si un astronaute parvenait à se frayer un chemin jusqu'au centre de la Voie lactée au-dessus de moi, puis à revenir sur Terre, il retrouverait une humanité qui aurait entre-temps vieilli d'environ 60 000 ans. Mais qu'est-ce à côté des 13,7 milliards d'années – que les astrophysiciens ont calculés avec une étonnante précision – correspondant au temps écoulé depuis le big-bang du commencement ?

Face au silence des espaces infiniment obscurs et de dimensions irreprésentables, je n'éprouve pas cet effroi que le mathématicien, physicien et philosophe Blaise Pascal exprime au début de la science physique moderne. Pas davantage face à l'abîme tout aussi effarant d'une distance microscopique infiniment petite. La physique des particules élémentaires a en ce domaine établi des processus incroyablement minuscules : on est dans un ordre de grandeur allant jusqu'à un billiardième de centimètre (un billiard = un million de milliards) et des laps de temps d'un trilliardième de seconde (un trilliard = un million de billions).

D'effroi donc, je n'en ressens pas, mais bien une inextinguible soif de savoir, un « désir ardent de comprendre », ainsi qu'Einstein le formulait : notre *réalité*, c'est quoi au juste ? C'est quoi réellement, la réalité, si même les mots comme « partie » ou « étendue spatiale » ont perdu leur signification pour les petites parties subatomiques ? Et si le mode de la réalité des briques qui constituent le noyau – les protons, neutrons et plus encore les quarks – reste pour les physiciens totalement inexpliqué ?

Maigre consolation pour un théologien : même les physiciens sont posés sur des îlots de savoir et n'ont du cosmos qu'une image bornée. On admet que, malgré toutes les recherches couronnées de succès, seulement 4 % de l'univers sont connus, à savoir la matière ordinaire visible, les étoiles, les planètes et les satellites. Tout le reste, 96 % donc, demeure, même pour les physiciens et malgré de coûteuses opérations de recherche dans l'espace et dans les profondeurs de la Terre, encore littéralement dans l'ombre. C'est pourquoi ils parlent fort à propos de « matière sombre » et d'« énergie sombre ». Des grandeurs totalement inconnues.

« Ce que nous savons, c'est une goutte. Ce que nous ne savons pas, un océan », aurait déjà dit le fondateur de la physique classique, Isaac Newton, et ce devrait être vrai encore longtemps. Cependant, dans un futur proche ou éloigné, la science apportera quelques lumières dans ces obscurités ; elle pourra rendre beaucoup plus claire la réalité qui se cache derrière les images, les chiffres, les comparaisons des physiciens, tous leurs concepts, leurs modèles et leurs formules mathématiques employés faute de mieux. Mais ma question est celle-ci : certains physiciens ou les scientifiques en général vont-ils alors, tardivement, eux aussi poser plus clairement les questions fondamentales que rendent évidentes, semble-t-il, les indépassables limites de leur savoir ? Des occasions de questionner, il y en a suffisamment.

Approche d'un secret impénétrable

Prenons une pomme de discorde : l'évolution. « Croyez-vous à la théorie de l'évolution ? » me demandent, surtout aux États-Unis, les fondamentalistes protestants. Beaucoup d'entre eux désirent que le récit de la Création, entendu littéralement, soit enseigné dans les écoles au moins au même titre que la théorie de l'évolution. À quoi je réponds : « Je ne crois pas à la théorie de l'évolution, car pour moi elle est scientifiquement démontrée. » Sur la base d'une profusion écrasante de matériaux physiques et chimiques, paléontologiques, embryologiques et morphologiques, je *sais*, malgré toutes les lacunes qui demeurent, que l'humanité est le produit d'un développement qui a duré plusieurs milliards d'années. De nos jours, confirmation en a été donnée de façon spectaculaire par la biologie moléculaire : l'ensemble des organismes vivants de notre planète comporte deux formes spéciales de molécules (ADN et ARN) qui fixent le plan de construction de l'ensemble des êtres vivants.

Mais je *sais* également ceci : la théorie de l'évolution ne résout pas toutes les questions que la nature pose. J'ai discuté avec beaucoup de physiciens, de chimistes et de biologistes sur les questions fondamentales des sciences physiques. Les plus réfléchis d'entre eux ne se limitent pas à leur champ de travail ni à leur domaine de spécialisation. Face à la grandeur irreprésentable de notre univers, à la complexité du monde subatomique et à l'imprévisibilité du développement de la vie – y compris la vie de l'esprit – sur notre planète, eux aussi connaissent les sentiments d'émerveillement, de respect, de joie. Et ils ne se ferment pas aux grandes questions de la vie humaine qui semblent dépasser leur science. Sans partager l'effroi de Pascal pour les espaces incommensurables, on devrait réfléchir à sa vision de la « *grandeur et misère de l'homme**[1] » : l'homme, un néant par rapport au tout et un tout par rapport au néant ; « infiniment éloigné de la compréhension des limites externes, le but de toutes choses et leur origine lui sont irréductiblement cachés en un secret impénétrable[2]… ».

« *Un secret impénétrable** », vraiment ? Dans les faits, depuis Pascal et Descartes, les sciences de la nature peuvent mettre en avant une fantastique suite de succès, longue de plus de 300 ans. Mais elle n'a apporté aucune réponse convaincante aux questions fondamentales de l'origine ou de la cause, de la finalité ou de la destination de ce processus de développement, analysé à partir du big-bang survenu il y a 13,7 milliards d'années. Avec la grande majorité des physiciens, je suis convaincu que les évènements de l'instant $t = 0$ sont fondamentalement cachés à la physique. Même des méthodes empiriques de portée croissante et d'autres avancées (ainsi au Centre européen de recherche nucléaire à Genève) seront incapables d'expérimenter ce qu'il y avait avant cet instant. Les spéculations – conçues à l'aide d'ordinateurs – sur d'autres univers ou des univers antérieurs au nôtre ne pourront être confirmées par aucune empirie et ne sont d'aucun secours.

---

1. Les passages en italique suivis d'un astérisque sont en français dans le texte.
2. *Pensées*, 84.

Le grand secret, celui qui est pour les sciences de la nature « impénétrable », c'est celui-ci : pourquoi y a-t-il quelque chose plutôt que rien ? C'est, selon Leibniz, le génial mathématicien, philosophe et croyant œcuménique, la question fondamentale de la philosophie. Par rapport à l'état du savoir à notre époque, nous pouvons plus concrètement nous poser la question suivante : d'où viennent l'espace et le temps, l'énergie et la matière, seulement apparus lors du big-bang initial ? Question plus pointue : d'où viennent, dès le point zéro, les constantes naturelles de l'univers (la charge de l'électron e, la constante de Planck h, la constante de Boltzmann k, la vitesse de la lumière c, etc.), constantes qui sont depuis toujours identiques ?

Face au cosmos et aux questions résultant de son étude, il me semble que pour l'homme est avant tout indiquée la modestie intellectuelle : tout en approuvant la soif de recherche et de savoir, il faut avoir une perception réaliste du caractère limité du savoir et de la finitude de toute humanité. Qu'est-ce donc que l'homme dans cet univers ? Qui voudrait se prendre trop au sérieux dans le domaine de la science, de l'économie ou de la politique et étouffer les grandes questions existentielles ferait bien de réfléchir à sa propre « place dans le cosmos ». Et celui qui, dans la sphère privée ou publique, ne tourne qu'autour de lui-même au lieu de se préoccuper du grand Tout, qu'il réfléchisse un tant soit peu à sa finitude et à sa précarité telles qu'elles se manifestent notamment – heureusement, sans que nous nous en apercevions le moins du monde – dans les perpétuelles révolutions cosmiques de la Terre : nous tournons autour de notre propre axe terrestre à environ 1 000 kilomètres par heure. Mais en même temps notre globe terrestre tourne autour du Soleil à plus de 100 000 kilomètres à l'heure. Et toujours dans le même temps, tout notre système solaire tourne à 800 000 kilomètres à l'heure autour du centre de la Voie lactée. Une révolution qui ne provoque cependant aucun vertige – tant qu'un homme ne tourne pas constamment autour de lui-même. Ce qui à la longue gâche la joie de vivre.

Joie de vivre jusqu'à la fin

Se pourrait-il que je sois devenu trop sérieux ? Mais ce chapitre sur la joie de vivre devait être moins un exercice de gaieté, de plaisanterie et d'hilarité qu'une méditation sérieuse sur ce qui me rend joyeux, sur ce qui peut fonder la joie de vivre. Les sources de la joie de vivre m'importaient plus que leurs formes manifestes. Ceci va de soi : que serait notre vie sans l'*humour*, qui permet d'alléger tant de peines de l'âme et du corps, de maîtriser certaines situations difficiles, d'embellir notre quotidien ? Et que serait la vie sans le *rire*, qui, selon le très sérieux philosophe Kant, est, avec l'espérance et le sommeil, l'une des trois choses que le Ciel a données aux hommes pour contrebalancer la pénibilité de la vie. D'autres choses encore viendront à l'expression plus tard dans le contexte du sens de la vie et des raisons de vivre. Pas à pas, comme je l'ai annoncé, nous avançons dans notre excursion spirituelle en montagne, nous sommes encore dans les contreforts, et la question de Dieu en particulier doit être abordée avec précaution et dans ses fondements plus tard. Mais dès à présent j'aimerais parler d'une ultime menace contre la joie de vivre.

Si souvent que j'aie, étonné, admiratif et songeur, regardé vers le ciel étoilé, il y a une chose que je n'y ai pas trouvée : la consolation. Pour celui qui a perdu un être cher, qui a été trahi par un ami ou un partenaire, qui a perdu son emploi, aucune étoile ne brille. Et par rapport à la mort qui se rapproche, on ne peut s'attendre à aucune consolation ni encouragement de la part de la sombre profondeur du ciel.

Peut-on alors, en pensant au caractère éphémère et à la mortalité de l'homme, maintenir la joie de vivre comme un état d'esprit de fond et tenir bon jusqu'à la fin ? Pour les hommes, un pessimisme existentiel fondamental n'est-il pas finalement plus approprié ? Je donne ici une réponse non pas précipitée, mais provisoire : si on garde les yeux ouverts sur la précarité et sur la mort à tout moment possible, la joie de vivre est peut-être plus facile à conserver que si on refuse de les voir. Naturellement, je ne veux pas dire par là qu'il faut faire une fixation permanente et pleine d'angoisse sur la mort, et moins encore sur l'enfer et le Diable. Je pense plutôt à une sérénité gaie, incluant le fait que ma vie humaine aura tôt ou tard une fin qui, je l'espère, ne sera pas pour moi une manière de finir, mais un accomplissement. C'est pourquoi j'ai placé en tête de ce chapitre une parole de Wolfgang Amadeus Mozart : comme il l'écrit à son père, il ne se mettait jamais au lit sans penser qu'il ne verrait peut-être pas le prochain jour, mais sans pour autant être morose ni triste dans ses relations avec les autres.

De ce que Mozart appelle un « bonheur » intérieur profond, j'ai discuté il y a quelques années avec le sceptique biographe de Mozart Wolfgang Hildesheimer, peut-être l'écrivain allemand qui a de nos jours la plus grande sensibilité musicale. C'est un homme pessimiste – chose compréhensible de la part d'un émigrant juif ; il a voulu voir dans le Mozart des derniers mois, au regard de ses notoires difficultés professionnelles, financières et de santé, un homme sans joie, désespéré des hommes et de Dieu, qui aurait « renoncé ». Mais Hildesheimer a négligé le fait que Mozart a travaillé infatigablement jusqu'à ses tout derniers jours. Il ignore complètement la dernière et sans doute la plus significative des symphonies de Mozart – la symphonie *Jupiter*, composée en un ut majeur lumineux –, tout comme l'achèvement d'autres grandes compositions durant l'année de sa mort : des opéras, la célèbre *Flûte enchantée*, l'opéra du couronnement *La Clémence de Titus*, le concerto pour clarinette et sa toute dernière œuvre restée inachevée, son requiem, qu'il a pourtant encore mis à l'épreuve à son chevet de malade le soir avant sa mort inattendue.

Non, il ne s'agissait pas pour Mozart d'un « auto-apaisement spéculatif » (Hildesheimer) quand il écrivait dans une lettre à son père, quatre années avant sa propre mort : « Puisque la mort est – pour dire les choses exactement – la véritable fin dernière de notre vie, je me suis depuis plusieurs années tellement familiarisé avec cette véritable, cette meilleure amie de l'homme que son image non seulement n'a plus rien d'effrayant pour moi, mais est au contraire apaisante et consolante ! Et je rends grâce à Dieu qu'il m'ait accordé le bonheur d'avoir l'occasion – vous me comprenez – d'apprendre à la connaître comme la clé de notre véritable félicité. »

Donc une joie de vivre jusqu'à la fin de notre chemin de vie, c'est – en principe – possible. Les conditions pour y parvenir feront l'objet de réflexions ultérieures. À peu près à la même époque que Mozart, le jeune génie du romantisme Novalis (Friedrich von Hardenberg) – pour qui la « fleur bleue » était, dans son « roman d'éducation » resté inachevé, *Henri d'Ofterdingen* (il mourut l'année suivante à vingt-neuf ans), le symbole de l'unité de la finitude et de l'infinitude, du rêve et de la réalité – écrivait ceci : « Où allons-nous donc ? » Et la réponse était : « Toujours chez nous-mêmes. » Toujours chez nous-mêmes ? Où est, se demandera-t-on, le « chez nous » des hommes ? Et quel est le chemin qui y conduit, son chemin de vie ? C'est une autre question.

3

Chemin de vie

La diversité de nos traditions religieuses et culturelles ne saurait nous empêcher de nous dresser ensemble activement contre toute forme d'inhumanité et de promouvoir plus d'humanité. Les principes énoncés dans cette déclaration peuvent être affirmés par tous les êtres humains animés d'une éthique, qu'elle soit fondée sur une religion ou non.

Déclaration pour une éthique planétaire
du Parlement des religions du monde,
Chicago, 4 septembre 1993, chap. I[1].

Sur le chemin de la vie avec la confiance en la vie et la joie de vivre – mais où sont les jalons ?

Dans la Suisse de mon enfance, près du lac, je me suis souvent demandé : comment opèrent ces vols d'étourneaux, de mouettes, d'oies cendrées ? Ils ne suivent aucun commandant, aucune autorité ne coordonne leurs mouvements, de toute évidence l'oiseau singulier ne soupçonne rien d'une stratégie commune. Pourtant toute la volée se déplace dans un certain ordre et souvent avec des mouvements hardis. Elle réussit même à opérer des manœuvres d'esquive lorsqu'un rapace y fait une incursion. Une récente recherche sur les oiseaux a porté sur ce phénomène et parle – non sans analogies avec les spécialistes des fourmis et des poissons – d'une « intelligence du groupe ». L'animal isolé ne comprend pas l'ensemble, il s'insère simplement dans le groupe

---

1. Déclaration disponible sur Internet : http://www.weltethos.org/pdf_decl/ Decl_french.pdf.

69

ou la colonie, mais trouve avec un instinct sûr – à l'aide de certaines techniques (cris, odeurs) – le chemin.

Mais il en va autrement chez l'homme : chaque individu se doit de trouver et de parcourir son chemin dans la vie, son chemin de vie, sous sa propre responsabilité. Oui, même l'espèce humaine en tant que telle a dû, durant des dizaines de milliers d'années, chercher et trouver son chemin au sein du monde animal.

Le chemin de vie de l'humanité

Nulle part je n'ai autant réfléchi sur l'origine de l'humanité qu'en Afrique, à la frontière entre la Zambie et le Zimbabwe, là où le Zambèze se précipite dans les chutes de Victoria à 100 mètres de profondeur. Nous y filmions, à la fin des années 1990, la première partie du programme télévisé *Sur le chemin des religions du monde*, sous-titre de la série *Spurensuche* (« Recherche de traces »). Plus au nord commence la célèbre vallée du Grand Rift, gigantesque fossé d'effondrement de la Syrie à l'Afrique. C'est à partir de là, suivant les découvertes d'outils et d'ossements les plus anciens, que l'homme tel qu'il est de nos jours, l'*homo sapiens*, a entamé son chemin autour du globe.

L'homme… Un véritable attardé : dans l'évolution de 13,7 milliards d'années du cosmos, l'*homo sapiens* ne s'est formé selon toute vraisemblance que depuis 200 000 ans dans la chaude et giboyeuse Afrique tropicale et subtropicale. Que l'homme ait, par son développement même, beaucoup de points communs avec ses plus proches parents, les singes anthropoïdes – du nombre de chromosomes, en passant par la position des dents et le développement du cerveau, à son comportement social et à certaines ébauches d'une représentation du moi –, voilà qui n'a jamais fait difficulté pour moi.

Mais mon intérêt est allé tout autant à ce qui constitue la place singulière de l'homme par rapport aux animaux. Je relève ceci : la marche debout (le tronc vertical), qui est justement de nos jours un symbole pour un comportement éthique de l'homme. Puis, naturellement, la conscience de soi, également devenue un concept éthique, qui est la condition préalable à un langage avec une syntaxe complexe. Comme je l'ai déjà dit, seul l'homme, doté d'un langage, dispose de capacités de penser abstraitement ou stratégiquement et de développer une autoréflexion, et il est le seul à posséder des états mentaux orientés tels que l'amour et la haine, les espoirs et les craintes, les convictions et les désirs. Tout cela a été à la base d'un haut développement culturel de l'humanité et surtout d'une éthique humaine.

Cette structure double de l'homme a marqué ma foi et ma spiritualité : je ne suis jamais seulement esprit, ni seulement pulsions. Je suis, par mon évolution même, toujours les deux, être spirituel et être de pulsions. Ma « spiritualité » inclut toujours aussi ma « corporéité ». C'est pourquoi il n'y a pas de supériorité « spiritualiste » de l'homme par rapport à l'animal, et pas davantage de nivellement « biologique » entre eux. Je ne me range pas du côté de ces croyants qui pensent pouvoir démolir, Bible à la main, des constats scientifiquement démontrés. Mais j'éprouve aussi une faible sympathie pour la catégorie de scientifiques par principe hostiles à la religion : en se référant à leurs résultats scientifiques et avec de constants emprunts à de bonnes et fondamentales recherches historiques sur les crimes et les scandales du christianisme et d'autres religions, ils se fabriquent un athéisme prétendument scientifique – destiné à des lecteurs naïfs. Je tiens compte des arguments

71

sérieux tirés de la science de la nature et des critiques de la religion ; ceux qui ne le sont pas, je me permets de les ignorer.

Apprendre à se comporter humainement

Il est incontestable qu'étant issu du règne animal, ainsi que me l'ont appris des sociobiologistes, l'homme a été tout d'abord égoïstement orienté, et même qu'aux premières phases de son devenir humain il devait l'être pour survivre. Que déjà les gènes soient « égoïstes » et que de nouvelles espèces ne puissent surgir que du hasard, comme Richard Dawkins l'a mis en lumière, voilà qui n'est cependant qu'un aspect de la structure de l'évolution. Une recherche génétique plus récente prouve en effet que des espèces et des organismes nouveaux ne proviennent pas uniquement de la sélection, mais tout autant de la coopération, de la créativité et de la communication, et que c'est seulement ainsi que l'évolution a pu sans cesse déployer de plus amples différenciations.

Il est incontestable qu'on peut constater chez les animaux supérieurs un comportement coopératif, génétiquement établi, avant tout entre les apparentés qui portent des gènes semblables. Une sorte d'« altruisme réciproque » donc : « comme toi à moi, ainsi moi à toi » – une prestation en attente d'une contre-prestation, comme on peut précisément l'observer chez les singes anthropoïdes. Par là un comportement éthique rudimentaire est déjà ancré dans la nature biologique de l'homme. C'est aussi ce qu'affirme Alfred Gierer, spécialiste de biologie de l'évolution, dont j'ai beaucoup appris : « À notre équipement génétique de base appartient la capacité à l'empathie, à se mettre à la place de l'autre, dans son état d'esprit et dans ses pensées. Sur ces dispositions comportementales sociales ou sur d'autres repose la très grande capacité de coopération de notre espèce "homme", une condition décisive pour avoir les chances de vivre et de survivre requises[1]. »

Simultanément, des chercheurs en sciences sociales me renforcent dans l'idée qu'une interprétation biologique mécaniste ne suffit pas pour expliquer l'origine des valeurs éthiques et des barèmes des hommes. Car chez l'homme et seulement chez lui se forme, avec la capacité langagière, une capacité de coopération unique en son genre, et celle-ci a dû être socialement apprise. Avec les progrès de la pensée stratégique s'est développée aussi la capacité d'*empathie* : partager les émotions des autres, leurs craintes, leurs attentes, leurs espoirs ; et même, surtout dans le groupe familial, une capacité à l'altruisme. Cela devint essentiel pour un comportement social humain. Au cours de l'évolution, des émotions et des intuitions morales, précédant les arguments et les jugements moraux, se sont formées. Ainsi l'homme a-t-il appris lentement, depuis le temps des origines, à se comporter *humainement*. Il s'ensuit que l'homme est le seul être vivant qui, tôt déjà, est capable d'ériger des normes sociales et culturelles, et de les perfectionner.

Une éthique pour survivre

Après le tournage du film en Afrique, notre « recherche de traces » nous mena au cœur de l'Australie, près du gigantesque monolithe Uluru, la montagne sacrée des autochtones. Inoubliable est pour moi le regard serein et profond de beaucoup de ces hommes : c'était comme s'ils disposaient encore d'un savoir que nous, les « civilisés », avons perdu depuis

---

1. *Was ist der Mensch ? In vieler Hinsicht sich selbst ein Rätsel…* (« Qu'est-ce que l'homme ? À bien des égards une énigme pour lui-même… »), Walter de Gruyter, 2008, p. 103-105 (non traduit en français).

longtemps. C'est pourquoi il importait de montrer que précisément ces « aborigènes » (du latin *ab origine*, « depuis le début ») ne sont pas ce qu'on nomme un « peuple naturel » primitif, mais des hommes qui possèdent leur propre culture, une « culture tribale » en l'occurrence. Heureusement, en 2009, changeant d'orientation politique, l'Australie aussi a fait sienne la Déclaration des droits des peuples autochtones, adoptée dès 2007 par l'Assemblée générale de l'ONU : le droit des indigènes à l'autodétermination, non pas tant pour instituer des lois propres que pour leur permettre de déterminer en première ligne leur propre vie et leur survie culturelle. Il est probable que les États-Unis sous le président Obama et ensuite aussi le Canada et la Nouvelle-Zélande vont suivre l'Australie.

J'ai souvent été confronté à la question suivante : les indigènes ont-ils réellement une « culture » ? Certes, ils n'ont élaboré ni une écriture ni une science, pas plus qu'une technologie complexe. Mais leur pensée est, m'ont expliqué des ethnologues, de part en part logique, plausible et même marquée par la passion pour un ordre des choses et des relations humaines. Et les indigènes, incontestablement, disposent déjà d'une éthique élémentaire qui leur a permis et leur permet de vivre et de survivre, et qui demeure aujourd'hui encore à la base d'une coopération humaine.

Cela m'a aidé à mieux comprendre une sorte de principe de base de l'évolution anthropologique : dès l'origine, partout où se manifestent les besoins de la vie des hommes, des urgences et des nécessités interpersonnelles, là s'impose aussi dès le début une orientation des actes en vue d'un comportement humain, c'est-à-dire des conventions et des mœurs déterminées, donc des mesures, des règles, des normes et des directives éthiques. Ces dernières furent, au cours des millénaires, éprouvées partout dans l'humanité. Elles devaient pour ainsi dire se roder à travers la succession des générations.

Bien sûr, ces valeurs et ces barèmes des anciennes (et encore des actuelles) cultures tribales n'étaient pas des *normes* formulées dans des propositions, elles étaient *non écrites*. Elles furent, en tant qu'éthique familiale, clanique et tribale, transmises par des récits, des paraboles, des comparaisons, des usages. Mais ce n'est pas par hasard si dans les différentes régions de la Terre se développèrent des normes semblables. Elles se focalisent sur des domaines essentiels à la vie. En première ligne, sur la protection de la *vie* : il est interdit de tuer des hommes, sauf exceptions déterminées (règlement de conflits, peine capitale). Mais en même temps il y alla aussi dès le début de la protection de la *propriété*, troisièmement de la protection de l'*honneur* et en quatrième lieu de la régulation des *relations entre les deux sexes*. Ces quatre aspects d'une éthique originelle devinrent importants pour moi lorsque je m'attelai à découvrir les points communs entre les différentes cultures.

Or il a naturellement fallu de longues périodes d'acclimatation et de mises à l'épreuve pour que l'approbation générale de telles normes intégrées se fasse. C'est seulement après la période des hordes de chasseurs-cueilleurs, qui au total ne comptaient probablement que quelques millions d'hommes, que se profila un développement culturel élevé. L'expansion de l'agriculture il y a environ 10 000 ans entraîna une forte croissance démographique et en même temps une différenciation des cultures, qui en fin de compte mena aux civilisations évoluées et aux grandes religions. Désormais les normes furent aussi formulées dans des propositions et mises par écrit. Dans certaines cultures elles furent placées sous la volonté des dieux ou, de façon exemplaire quant aux dix commandements de la Bible hébraïque, sous l'autorité du Dieu unique.

Ces commandements furent transmis de génération en génération à travers les siècles. Il y a cependant une objection que je ne cesse d'entendre aujourd'hui : on agissait et on agit constamment à l'encontre de ces commandements ! Ma réponse est : certes, mais à quoi ressemblerait le monde sans eux ? Une éthique est toujours contrefactuelle vis-à-vis de l'empirie, elle ne désigne pas un « état de fait », mais le « devoir être ». Plus importante cependant me semble la question suivante : comment peut-on, dans les conditions actuelles, amener un respect et une permanence renouvelés des normes éthiques – pour guider les hommes vers le bien ?

Les guides sont-ils défaillants ?

Personne ne vient au monde à l'état adulte. Ce que l'espèce humaine devait apprendre sur le long chemin du devenir homme, chaque nouveau-né humain doit l'apprendre aussi personnellement et pour lui-même sur le chemin du devenir adulte – j'ai pu quant à moi vivre cela dans ma propre famille et au-dehors. Oui, être humain exige d'être appris de tout homme à nouveaux frais, naturellement pas à la manière de Robinson Crusoé seul sur son île, mais au sein de la société humaine.

Durant nombre de siècles eurent cours beaucoup de mœurs et d'usages qui socialement allaient de soi. En était garante l'autorité religieuse et patriarcale. En Europe, les normes élémentaires de l'être-homme furent – malgré tous leurs manques et leurs aspects unilatéraux – longtemps transmises par la famille, l'école et l'Église. Mais lors de la sécularisation de la modernité européenne, elles perdirent progressivement leur caractère d'évidence et d'universalité. Il y a aussi dans les différentes cultures des périodes d'oubli et d'ignorance de ces normes. Des temps ou des domaines de déchéance morale. Dans ces situations, la religion institutionnalisée, souvent elle-même pas à la hauteur et impliquée dans la crise, a la plupart du temps une part de responsabilité. Les religions sont-elles des guides souvent défaillants ? En Europe et en Amérique, on pense vite à l'islam – prétendument non éclairé. Il serait pourtant plus indiqué pour nous de penser aux courants fondamentalistes du protestantisme et spécialement à un enseignement romain non éclairé. Il y eut à ce propos des temps de plus grands espoirs : que l'année 1963 fut réjouissante pour moi, lorsque je donnais aux États-Unis des conférences sur le renouvellement et l'ouverture de l'Église catholique à l'œcuménisme chrétien et au monde sécularisé – avec, comme soutiens, le pape Jean XXIII, vrai partisan de l'œcuménisme, et le jeune président catholique John Fitzgerald Kennedy !

En ce temps, à l'époque du deuxième concile du Vatican (1962-1965) et de sa reconnaissance de la liberté religieuse et des droits de l'homme, l'Église catholique avait atteint un haut degré de crédibilité, et je pouvais, en tant que théologien, sans problème me référer à elle comme à une instance d'orientation morale. Mais quelle tristesse quand s'opéra le prompt retour à une restauration postconciliaire, entraînant une perte fatale de crédibilité ecclésiale ! Pour des millions de catholiques, l'encyclique *Humanae Vitae* du pape Paul VI (en 1968), qui condamnait toute forme de contraception comme un péché grave, devint cause de rupture. Cette « encyclique de la pilule » provoqua mon « interpellation » de l'enseignement pontifical dans le livre *Infaillible ? Une interpellation* (1970). Mais au lieu d'admettre la solution théologique constructive que je proposais, les responsables de l'Église tentèrent de faire taire le théologien catholique et ses interrogations : ils me retirèrent mon habilitation ecclésiale à enseigner, pour me discréditer à l'intérieur de l'Église et me liquider sur le plan académique. Les deux, c'est bien connu, sans résultat.

La morale sexuelle prônée par le Vatican, jadis pierre d'achoppement, n'est aujourd'hui acceptée que par une minorité de plus en plus restreinte de catholiques, en dépit de sa confirmation solennelle par les papes successifs, et malgré tous les voyages, discours et documents pontificaux. Mais l'autorité du pape et son infaillibilité n'ont cessé d'être ébranlées : on l'a bien vu à travers d'incompréhensibles faux pas du pape Benoît XVI vis-à-vis des Églises évangéliques, des musulmans et des juifs, des Indiens d'Amérique latine et aussi vis-à-vis des millions de malades du sida et de séropositifs en Afrique, et finalement vis-à-vis des intégristes de la Fraternité Saint-Pie X[1].

Pourquoi faire ces remarques ? Parce que depuis cette époque, le « ce que je crois » et le « ce que l'Église prescrit de croire » (suivant la formulation du catéchisme) divergent largement même chez la grande majorité des catholiques, pour les questions aussi bien morales que dogmatiques. Les Églises protestantes, qui ne s'insurgent guère contre l'autoritarisme antibiblique et antiœcuménique de Rome à propos des questions morales et de foi, ne sont manifestement pas en mesure de pallier cette perte de crédibilité du christianisme.

C'est avec une force d'autant plus pressante qu'en ce XXIe siècle se pose la question du futur chemin de l'humanité. Y a-t-il à cette fin – après tous ces égarements idéologiques et ces inhumanités du XXe siècle – des jalons, des points de repère, des glissières de sécurité ? La partie suivante traite de cette question morale fondamentale.

---

1. Couramment désignée en France comme les « catholiques intégristes », ceux qui ont fait un schisme avec l'Église catholique en 1988 sous la direction de leur leader, Mgr Lefebvre. Leur centre et leur séminaire se trouvent à Écône, dans le Valais suisse.

Quelle orientation
dans une époque pauvre en orientations ?

À travers toutes ces expériences et ces conflits, mon propre chemin de vie est devenu, ainsi que je le raconte dans mes Mémoires, une grande aventure de l'esprit présentant sans cesse de nouveaux défis. Avec de nombreux soutiens j'ai réussi, après le grand conflit avec Rome en 1979-1980, à réaliser cette idée essentielle pour moi, présente de longue date, d'un dialogue des religions en vue d'une éthique commune basée sur la confiance fondamentale. Je l'ai approfondie et développée dans le dialogue avec des érudits issus du judaïsme, du christianisme et de l'islam, de l'hindouisme, du bouddhisme et de la religion chinoise, mais aussi avec les tenants d'idéologies séculières. C'est ainsi qu'en 1990, une décennie après mon conflit avec Rome, je pus finalement présenter le *Projet d'éthique planétaire*. « Ce que je crois » a fait l'objet durant ces années d'un enrichissement, d'un approfondissement et d'une approche différenciée exceptionnels.

Le chemin de l'humanité – malgré les progrès immenses, de la médecine et de la pharmacie à l'astronautique et à Internet – n'est pas devenu plus aisé ces dernières décennies. Le communisme avait sacrifié toute éthique aux intérêts du parti, le capitalisme aux intérêts de l'économie. Dans toutes les religions du monde, beaucoup d'hommes se demandent maintenant : sous quelles conditions fondamentales pouvons-nous, en tant qu'hommes, survivre sur une Terre habitable, organiser notre vie individuelle et sociale de façon humaine, plus humaine ? Du fait des progrès scientifiques et techniques sans précédent, une responsabilité d'un genre nouveau échoit à notre génération pour notre monde actuel et notre monde écologique, mais aussi, si le chemin de l'humanité ne doit pas finir dans l'abîme d'une guerre atomique ou d'une catastrophe écologique, pour notre monde futur. C'est ce que Hans Jonas a développé dès 1979 dans son livre-programme, *Le Principe Responsabilité*[1].

Entre-temps, la mondialisation des marchés, de la technologie et des médias, qui a fait longtemps l'objet d'éloges beaucoup trop unilatéraux, nous a, hélas, aussi livrés à une mondialisation des problèmes, ceux des marchés financiers et des nouvelles épidémies (sida, grippe aviaire, grippe porcine), sans oublier la criminalité, les drogues et le terrorisme. Et la crise économique mondiale survenue en 2008 – elle n'était pas du tout imprévisible – m'a confirmé dans cette idée : la mondialisation exige aussi, pour éviter ses effets inhumains, une mondialisation de l'éthique ! Par rapport aux problèmes de la politique mondiale, de l'économie mondiale et du système financier mondial, une *éthique mondiale* est nécessaire, qui peut être apportée par les religions, mais aussi par les non-croyants, les humanistes, les laïcs. Je m'élève passionnément contre la tendance aberrante à discourir en faveur d'une sectorisation de la société mondiale en sociétés séculières et sociétés religieuses. Le monde actuel a certainement besoin des deux : du séculier et du religieux. Mais il y a une chose dont il n'a pas besoin : le fanatisme – et les fanatiques séculiers sont une aussi grande menace que les fanatiques des fondamentalismes religieux.

Je le sais, bien sûr : de nos jours la problématique éthique est à penser dans le contexte de la concomitance de l'individualisme et du pluralisme postmodernes de la société séculière. Loin de moi de considérer ces processus, comme certains hommes d'Église, uniquement sous le signe négatif de la chute ou de la « déchristianisation ». Ils nous ont en effet tant donné en termes de liberté individuelle ! Il faut

---

1. *Das Prinzip Verantwortung*, 1979 ; trad. fr. : *Le Principe Responsabilité*, trad. J. Greisch, Cerf, 1990, et Flammarion, coll. « Champs », 1998.

cependant reconnaître qu'ils ont aussi renforcé notre manque de repères.

La psychologie et la psychothérapie peuvent apporter une grande aide dans cette crise de l'orientation. Je me suis consacré à une recherche approfondie sur Freud dès 1987 et j'ai même été distingué pour cela par un prix de l'American Psychiatric Association. Cependant la problématique de l'*ethos* ne fut pendant longtemps traitée par certains psychanalystes que sous la rubrique du « surmoi » répressif : comme si la conscience morale n'était qu'une instance de contrôle et de refoulement, développée *via* une mauvaise éducation, et même une simple maladie neurologique. De leur côté, les théologiens se comportaient de façon tout aussi unilatérale en se contentant de renvoyer à la liberté de conscience et au jugement subjectif à propos de toutes les questions morales des hommes. Mais la liberté de conscience ne renvoie pas seulement à un arbitraire de la subjectivité ! Par conséquent, tant pour l'éducation que pour la conduite de la vie, se pose la question : selon quels repères la conscience – tout à fait malléable – doit-elle se diriger ? Suivant quels paramètres dois-je m'orienter avec mon compas intérieur – en particulier par rapport à l'incommensurable mer d'informations d'Internet ?

Le progrès technologique sans exemple n'a pas pour autant rendu superflue la question du très attendu progrès moral de l'humanité. Au contraire, par rapport à l'augmentation des problèmes liés à la technologie, du gène au nucléaire, il l'a ranimée. C'est pourquoi nous faisons tous de plus en plus le constat suivant : aujourd'hui l'homme arrive à ses fins à propos de tout, sauf avec lui-même. C'est pourquoi de plus en plus d'hommes posent la question : *d'où pourrait venir l'orientation éthique ?* Et comment pourrait-elle s'imposer ? Plus exactement : comment trouver son chemin de vie et le faire aboutir parmi tant de choix possibles dans l'actuel pluralisme ?

La question s'aiguise encore si nous prenons en considération le point suivant : nous vivons heureusement dans une société ouverte, c'est-à-dire que l'apprentissage, l'art et aussi la vérité y sont libres. Mais d'où pourrait advenir, dans une société libre et démocratique où s'exerce le libre jeu des forces sociales et spirituelles, un *consensus minimal à propos de valeurs, de normes et de comportements fondamentaux* ? Un tel consensus est tout bonnement nécessaire pour un vivre ensemble humain, déjà dans nos familles et nos classes à l'école, mais aussi dans nos entreprises et dans des communautés plus grandes, jusque dans le fonctionnement d'un État démocratique. Si la plupart des hommes rejettent heureusement un arbitraire et une absence de lois totalement subjectifs, où trouver les repères, les priorités, les idéaux, où trouver les *jalons* de notre chemin de vie ?

Aujourd'hui, quasiment plus personne n'irait ouvertement défendre fondamentalement un « au-delà du bien et du mal » immoral, car cela conduirait en effet à tolérer aussi les abus sur les enfants, et même sur les nourrissons (en augmentation grâce à Internet), et d'autres crimes encore. Mais certains repères moraux qui allaient jadis de soi n'ont-ils pas vacillé ? Au printemps 2009, lors d'un rassemblement d'étudiants très doués, je les ai confrontés au constat provocateur qu'ils étaient en fait la première génération où souvent même des enfants et des jeunes enfreignent déjà l'interdit du meurtre : des enfants assassinent des enfants, des écoliers assassinent des enseignants, des jeunes assassinent des parents. Nous faisons largement l'expérience d'une banalisation de la violence : le seuil du passage à l'acte violent a baissé, en particulier dans les écoles. Mais aussi la violence contre soi augmente, ainsi des beuveries jusqu'à perdre conscience à un âge de plus en plus précoce.

Naturellement, il ne faut pas exprimer ces critiques sans autocritique, et se rappeler ce mot de Karl Valentin : « Les enfants ne sont pas éducables, ils font de toute façon la même chose que nous ! » Il est aisé pour la jeune génération d'attirer l'attention sur l'absence de modèles dans celle des parents. Quand pour les adultes les coudes[1] sont la partie du corps la plus importante, nul besoin de s'étonner de comportements similaires chez les jeunes. Sans compter les gros mensonges de tant d'hommes politiques belliqueux, les escroqueries de certains managers, tous les crimes et toutes les guerres sans raisons, qui agissent comme des modèles négatifs.

Face aux innombrables et inévitables décisions factuelles de la vie individuelle et politique, nous ne pouvons donc plus aujourd'hui – comme le faisaient encore les théologiens moralistes à l'orée des temps modernes, par exemple sur la question de la légalité de l'usure – tirer du Ciel ou de la Bible comprise à la lettre des réponses éthiques fermes. D'un autre côté, nous ne pouvons pas non plus – comme les papes du XXe siècle pour les questions de contraception ou de procréation artificielle – déduire des réponses d'une nature de l'homme prétendument immuable et universelle du « droit naturel ». Aujourd'hui, pour tous ces problèmes et ces conflits complexes, il nous faut au contraire chercher sans cesse des réponses nouvelles, différenciées et adaptées aux situations « sur la Terre », et, souvent, nous devons les élaborer avec la collaboration de divers spécialistes.

En tout cas, de nos jours une éthique raisonnable ne peut plus présupposer l'un de ces systèmes de normes éternelles, rigides et immuables, transmis par nos prédécesseurs pour être enregistrés passivement. Il faut trouver une voie qui tienne compte autant du développement historique des normes éthiques que de leur différenciation selon les cultures. En effet, des normes sans enracinement concret sont vides, mais des contextes sans normes sont aveugles. Cependant, par rapport à une *permissive society* où tout semble relatif, où

---

1. Allusion à l'expression « jouer des coudes ».

rien n'est obligatoirement vrai et où tout serait permis et chacun autorisé à faire n'importe quoi, le débat public sur les droits de l'homme et les valeurs fondatrices, sur la morale politique et économique, publique et privée, me montre la chose suivante : il existe indéniablement un nouveau besoin de repères fiables, de normes obligatoires, de valeurs durables, donc d'une orientation éthique qui ne soit pas – comme l'est souvent la morale traditionnelle – répressive ni réprimante, mais qui ait des effets libérateurs et même qui dise oui à la vie.

Une éthique qui dit oui à la vie pour tous

Le 10 mars 1989, année charnière pour l'Europe, je fis à l'université de Chicago une conférence intitulée *No World Peace without Religious Peace* et je proposai de mettre à l'ordre du jour du Parlement des religions du monde, pour les quatre années suivantes, la question d'une éthique de base commune aux religions – pour fêter le centième anniversaire du premier Parlement des religions du monde réuni à Chicago à l'occasion de l'Exposition universelle de 1893. Mon livre *Projet d'éthique planétaire* (1990) parut en anglais dès 1991, simultanément à New York et à Londres, sous le titre *Global Responsability. In Search of a New World Ethic*. En ce temps-là, le concept de mondialisation n'était pas encore sur toutes les lèvres. Le 27 février 1992, le directeur en exercice du Conseil du Parlement des religions du monde vint spécialement à Tübingen pour me convaincre d'élaborer le projet de déclaration pour une éthique mondiale.

Un défi énorme pour moi ! Mon avantage était que depuis deux décennies j'avais réfléchi en long et en large sur la problématique du fondement de l'éthique ; sinon j'aurais échoué dans cette tâche, qui exigeait de moi en pratique de chambouler mes plans pour le semestre à venir. Je ne me suis jamais donné autant de mal, durant autant d'heures, de jours et de mois et pour si peu de pages de texte. Pour moi et tous ceux qui m'ont aidé, ce fut un long processus, avec des consultations interreligieuses et beaucoup de discussions et d'améliorations. Finalement, la Déclaration pour une éthique globale fut soumise aux délégués du Parlement et acceptée comme *Initial Declaration Toward a Global Ethic*, le 4 septembre 1993. Par quelles réflexions je me suis laissé guider lors de la conception de cette déclaration, voilà qui intéressera peut-être le lecteur.

J'avais étudié en profondeur Nietzsche ainsi que d'autres critiques de la morale chrétienne ennemie de la vie, et aussi des critiques de la religion en général. C'est pourquoi je voulais délibérément développer une *éthique qui dise oui à la vie*, et certes non pas remplacer, mais compléter les interdits moraux négatifs par des impératifs éthiques positifs.

Il m'aurait toutefois semblé démesuré de vouloir réinventer la roue de l'éthique ! Je voulais plutôt rappeler les normes éthiques élémentaires, telles qu'elles se sont retrouvées dans l'héritage spirituel de l'humanité et que je les ai explorées. Elles ne doivent pas être des entraves pour les hommes, des chaînes qui enserrent sans utilité la vie ou même l'étouffent. Elles doivent plutôt être des aides et des appuis, des *repères* pour garder le cap sur les routes de la vie, pour réinventer et réaliser sans cesse les valeurs de la vie, les actions de la vie, le sens de la vie. Et tout cela, bien entendu, non seulement pour les hommes religieux, mais pour tous les hommes.

C'est pourquoi on peut lire expressément dans la Déclaration du Parlement des religions du monde : « Nous sommes convaincus que nos traditions religieuses et éthiques, dont certaines remontent à plusieurs millénaires, véhiculent une *éthique* accessible et viable *pour toutes les personnes de bonne volonté*, croyantes ou non[1]. »

---

1. Déclaration pour une éthique planétaire, chap. II.

Lors de l'élaboration de la Déclaration, je fus naturellement confronté à des dizaines de questions, mais avant tout à celles-ci : qu'est-ce qui pourrait bien valoir pour tous les hommes et chacun en particulier ? Existe-t-il des repères intouchables auxquels même les forces dirigeantes de la politique, de l'économie, de la science et de la religion devraient se tenir ? Peut-il vraiment exister une norme de base pour tous les hommes sans exception ?

Assurément, il y avait et il y a pour moi un point primordial : nous vivons dans un monde doté d'un grand nombre de religions et de cultures. On ne peut donc pas en appeler à une religion contre toutes les autres. Et un deuxième point : nous ne vivons plus au Moyen Âge ni au temps de la Réforme. Par rapport aux millions d'hommes non religieux du monde moderne, on ne peut plus, même en tant qu'homme religieux, s'appuyer spécifiquement sur la religion pour une éthique commune. À partir de là, le problème principal prend la forme suivante : qu'est-ce qui peut aujourd'hui – dans les conditions de pluralité des religions et des idéologies – être une norme fondamentale, un critère fondamental valant si possible pour tous les hommes ?

Le critère fondamental d'humanité

Le 17 septembre 2008 j'obtins à Berlin la médaille de la Paix Otto-Hahn. Otto Hahn, lauréat du prix Nobel, inventeur de la fission nucléaire (1938), s'est après la guerre engagé pour la paix et contre l'armement atomique de l'armée allemande. La médaille de la Paix me fut remise par Klaus Wowereit, le maire-gouverneur, en particulier – et je m'en réjouis – pour « l'engagement exemplaire pour l'humanité, la tolérance et le dialogue entre les grandes religions du monde, surtout dans le cadre du projet d'éthique planétaire ».

Mon discours devant un public en majorité séculier fut pour moi l'occasion d'une part de corriger le malentendu très répandu : l'éthique planétaire ne pourrait être fondée qu'à partir des religions du monde ; et d'autre part d'esquisser un fondement philosophique, dont j'avais déjà jeté les bases dans mon livre *Dieu existe-t-il* ? À partir de là j'étais en mesure de favoriser aussi un programme d'alliance entre croyants et non-croyants dans le projet d'éthique planétaire.

Ayant seulement en vue l'humanité, c'est-à-dire l'homme authentique, j'ai pu très tôt formuler comme norme de base d'une morale humaine autonome les *différences élémentaires entre le bien et le mal* suivantes.

« *Bon* » ne signifie pas simplement ce qui vaut depuis toujours et partout, comme le pensent les traditionalistes et les intégristes : la « bonne vieille » tradition s'est souvent révélée l'ennemie de l'homme.

Mais « bon » ne signifie pas non plus, sans plus, le nouveau, comme le pensent toujours les révolutionnaires et les agitateurs : le « formidable nouveau », la révolution s'est souvent révélé tout aussi peu bénéfique pour l'homme.

Non, formulé de la façon la plus élémentaire, « bon » signifie pour l'homme ce qui – vieux ou neuf – l'aide à être *vraiment humain*.

Combien de fois, surtout après un crime ou un scandale incompréhensible, m'a-t-on demandé : comment l'homme, pourtant créé par Dieu, peut-il être aussi abject ? Une question que l'on peut en certaines occasions aisément se poser aussi à propos de soi-même. La réponse la plus élémentaire est celle-ci : l'homme, qui vient du règne animal, devait apprendre avec sa raison à maîtriser ses pulsions – alimentaires, sexuelles, de conservation de soi... –, qui correspondent aux modes de comportement instinctifs des animaux, et à se comporter avec humanité. Aujourd'hui encore chaque homme, dès son plus jeune âge, ne doit pas se contenter de développer une confiance fondamentale. Il doit aussi apprendre à contrôler, cultiver, sublimer et spiritualiser ses motivations, ses besoins et ses intérêts – même ceux qui sont psychiquement et émotionnellement intenses, comme le désir de puissance et de célébrité. C'est seulement ainsi qu'un jeune homme peut vraiment organiser humainement son chemin de vie. Et c'est le processus de toute une existence, qui peut réussir plus ou moins bien et qui est en tout homme marqué de revers et d'erreurs.

Le « mal » est, de ce point de vue, ce qui blesse, lèse, gêne l'humanité. Le mal est plus particulièrement ce qui rabaisse l'homme au niveau de l'inhumanité, de sorte qu'il se conduit comme un animal mauvais, une bête – bestialement en somme. Contre cette tendance se sont développés sur des milliers d'années des repères de l'humain que l'on retrouve dans toutes les grandes traditions de l'humanité, pas seulement religieuses mais aussi philosophiques. Qu'y a-t-il de commun entre Emmanuel Kant, Henry Dunant, Rosa Luxemburg, Thomas Mann, Albert Schweitzer, Hannah Arendt, Martin Luther King, Nelson Mandela et celui qui, dans le projet d'une éthique planétaire, m'a soutenu depuis le début plus que les autres – Yehudi Menuhin ? Tous étaient des défenseurs de l'*humanité*, des défenseurs d'un homme véritable, et l'exposition itinérante de la Fondation Éthique planétaire les présente ainsi en images et en paroles. Dès les années 1980, Walter Jens et moi avions qualifié les lauréats du prix Nobel de littérature Heinrich Böll, Hermann Hesse et, une fois encore, Thomas Mann de « défenseurs de l'humanité » dans trois conférences à deux voix.

Ainsi l'*humanité* est le *premier principe de base d'une éthique commune à tous les hommes,* une éthique planétaire, telle que la Déclaration pour une éthique planétaire du Parlement des religions du monde l'a déterminé et proclamé en 1993 à Chicago : « Que toute personne humaine soit traitée humainement. » Est-ce une tautologie ou un lieu commun ? En aucune façon, ainsi qu'on le remarque de suite en lisant peu après comment la Déclaration concrétise ce principe d'humanité : « Chaque personne, qu'elle soit un homme ou une femme, blanche ou de couleur, riche ou pauvre, doit être traitée humainement et non inhumainement, et encore moins bestialement. » Les représentants notoires de l'inhumanité comme Staline, Hitler, Mao, Pol Pot n'ont pas besoin d'une présentation en paroles et en images.

Dans cette optique, l'« humanité », tout comme l'« art » ou la « musique », n'a pas besoin de définition précise pour être pratiquée. « Humanité » ne désigne pas une « vision de l'homme » déterminée. Les « visions de l'homme » sont toujours conçues à partir d'une perspective spécifique – chrétienne, juive ou musulmane, socialiste ou libérale, biologique ou économique... et elles sont souvent opposées les unes aux autres. Mais le mot « humanité » désigne ici un *fonds de valeurs et de normes éthiques* qui, indépendamment de leurs visions respectives de l'homme, est attendu de *tous* les hommes.

Je suis ainsi parvenu à un aspect de l'idée d'éthique planétaire au plus haut point porteur d'espoir ; il peut aussi, dans les discussions actuelles sur l'enseignement éthique ou religieux, remplir une fonction de médiation. Je serais heureux, et pas seulement moi, si l'autorité ecclésiale pouvait enfin comprendre qu'elle ne peut efficacement porter les valeurs chrétiennes au pinacle que dans le contexte des valeurs humaines en général, et non contre elles. À la place d'une stratégie de confrontation et de polarisation, il faut une stratégie de solidarité et d'entente mutuelle. En guise de remerciement, j'ai dédié mon livre *Le Christianisme. Ce qu'il est et ce qu'il est devenu dans l'histoire* (1994) à quatre personnalités chrétiennes issues des différentes Églises, qui ont de façon exemplaire incarné cette attitude : le pape Jean XXIII, le patriarche œcuménique Athênagoras, l'archevêque de Canterbury Michael Ramsay et le premier secrétaire général du Conseil œcuménique des Églises, Willem Visser't Hooft.

L'éthique humaniste
et les religions du monde se rencontrent

Au croisement précisément d'une humanité élémentaire – malgré les différences immenses –, l'éthique humaniste et l'éthique des religions du monde se rencontrent. Bouddha, Moïse, Jésus de Nazareth et – les musulmans y tiennent beaucoup – le prophète Muhammad sont, chacun à sa façon, des défenseurs de l'humanité. Pour moi personnellement, ce point est clair depuis l'époque où je fus élève durant six ans au lycée humaniste public de Lucerne : je me comprends à la fois comme chrétien et comme humaniste. J'ai ensuite justifié et éclairé cela sous tous ses aspects dans le livre *Être chrétien* (1974).

La Déclaration pour une éthique planétaire du Parlement des religions du monde est aussi un document humaniste, que les hommes non religieux peuvent aussi accepter. Il y est dit à titre de programme à réaliser : « Face à tout comportement inhumain, nos convictions religieuses et éthiques exigent que *toute personne humaine soit traitée humainement !* Qu'est-ce à dire ? Sans considérations d'âge, de sexe, de race, de couleur de peau, d'aptitudes physiques ou mentales, de langue, de religion, d'orientation politique, d'origine nationale ou sociale – toute personne humaine possède une *dignité* inaliénable et *inviolable*. Tous sont donc tenus, les individus comme les États, de respecter et de protéger cette dignité. » C'est sur quoi les droits et les devoirs de l'homme sont fondés.

Il ne s'agit donc pas d'une éthique individualiste hautaine : le principe d'humanité vaut pour l'individu humain, l'être particulier et ses actes, mais aussi et simultanément pour les institutions et les structures humaines. Ces dernières doivent

90

être au service de l'homme, elles doivent favoriser des comportements humains, le devenir-homme, l'humanisation de la société humaine, ne pas lui infliger de dommages mais œuvrer pour le bien de l'ensemble.

Le défi fondamental de l'humanité est plus précisément défini par l'immémoriale *règle d'or*, le principe de *réciprocité*. Elle est proverbiale et m'est familière depuis l'enfance : « Ce que tu ne veux pas qu'on te fasse, ne l'inflige pas à autrui. » Mais son importance fondamentale et universelle pour la société humaine ne m'est apparue que dans le contexte d'une éthique planétaire. Elle a déjà été formulée cinq siècles avant Jésus-Christ par le sage chinois Confucius : « Ce que tu ne souhaites pas pour toi-même, ne le fais pas non plus aux autres hommes. » Elle apparaît par la suite sous des formulations similaires dans toutes les grandes traditions religieuses et éthiques de l'humanité. Elle a pour ainsi dire trouvé sa forme séculière dans l'impératif catégorique d'Emmanuel Kant. Une de ses trois formulations est la suivante : « Agis de façon telle que tu traites l'humanité, aussi bien dans ta personne que dans la personne de tout autre, toujours en même temps comme une fin, jamais simplement comme un moyen[1]. » L'« Hippocrate anglais », le médecin Thomas Sydenham, a déjà au XVIIe siècle formulé la règle d'or en la ciselant pour la pratique médicale : « Personne n'a été soigné par moi autrement que j'aurais voulu être soigné si j'avais eu la même maladie. »

Cette règle d'or de la réciprocité est le *deuxième principe fondamental d'une éthique commune à l'humanité*. J'ai aussi dit en toute occasion aux représentants de la politique, de la science, de la culture et des sports : cette règle d'or ne doit pas valoir seulement entre individus, mais aussi entre groupes sociaux et ethniques, entre nations et religions. On me demande cependant souvent : comment ces principes de base

---

1. *Fondements de la métaphysique des mœurs*, section II.

d'une éthique planétaire de l'humanité doivent-ils être exprimés sous forme de critères concrets ?

Jalons pour plus d'humanité

Pendant la préparation de la Déclaration pour une éthique planétaire et aussi dans le cadre d'un colloque interdisciplinaire et interreligieux du semestre d'été 1992 à Tübingen, j'ai longtemps réfléchi à cette question : selon quels points de vue fondamentaux mettre en ordre, pour cette déclaration, les matériaux éthiques en nombre infini qui demeurent ? Il y a une possibilité : suivre les vertus classiques – les vertus cardinales de sagesse, de courage, de justice et de tempérance, souvent confondues avec les vertus théologiques ou théologales, la foi, l'espérance et l'amour ? Mais elles semblent beaucoup trop individualistes ! Une autre possibilité serait de les classer selon des champs déterminés, tels que l'éthique sexuelle, la bioéthique, l'éthique économique, médicale et étatique. Mais pour une perspective globale ils sont bien trop complexes !

Lors d'un dîner faisant suite à mon séminaire, une discussion animée avec des érudits issus des traditions hindouiste, bouddhiste, chinoise, musulmane et chrétienne m'a fait pencher en faveur d'une troisième possibilité, depuis longtemps envisagée. À table, ma rapide enquête aboutit à un consensus empirique élémentaire : il y a un *quatre impératifs éthiques* qui se trouvent non seulement dans les dix commandements de la Bible hébraïque, confirmée par le Nouveau Testament et le Coran, mais aussi chez Patañjali, le fondateur du yoga, dans le canon bouddhiste et dans la tradition chinoise : « Ne pas tuer, ne pas voler, ne pas mentir, rejeter les abus sexuels. » Que cette convergence ne soit pas un hasard, je l'apprends de la préhistoire. On a mis en évidence que partout sur cette planète les hommes furent très tôt intéressés d'un point de vue existentiel à la protection de leur vie, à leurs propriétés, à leur honneur, à leurs relations d'ordre sexuel. L'éthique des origines se trouve à la base d'une éthique planétaire.

La Déclaration pour une éthique planétaire de 1993, et cela me donne encore aujourd'hui du courage, n'a rien perdu de son actualité. Au contraire, depuis la crise mondiale financière et économique survenue en 2008 (et redoutée par moi depuis de nombreuses années avant de se réaliser), elle a fortement gagné en importance. Car outre la défaillance des marchés et celle des institutions, il y a manifestement aussi une défaillance de l'éthique. C'est pourquoi, en lien avec cette crise, il est partout question d'un « come-back de la morale », de la nécessité d'une éthique dans l'économie, la politique, la science et plus encore le sport, ébranlé par des scandales.

Mais si les philosophes ne parlent que d'impératifs catégoriques, les théologiens – de manière abstraite – de conscience, et les politiciens, les responsables économiques, les scientifiques et les cadres des sports uniquement, de façon très générale, de la nécessité de la confiance, du sens de la responsabilité et de la gestion scrupuleuse, cela ne suffit pas. Il faut plutôt parler concrètement, courageusement et avec pertinence du contenu de *valeurs* et de *standards* éthiques déterminés. Sans se laisser embrouiller dans des discussions éthiques de détail, il faut se rappeler ces très anciennes normes de l'humanité qui à notre époque ont été ignorées de façon impardonnable par le fascisme et le nazisme, le socialisme d'État et enfin par le turbo-capitalisme et le néo-impérialisme. Nous avons d'urgence besoin d'un *fondement éthique*, sans lequel une société ne peut être maintenue durablement ni dans sa totalité ni dans ses parties, nous avons besoin d'un *ordre-cadre*, sans lequel ne peuvent fonctionner ni un nouvel ordre mondial ni une nouvelle architecture financière.

Il faut donc qu'une *culture de l'humanité* soit encouragée sous quatre angles. J'esquisse ici brièvement ce qui est largement développé dans la Déclaration pour une éthique planétaire[1]. Chaque homme et chaque institution portent une quadruple responsabilité :

— Responsabilité pour une culture de la non-violence et du respect de toute vie : « Aie du respect pour la vie ! » D'une sagesse immémoriale il s'ensuit : « ne pas tuer » – ne pas torturer, harceler, blesser.

— Responsabilité pour une culture de la solidarité et un ordre économique juste : « Agis avec justice et loyauté ! » Selon la sagesse immémoriale : « ne pas voler » – ne pas exploiter, soudoyer, corrompre.

— Responsabilité pour une culture de la tolérance et une vie véridique : « Parle et agis avec vérité ! » Selon la sagesse immémoriale : « ne pas mentir » – ne pas duper, falsifier, manipuler.

— Responsabilité pour une culture de l'égalité des droits et du partenariat entre homme et femme : « Estimez-vous et aimez-vous ! » La formulation immémoriale : « ne pas forniquer, ne pas commettre d'abus sexuels » – ne pas tromper, rabaisser, dévaloriser.

Cette ligne directrice de la Déclaration pour une éthique planétaire des religions du monde se trouve aussi, identique en son contenu mais en langage onusien, dans la proposition de l'InterAction Council des anciens chefs d'État et de gouvernement, présidé par l'ex-chancelier Helmut Schmidt, pour la Déclaration universelle des devoirs de l'homme de 1997[2]. Mais pour éviter les malentendus, précisons ceci : les impératifs éthiques ne sont pas des lois qu'une commission quel-

1. Cf. Internet : www.weltethos.org.
2. Cf. Internet : www.interactioncouncil.org.

conque devrait d'abord adopter. Ils sont donnés d'emblée et visent le libre engagement personnel. Néanmoins ils pourraient et devraient être confirmés par une commission de la communauté mondiale qui les rappellerait à la conscience universelle.

Bien sûr, toutes ces directives me concernent aussi personnellement. Mais à la fin de ce chapitre sur le chemin de vie se pose cette question : suffisent-elles pour aller mon chemin ? Certainement pas.

Aller mon chemin

Ce sont notamment les sept années de ma rigoureuse éducation préconciliaire qui m'ont appris à ne pas me laisser intimider, même par l'autorité ecclésiale, et à toujours aller mon propre chemin de vie dans une solidarité critique avec mon Église. J'étais et je reste reconnaissant à mes fidèles compagnons et compagnes de route qui, dans la proximité ou dans l'éloignement, ont été de mon côté lors de toutes les polémiques. *Going my way* – « Aller mon chemin »[1] : c'est le titre d'un film du temps de mes études à Rome, où jouait celui qui était à l'époque mon acteur américain préféré, Bing Crosby. Il y interprétait un jeune vicaire inadapté qui allait son chemin de façon courageuse et déterminée contre la résistance de son curé conservateur.

Mais mes conflits ne se réglèrent pas d'une façon aussi anodine que dans ce film. Même avec beaucoup de confiance en la vie et de joie de vivre, même avec des valeurs et des normes de vie, il n'est en aucun cas facile de trouver son

---

1. Le film *Going My Way* (récompensé par cinq Oscars), réalisé par Leo McCarey et sorti en 1944, a été présenté au public français sous le titre *La Route semée d'étoiles*.

propre chemin, de prendre les bonnes décisions qui s'imposent et de se dire sans cesse : sois celui que tu es. Ne te laisse pas déterminer par les autres, définis toi-même ton rôle. Mais ne gravite pas autour de toi-même, ne sois pas un égocentrique. Ne reviens pas en arrière. Va de l'avant ! *Avanti, Savoia !* (la devise des combattants italiens de la liberté au XIXe siècle), avait écrit de sa main le grand Karl Barth sur une carte personnelle accompagnant sa lettre historique à propos de ma thèse sur la « justification ».

Aujourd'hui, pour la jeune génération, certaines décisions – choix de la profession, du partenaire, du lieu de vie… – semblent plus *faciles* à prendre : l'espace de liberté personnelle s'est accru et, à l'ère des médias, les informations de toutes sortes sont plus aisées à trouver. D'un autre côté, la profusion d'informations ne réduit d'aucune façon le manque d'orientation, au contraire elle le renforce. Le savoir disponible ne manque pas, mais il y a un manque de savoir s'orienter.

Cependant beaucoup de décisions de vie peuvent seulement être imposées *contre des résistances*. Foncer tête baissée dans le mur coûte souvent le prix de sa tête. Mais, d'un autre côté, faire la girouette n'est pas précisément le signe d'un caractère droit. J'ai essayé autant que possible de trouver un chemin entre l'entêtement dogmatique et la mollesse d'un consensus à tout prix, un chemin qui allie la constance à l'adaptabilité.

Mais il existe des situations critiques qui exigent de la part des hommes des décisions de vie lourdes de conséquences. Jadis on parlait d'« Hercule à la croisée des chemins » : suivant la légende antique, le jeune héros s'était retiré dans une contrée solitaire pour déterminer quelle voie il devait suivre dans sa vie. Là deux figures féminines très différentes vinrent à sa rencontre : d'abord « Volupté », qui lui promit en sa compagnie tous les plaisirs et agréments de la vie. Puis « Vertu », qui lui laissa entrevoir un chemin laborieux, mais sur lequel il pouvait devenir un maître en tout ce qui est bon et grand. Les deux femmes lui décrivirent par le menu leurs avantages respectifs – et les faiblesses de l'adversaire. Hercule avait le choix : ou le chemin facile des plaisirs de la vie, ou le chemin pénible de la vertu. Il choisit le chemin de la vertu.

Aujourd'hui, beaucoup – justement des jeunes – sont souvent devant un choix encore plus fondamental : non pas entre « plaisir » ou « vertu », mais entre sens ou non-sens de la vie. Et si c'est bien le sens, alors la question se pose : quel est le sens de la vie, de *ma* vie ? Le prochain chapitre est consacré à cette question.

4

Sens de la vie

Si nous sommes, en tant que savants, à la hauteur de notre tâche (ce qu'il faut évidemment présupposer ici), nous pouvons alors obliger l'individu à se rendre compte du sens ultime de ses propres actes, ou du moins l'y aider. Il me semble que ce résultat n'est pas tellement négligeable, même en ce qui concerne la vie personnelle.

Max Weber, sociologue et économiste[1].

Marcher avec confiance en la vie et joie de vivre sur le chemin de la vie… Mais quel est le sens de la vie ?

Aller son chemin n'est pas si simple, même pour les théologiens. Je me souviendrai toujours de mon retour de Munich à Tübingen le 3 mai 1962. Je me sentais seul et abattu dans ma Volkswagen : « Le mieux serait de foncer dans un arbre ! Que faire encore en théologie si même le théologien le mieux placé pour te comprendre ne te comprend pas ? » J'avais trente-quatre ans et depuis deux ans j'étais – à l'encontre de mon plan de vie initial – professeur de théologie fondamentale à l'université de Tübingen. J'avais prolongé ma leçon inaugurale sur la théologie du concile, qui devait commencer en octobre 1962, pour en faire un livre sur les structures de l'Église. Celui-ci pourtant se démarquait fondamentalement des dogmatiques catholiques traditionnelles parce qu'il s'appuyait constamment sur la Bible et

---

1. Dans *Wissenschaft als Beruf* (« La science comme vocation »), conférence du semestre d'hiver 1918-1919 devant des étudiants de l'université de Munich. Cf. *Le Savant et le Politique*, UGE, coll. « 10/18 », 1963, p. 90.

aussi sur un traitement de bout en bout historiquement exact de l'histoire de l'Église, des conciles et même de la papauté. Ce jour-là, à cause du manuscrit de ce livre, s'était produite à Munich une vive dispute sur le primat et l'infaillibilité des définitions de Vatican I (1870) avec un homme que j'admirais, le jésuite Karl Rahner, chef de file de la dogmatique catholique allemande. Or je dépendais de son vote positif, aussi bien pour publier dans la maison d'édition catholique Herder que pour recevoir la nécessaire autorisation de l'Église pour imprimer (l'imprimatur). Je réussis alors à dompter mes émotions par la raison et je parvins à une confiance croyante. Le déroulement de cette dispute et son arrangement à la fin, de sorte que le livre a pu paraître dans les délais avant le début du concile, je les ai décrits en détail dans le tome I de mes Mémoires, intitulé *Mon combat pour la liberté*. Qu'après le concile les choses empirent encore pour moi, et aussi dans une certaine mesure pour Rahner, je ne pouvais, en ces heures sombres, que l'entrevoir. La question du sens de mon chemin de théologien, et même de ma vie en général, se posait alors à moi avec une urgence encore bien plus forte que lors de mes années d'études.

Pourquoi sommes-nous sur Terre ?

En chaque homme une question peut surgir à tout instant : c'est la question du sens. Ne serait-il pas meilleur pour l'orientation de sa vie de se la poser en toute conscience, avant de tomber dans une crise profonde ? Meilleur en tout cas de le faire plutôt que de s'épuiser d'une façon purement théorique à lire les débats – plus ou moins enrichissants et parfois aussi ennuyeux – des philosophes et des essayistes à propos des notions de « vie », de « sens » et de « sens de la vie » ?

Certes, je ne considère pas totalement inutile de discuter de la question, controversée depuis le bas Moyen Âge, de savoir si nos concepts ne sont que des noms *(nomina)* pour désigner des phénomènes singuliers de la réalité, ainsi que le soutenaient les « nominalistes », ou si nos concepts universels sont aussi enracinés dans le monde réel, ainsi que l'admettaient les « réalistes ». Traduit en langage d'aujourd'hui : le sens est-il dans les choses elles-mêmes ou uniquement dans notre tête, notre pensée ? Donc les choses ont-elles un sens inhérent, qui les habite, ou construisons-nous nous-mêmes ce sens et attribuons-nous nos fictions linguistiques aux choses ? On peut théoriquement réfléchir et spéculer à perte de vue pour savoir s'il n'existe qu'un seul sens ou plusieurs ; un sens par domaine déterminé de réalité ou par phase déterminée de vie, ou un sens pour l'ensemble de la vie d'un homme, pour l'ensemble de la réalité. Je reviendrai sur certains de ces points.

Mais plutôt que de m'étendre théoriquement sur le sens de la question du sens, il me semble plus important qu'en premier lieu nous nous rendions compte que durant des siècles les hommes en général ne se sont guère posé la question du sens de la vie de cette manière. Tant pour les hommes de la Bible hébraïque que pour ceux du Nouveau Testament et encore ceux du Moyen Âge, la question du sens de la vie n'avait pas de sens… Pourquoi ? Parce qu'ils considéraient cette question comme résolue depuis belle lurette. Pour le sens de la vie, voici ce qui était fermement établi : Dieu et l'observation des commandements ! Et cette foi de chacun était partagée par toute la communauté des croyants. Alors pourquoi se mettre martel en tête à propos d'un sens spécial de la vie *individuelle* de l'homme ?

Sur ce point il s'agit donc d'une question typiquement moderne. Le premier à formuler la question du sens de la vie, précisément comme la première question de son catéchisme, est un juriste et un théologien qui, par sa piété, sa claire synthèse théologique et son sens de l'organisation et des relations internationales de l'Église, donna à l'expression du protestantisme réformé son importance universelle : il s'agit du réformateur franco-suisse Jean Calvin – souvent perçu en Allemagne de manière unilatéralement négative. Alors que Martin Luther se serait concentré sur la problématique de la loi et de l'Évangile, Calvin fait débuter son catéchisme de Genève de 1542 par cette question fondamentale : « Quelle est *la principale fin de la vie humaine** ? » La réponse est lapidaire : « *C'est de connaître Dieu**. » La deuxième question : pourquoi ? « Parce qu'il nous a créés et mis au monde pour être glorifié en nous. » La gloire de Dieu, la *Gloria Dei* donc, est le sens et la fin de la vie humaine.

Les catéchismes catholiques n'intégrèrent cette question qu'au XVIIe siècle. Et la réponse standard qui m'est restée en mémoire depuis mon enfance est la suivante : « Pourquoi sommes-nous sur Terre ? Pour connaître Dieu, l'aimer, le servir et un jour monter au Ciel (ou : obtenir la vie éternelle). » C'est seulement le catéchisme hollandais de 1948 qui évoque *le bonheur sur Terre* : « Pour être heureux ici et plus tard. » C'est seulement après le concile Vatican II qu'*Une introduction à la foi catholique. Le nouveau catéchisme pour adultes*, parue en 1966 aux Pays-Bas, rapidement diffusée dans le monde entier et promptement poursuivie par l'Inquisition romaine, traite la question du sens de la vie dans toute sa portée : il est maintenant question d'une exigence de bonheur dans les petites et les grandes choses, d'une exigence d'être bon, mais il est aussi question de nos « blessures à travers la maladie, la déception, la faute et la détresse ». Cependant je ne souhaite pas ici court-circuiter la question du sens en l'occultant sous la question de Dieu, mais m'y confronter directement, dans le contexte séculier actuel.

La question du sens dans les sciences et l'économie

Après la Réforme et à la fin des guerres de Religion, les Lumières commencèrent à étendre leur influence : j'aborderai ce point plus loin. Dès à présent, donnons quelques repères : elles commencèrent en Angleterre au XVIIe siècle avec les *freethinkers,* qui voulaient être libérés des dogmes religieux, et elles évoluèrent vers l'athéisme en France au XVIIIe siècle avec les *libres penseurs** et les encyclopédistes. En Allemagne aussi, au XIXe siècle, le nombre des *Freigeister* ou des *Freidenker* augmenta considérablement : d'un côté dans la bourgeoisie libérale, sous l'influence de sciences de la nature matérialistes, de l'autre côté chez les ouvriers, sous l'influence de Karl Marx et du matérialisme dialectique. Le sociologue Max Weber, l'un des plus grands penseurs du début du XXe siècle, déclara dans une conférence pénétrante intitulée « Le métier et la vocation de savant », prononcée durant le difficile semestre d'hiver 1918-1919 devant des étudiants de l'université de Munich : « Le destin de notre époque, caractérisée par la rationalisation, par l'intellectualisation et surtout par le désenchantement du monde, a conduit les humains à bannir les valeurs suprêmes les plus sublimes de la vie publique. Elles ont trouvé refuge soit dans le royaume transcendant de la vie mystique, soit dans la fraternité des relations directes et réciproques entre individus isolés[1]. »
Ce n'est pas dû au hasard si les hommes, dans notre monde « désenchanté », ne s'y retrouvent qu'à grand-peine avec tous les philosophes et les théologiens, toutes les visions du monde et les religions qui se proposent comme des instances pourvoyeuses de sens. Beaucoup sont déstabilisés car dans

---

1. *Le Savant et le Politique, op. cit.,* p. 96.

cette situation nouvelle les positions religieuses (ou non religieuses) de chacun paraissent radicalement relativisées. Dans un tel contexte, le professeur, déclare Max Weber, ne doit pas s'ériger en prophète, ni en démagogue, ni en messie qui livre ou impose une prise de position à ses auditeurs. Mais il doit bel et bien s'efforcer, en toute « probité intellectuelle », de faire œuvre de « clarté » pour ses auditeurs. Il doit « obliger l'individu à se rendre compte du sens ultime de ses propres actes, ou du moins l'y aider », à se décider entre les « positions ultimes en général *possibles* face à l'existence »[1].

Une décision fondamentale pour la vie, avons-nous vu, a déjà lieu avec la confiance ou la méfiance, fondamentales, le oui ou le non au sens et à la valeur de la réalité en général. Cependant, même dans les sciences, il n'y va pas seulement d'une « objectivité libre de toute valeur » que l'enseignant universitaire devrait partout observer. Même dans les sciences de la nature et dans les sciences de l'économie les intérêts jouent un grand rôle, et même ici la *question du sens* doit sans cesse être posée. La crise économique mondiale nous montre le caractère dangereux d'une économie et d'une technologie dépourvues de sens. Économistes, managers, banquiers, experts, agences d'évaluation, journalistes et politiciens ont propagé la croyance en une capacité de prédiction et de contrôle précise et « scientifique » de l'économie, totalement insoucieuse des facteurs irrationnels, des risques et des effets secondaires qui guettaient de toutes parts. Cependant il est maintenant prouvé qu'aucune extrapolation mathématique et aucun modèle socio-économique ne peuvent prédire avec certitude les évolutions économiques, et même que tous les calculs reposaient sur des hypothèses qui, dans la plupart des cas, étaient en réalité ou trop optimistes ou trop convaincues du progrès.

1. *Ibid.*

Les critiques à l'égard d'une telle science se font de plus en plus entendre, même aux États-Unis. *The dismal science*, « la triste science », comme l'historien victorien Thomas Cartyle nommait l'économie, expression reprise en 2008 par Stephen Marglin, économiste à Harvard, dans un livre portant le sous-titre suivant : *How Thinking Like an Economist Undermines Community* (« Comment la manière de penser économiste sape la communauté »). Voilà qui semble exagéré si chaque pensée d'ordre économique devait être concernée. Mais la crise économique mondiale confère en Europe de la crédibilité aux économistes qui n'adhèrent pas à la croyance mathématique américaine et pensent moins par chiffres et statistiques, et plus par « règlements », valeurs et contexte social global. Le *sens* de l'économie de marché est pour eux un équilibre entre liberté de marché individuelle et justice sociale, c'est un ordre libre et adapté à l'homme, une économie de marché écologique et sociale fondée sur l'éthique.

La question du sens de la vie humaine individuelle doit donc être considérée en relation avec le sens de la société, de la nature et de l'humanité. Cependant je voudrais maintenant, après ces réflexions sur la question du sens dans les sciences et dans l'économie, prolonger la question du sens de ma vie, de la vie humaine individuelle. Ainsi dans notre excursion spirituelle quittons-nous les contreforts pour arriver en haute montagne.

La question du sens de l'individu

Ma vie non plus ne s'est pas déroulée dans une harmonie sans frictions, dépourvue de tout conflit. Aucun chemin de vie n'échappe aux crises. Le mot « crise » vient du grec *krinein*, « séparer », « différencier », et il signifie l'aggravation

105

décisive d'une évolution difficile. Comme d'autres mots clés importants pour moi (« confiance », « courage civique »), le mot clé « crise » a curieusement été longtemps délaissé dans les lexiques et les manuels de théologie. C'est significatif justement de notre situation, où l'on peut parler d'une accumulation de crises, d'un entassement de crises et même d'une crise des fondements.

Sur son chemin de vie chaque homme peut se retrouver à titre personnel dans une crise – crise due à la maladie, crise de la foi, voire crise existentielle. Une crise individuelle de ce genre, celui qui la subit, souvent sans cabinet de crise, doit la gérer lui-même. Il se trouve que chaque décision existentielle *comporte un risque*. Pas plus que l'évolution de l'économie, l'évolution d'une vie humaine ne peut être maîtrisée ni calculée d'avance. En tout cas il faudrait autant que possible prévoir les risques encourus et, outre le *best case*, toujours aussi envisager le *worst case*.

Les décisions de vie peuvent également être *annulées* dans certaines circonstances ; à la place de la théologie on peut étudier l'économie, ou l'inverse. On peut chercher un tout nouveau domaine d'activité. Cependant la majorité des décisions existentielles semblent irréversibles : « Comme on fait son lit, on se couche. » Il se trouve qu'on est formé pour telle ou telle profession et non pour une autre. S'affliger la vie durant d'un mauvais choix professionnel a dès lors peu de sens (je pense à tel peintre en bâtiment prospère mais qui se croyait une vocation d'artiste, ou à tel juriste qui se croyait appelé au sacerdoce). Lorsque nous ne pouvons pas ou ne voulons pas sérieusement modifier une décision, il vaut mieux s'en tenir au choix qui un jour nous est échu et tenter d'en faire le meilleur usage.

D'un point de vue religieux aussi, chaque homme est sans cesse face à des choix : je connais des personnes élevées en dehors de toute religion qui sont restées non croyantes, et d'autres qui se sont justement pour cette raison adonnées à la recherche d'une religion. Je connais des adultes croyants de différentes religions ou confessions qui ont gardé la foi de leur enfance, et d'autres qui se sont mis en quête d'une foi éclairée. Je sais que beaucoup de catholiques ont pris congé de leur Église, mais aussi que d'autres, qui ne sont pas peu nombreux malgré leur insatisfaction à l'égard de la hiérarchie ecclésiale, s'engagent dans une communauté, et je sais de certains – catholiques, protestants ou orthodoxes – qu'ils ont changé de communauté de foi. C'est un point à saluer : dans la société sécularisée d'aujourd'hui, sous nos latitudes, une puissance ecclésiale ne peut plus obliger les hommes à croire. Chacun, chacune est en droit de choisir librement et, s'il traverse une crise de la foi, il peut faire un nouveau choix ou même ne choisir aucune religion.

Et une vie porteuse d'éthique – à cela nous devons tenir fermement – peut aussi exister sans religion. Cependant, que l'éthique soit fondée religieusement ou de façon purement humaine, je puis en tout cas, jetant un regard en arrière sur ma propre vie, confirmer les recherches sociologiques concluant que les hommes éthiquement orientés aboutissent plus souvent à un bilan heureux de leur vie que les prétendus épicuriens. À cet égard, il est en tout cas exact que les plaisirs de l'existence et le sens de la vie sont choses différentes.

Perte du sens

Je suis capable de comprendre que dans certaines situations de détresse des hommes remettent absolument tout en question : à quoi bon « tout ça » ? Qu'est-ce qui donne encore direction, sens à ma vie ? Cependant, dans l'affairement au quotidien, où il faut faire une foule de choses pour réussir, ce sont des questions que l'on met la plupart du temps entre parenthèses, qu'on écarte.

Rien ni personne ne peut obliger un homme à s'interroger sur le sens de la vie. Il peut purement et simplement se fermer à cette question. Ainsi Harmut von Hentig (né en 1925), spécialiste de sciences de l'éducation, que j'apprécie beaucoup, déclare qu'il ne connaît pas de but à sa vie et que cela ne lui manque pas : « Ma vie est à elle-même sa propre fin[1]. »

Sans vouloir lui manquer de respect, n'est-ce pas une réponse trop plate ? Dois-je répondre aux innombrables personnes perdues dans une crise du sens difficile à surmonter, et qui désespèrent de la vie, qu'elles doivent considérer la vie elle-même comme son propre but ? C'est naturellement plus facile à dire lorsque, en tant que professeur, on se retourne sur une longue existence dont on peut penser, réussites et échecs confondus, qu'« elle a été une bonne vie » ; cela, je pourrais à peu près le dire, moi aussi. Et il va de soi qu'aucune puissance du monde ne peut « prescrire » un tel sens. Mais qu'en est-il de la détresse de ceux qui n'ont pas une bonne vie et de ceux qui pensent aussi à une bonne mort ? Ne devrait-on pas réfléchir plus loin justement quand, avec Hentig, on peut voir dans ses différentes tâches davantage les « moyens de vivre » que les « fins de la vie » ?

Être en quête d'un sens plus profond, d'un sens de la vie, dans un temps de crise du sens ressentie dans le monde entier ? Je l'ai, hélas, souvent constaté : en société, dans les soirées et dans les groupes, les gazettes et les magazines, on aime mieux plaisanter sur de telles questions : on se montre *cool*, distancié, ironique... Mais j'ai aussi constaté ceci : si la question est posée explicitement à quelqu'un ou si l'on est poussé dans ses retranchements, la réponse peut être très émotionnelle : « Tout cela rime à quoi ? Pourquoi tout ça et pour faire quoi ? Je n'en sais rien... »

---

1. Dans le magazine *Christ in der Gegenwart*, n° 36, 1999.

Naturellement, de nos jours, même parmi les jeunes gens, il y a aussi des cyniques qui ont vite fait de répliquer : « De toute façon, en politique, en économie et dans la société tout est pourri, foutu, absurde. » Parfois j'aimerais alors répondre : « Vraiment ? Vraiment tout ? Cette réalité ne te paraît-elle pas ainsi seulement parce que tu la regardes avec ces yeux-là ? Une relation amoureuse ou d'affaires n'est-elle pas vue lorsqu'elle se passe bien autrement que lorsqu'elle se passe mal ? Et les gens n'éprouvent-ils pas tout différemment la banqueroute d'une société ou un adultère s'ils en sont eux-mêmes les victimes, et non pas simplement ceux qui s'en amusent en lisant la presse à sensation ? »

Quoi qu'il en soit, pour l'orientation dans la vie il est conseillé, me semble-t-il, de soulever la question du *sens* du tout, défini de façon générale comme le *contexte spirituel* de notre vie humaine, avant de subir un choc existentiel, un coup du sort ou autre, dont à la longue pratiquement aucune existence humaine n'est épargnée. Sans quoi, une perte de sens peut aisément se conclure par une dépression, une agressivité ou une addiction.

J'ai en tête la perte de sens chez bien des personnes, dont le système religieux ou politique, la « vision du monde », s'est pour une raison quelconque totalement effondré. Je pense à la perte de sens de celui qui, employé durant des années dans une entreprise, se retrouve de façon inattendue au chômage et se sent désormais complètement inutile. Dans le contexte de crise économique mondiale, je pense aussi au patron qui, bien qu'estimé, doit pourtant se défaire de l'entreprise qu'il a mis des décennies à édifier ; ou encore – c'est courant en Amérique –, je pense aux propriétaires qui doivent vendre leurs maisons. Je pense à la perte de sens de personnes qui sont parvenues au milieu de leur vie : elles ont atteint tout ce qu'elles pouvaient atteindre, et tout ce qui ne l'a pas été (travail, salaire ou partenaire de leurs rêves) ne le sera pas. Je pense à la perte de sens de l'homme ou de la femme qui a

109

perdu son irremplaçable partenaire de vie ou son unique enfant chéri ; ou à ceux qui sont paralysés par suite d'un accident de la circulation, ou brusquement atteints d'un cancer. Je pense à la question du sens d'innombrables personnes âgées, dont les sens et les organes s'affaiblissent sensiblement et qui craignent la démence sénile. Et je pense aux jeunes qui voudraient savoir quel but a leur vie dans l'époque de crise actuelle, qui luttent pour trouver du sens et une interprétation du monde.

Mais je ne veux pas parler plus longtemps de cas négatifs, qui sont oppressants et nous dépriment. Je souhaite plutôt, sans dramatiser artificiellement, mener à loisir quelques réflexions à propos des possibilités fondamentales que de nos jours la femme ou l'homme en tant qu'individu a à sa disposition pour donner sens à sa vie ou lui en redonner. Peut-être saisirons-nous ainsi une cohérence plus profonde dans notre vie, une cohérence qu'on peut découvrir, mais qui peut être occultée par beaucoup d'actions et de passions, d'affaires et d'histoires.

Travailler pour vivre

Quel est donc le sens de la vie ? Celui qui comme moi est né en 1928, un an avant le premier grand krach boursier, et qui a grandi à l'époque du nazisme, du fascisme, du communisme et de la Seconde Guerre mondiale, sait que longtemps cette question n'a posé aucun problème pour beaucoup de ceux de l'ancienne génération. En effet, pour celui qui doit s'échiner à la sueur de son front afin de survivre – et c'est la majorité des cas encore aujourd'hui dans beaucoup de pays d'Asie ou d'Afrique –, les buts à court terme (se procurer de la nourriture, des vêtements, un logement…) donnent un sens immédiat à sa vie. Normalement, il ne souffre pas d'une crise du sens.

En Europe, à l'époque qui a suivi la Seconde Guerre mondiale, le *travail* occupait totalement – et c'est bien compréhensible – le centre de la vie des hommes : d'abord pour la survie, ensuite et de plus en plus pour vivre mieux. Le temps libre était secondaire dans cette société du travail. Le travail ne procurait pas seulement la sécurité et une progression du niveau de vie. Il fondait aussi une nouvelle éthique, une éthique de la performance et de la réussite. Oui, le travail garantissait pour ainsi dire un nouveau sens de la vie : « Je veux arriver à quelque chose, pour moi et pour ma famille. » Ascension sociale et prospérité étaient le sens de la vie.

Pour moi personnellement, jusqu'à maintenant, rien n'a changé par rapport à cela. Ou alors y aurait-il un sens de la vie sans le travail ? Un sens de la vie en ne faisant absolument rien ? Seulement avec du temps libre, du plaisir, en profitant de la vie ? Ou en renonçant autant que faire se peut à tout effort, par résignation et fatalisme, par abandon ou refus de principe ? Il se peut qu'en cas de surmenage la tentation d'abandonner gagne les managers et hommes politiques, et même les scientifiques… Sauf que je ne trouve pas forcément, ce faisant, accès à moi-même ; il se peut que je ne trouve que mon propre gouffre, et nullement le sens de ma vie. J'en conclus : faut-il chercher plutôt un sens par le travail ?

Je passe pour un infatigable travailleur. De fait, j'appartiens aux chanceux qui peuvent dire que leur travail est un hobby. Mais en vérité ce n'est pas pour moi un hobby et encore moins un job, mais avant tout une vocation. Je sais que je suis au service d'une grande tâche, qui sollicite toutes mes forces. Je travaille même pendant les « vacances ». C'est-à-dire que je lis, étudie, écris… et que j'en suis satisfait – surtout si j'ajoute un peu de natation et de musique classique, dans le beau paysage et l'air frais du pays de mon enfance.

Malgré tout je ne suis pas un *workoholic*, qui ne voit rien d'autre que son travail. J'aime les discussions avec les autres. Je ne suis pas une « bête de somme » qui exécute sa tâche de façon mécanique, pulsionnelle, comme un abruti – encore moins pour l'amour du cher argent. Non, je suis totalement à mon affaire, mais je suis aussi toujours et totalement présent à moi-même. Je travaille passionnément, mais non avec acharnement. Je me sais ainsi uni à tous ceux, autour de moi, qui travaillent aussi intensément que moi. Mais, avec l'âge, la question suivante se pose inévitablement à moi, personnellement.

Vivre pour travailler ?

Je prends de l'âge, chaque homme prend de l'âge. Ainsi le sens de la vie peut-il changer, non pas, certes, au fil des saisons, mais bien selon les âges de la vie. Avec Karl Rahner et Joseph Ratzinger, j'étais au deuxième concile du Vatican (1962-1965). Tout en le tenant personnellement en haute estime, aujourd'hui encore je me sépare fondamentalement de Ratzinger quant au jugement sur l'évolution culturelle de 1968 et ses exigences d'émancipation, de clarification, de réforme, de transparence et de tolérance. Les révoltes estudiantines de cette année-là, de Berkeley, en Californie, et d'Ann Arbor, au Michigan, jusqu'à Berlin et Tübingen en passant par Paris et Francfort, ébranlèrent durablement la vivace société du travail et de l'effort, et même l'ensemble du « monde sain(t) », celui des citoyens ordinaires autant que celui des gens religieux. Car au centre de l'intérêt de la jeune génération en révolte, des étudiants et de leurs sympathisants dans les médias ou les partis politiques, il n'y avait pas plus de travail, d'efforts, de revenus, de carrière, de prestige social, mais plutôt de l'utopie, de l'action et une critique de la société, un mépris des conventions, une décontraction, l'autonomie et la réalisation de soi. Tels étaient les nouveaux slogans, dans lesquels je voyais – à la différence de Joseph Ratzinger – beaucoup de choses bonnes et justes.

Manifestement s'annonçait ici une nouvelle disposition envers la vie : il ne s'agissait plus simplement d'un survivre ni d'un vivre mieux du bon citoyen, mais de plus en plus d'un *nouveau vivre*. La question me semblait pour le moins justifiée : travailler ! travailler ! – est-ce vraiment le sens de la vie ? Un contrepoint était devenu nécessaire : en aucun cas le sens de la vie ne passe que par le travail ! La vie humaine est plus que le travail. Le travail est un élément important, mais quand même pas le fondement de ma vie. De toute façon les activités humaines n'englobent pas seulement le travail, mais aussi tous les actes personnels et familiaux, tous les actes sociaux, politiques et culturels ; elles n'englobent pas seulement nos « affaires », le *neg-otium*, mais aussi l'*otium*, les « loisirs ». Ce qui n'est pas synonyme d'oisiveté, d'indolence ou de paresse, mais englobe aussi la détente, le temps libre, le jeu, le sport, la musique, le repos.

Je devrais me le dire aussi à moi-même : dans mes débats sur la théologie, l'Église et la société, je suis de temps à autre sollicité à l'extrême – souvent, hélas, comme un « combattant solitaire ». Mais si à force de travail je n'avais plus de repos, si je faisais du travail, surtout du travail professionnel, une fin en soi, et, même, si j'en arrivais à une trop forte tension en me démenant de rendez-vous en rendez-vous tout en faisant du surplace, si l'hyperactivité me conduisait à n'avoir plus goût à rien, s'il me conduisait à l'abattement, à un sentiment de harassement et finalement à un *burnout*, un état de totale surchauffe – alors, oui, je ferais ainsi l'expérience, sous sa forme moderne, de ce que Paul et Luther ont appelé la « malédiction de la loi ». Et, certes, ils sont innombrables, ceux qui gémissent sous la « loi du travail » : ils souffrent d'être contraints à la performance, à l'action, au travail. Il est compréhensible que la question surgisse : n'y a-t-il aucune libération possible de ces contraintes ?

Éprouver la vie

Dans les dernières décennies du XXe siècle se développa dans les pays sécularisés ce que des sociologues de la culture comme Gerhard Schulze ont analysé comme *société de l'expérience vécue*. Une société où ce n'est plus le travail, mais l'expérience vécue constamment renouvelée, l'*event*, qui est centrale. L'expérience vécue est souvent devenue une fin en soi, même sous forme de *happening* religieux[1].

Je ne m'en exclus pas : il y a tant de choses dont nous n'avons pas besoin et que nous aimerions bien avoir ! De la nouvelle garde-robe à la nouvelle auto, la valeur d'expérience vécue est souvent plus importante que la valeur d'usage. Le sens de la vie est moins le travail que la recherche de belles expériences vécues et l'« esthétisation du quotidien », comme on dit aujourd'hui : tout doit devenir plus porteur de plaisir, plus beau, plus amusant aussi. Et « tout ce qui fait plaisir doit être permis » !

Ainsi que beaucoup de mes contemporains, je trouve moi aussi problématique qu'à côté du marché du travail le marché de l'expérience vécue soit devenu un secteur dominant dans notre vie quotidienne. Les prestataires y sont de plus en plus rusés, et nous, les consommateurs, sommes de plus en plus expérimentés. Nous nous sommes depuis longtemps habitués au sans cesse nouveau. L'actuelle et grandiose industrie de la

---

1. *Die Erlebnisgesellschaft. Kultursoziologie der Gegenwart*, 1992 (« La société de l'expérience vécue. Sociologie de la culture actuelle », non traduit en français).

publicité, qui brasse des millions de chiffres d'affaires, nous montre tous les jours des visages resplendissants de bonheur et le plus souvent jeunes. Pourtant tout le monde – malgré le désir de rester jeune et malgré les nouveautés cosmétiques ou l'industrie du bien-être – prend de l'âge et finalement devient vieux. L'engouement actuel pour l'expérience vécue ne doit pas mener à un stress du temps libre et le plaisir de vivre ne doit pas avoir pour conséquence la frustration.

Je n'ai donc rien contre les expériences vécues. Mes Mémoires en rendent compte : des expériences, j'en ai eu infiniment, des expériences heureuses et aussi quelques-unes malheureuses. Une vie riche de rencontres avec des hommes de diverses religions du monde et avec divers modes de vie, des évènements et des voyages extraordinaires, des succès et des joies, et parfois – j'en sais aussi quelque chose – des peines et des échecs.

Pourtant tout ce vécu n'a pas fait de moi un « viveur », qui ne savoure que les bons côtés de l'existence. Les « bons vivants » m'amusent, mais je ne les envie pas. Les « play-boys », surtout lorsqu'ils ont depuis longtemps les cheveux gris, je les trouve ridicules. Un « hédonisme » qui ne vise que la satisfaction des désirs et le plaisir des sens ne procure pas de bonheur vécu durable. C'est pourquoi je me pose la question : « Vis ta vie ! », est-ce réellement le sens de la vie ? Beaucoup travaillent en effet seulement pour pouvoir avoir toujours plus d'expériences vécues, après, il est vrai, un emploi à la chaîne ou au bureau souvent plutôt ennuyeux. Certaines discussions, ainsi que je l'ai constaté même dans les prétendues « hautes sphères », ne tournent qu'autour du temps libre, du football, de la santé, de la télévision, des congés, des voyages, etc. Bon, jusque-là tout va bien…

Mais cela suffit-il à la satisfaction des hommes ? Que même aujourd'hui aucun superflu ne soit capable d'assouvir réellement la faim humaine d'expériences vécues, qu'est-ce qui le démontre mieux que la société du superflu ?

115

Une vie comblée ?

Les études sur la satisfaction m'ont fourni deux réponses importantes à cette question : pourquoi au juste les hommes ne peuvent-ils être satisfaits que de manière temporaire ? En premier lieu, la belle expérience vécue, de quelque nature qu'elle soit, ne peut être que relativement planifiée, on ne peut véritablement la « faire ». J'en ai moi-même l'expérience. Même ce qui est parfaitement planifié peut aboutir à une déception, et déjà le deuxième voyage sur le même lieu de vacances n'est plus la grande expérience vécue la première fois.

Et, en second lieu, des offres meilleures ne cessent de surpasser à un rythme rapide les anciennes. Elles rendent l'ancien ennuyeux et poussent à faire de nouvelles expériences vécues. Sinon notre économie d'offre ne pourrait guère fonctionner. Même si nous vivons un moment de plénitude, très vite la question de savoir ce qui pourra bien venir ensuite nous taraude.

C'est un vrai paradoxe : plus les hommes se sont habitués à la recherche de satisfaction, moins elle se fait sentir. Ce n'est pas moi en tant que théologien, mais Gerhard Schulze, le sociologue évoqué plus haut, qui en est venu à la conclusion suivante à propos de notre société de l'expérience vécue : « Les week-ends et les congés, mais aussi les relations avec un partenaire, la profession et d'autres secteurs de la vie se trouvent sous la pression d'un espoir qui engendre des déceptions. Plus les expériences vécues sont sans recul érigées au rang de sens de la vie par excellence, plus grandit la crainte que ces expériences vécues n'arrivent pas… »

J'en suis convaincu moi aussi : tout comme le travail, le fait de travailler inlassablement et avec rigueur, l'expérience vécue constamment renouvelée ne suffit pas, dans les condi-

116

tions de vie actuelles, pour apporter à une vie humaine normale un accomplissement, un sens sur la longue durée. Derrière tout travail et toute expérience vécue se dissimule la question existentielle : *pour quoi* vivre ?

Nous devenons paradoxalement de plus en plus tôt des retraités, mais nous restons toujours plus longtemps aptes au travail et au divertissement, et ne recherchons qu'alors une vie vraiment accomplie. Pourtant les personnes qui n'ont souci que d'elles-mêmes vieillissent mal. Alors que les personnes qui se préoccupent des autres reçoivent d'eux. Une activité bénévole exige du temps, du labeur, de l'énergie, mais elle offre des joies et de la satisfaction, et, même à un âge plus avancé, elle diminue la fatigue de vivre.

Une idée importante finit par s'imposer : tout labeur, toute expérience vécue dans la profession, le temps libre et la retraite n'ont de sens en fin de compte que si la vie humaine elle-même a un sens. C'est pourquoi le point central est selon moi le suivant : comment la vie humaine en tant que telle a-t-elle un sens ? Un sens durable, un sens porteur pour soi-même à travers les diverses phases et les divers âges de la vie ? Y a-t-il encore des valeurs durables de la vie ?

Se réaliser soi-même

Personne ne peut ignorer aujourd'hui que beaucoup de choses qui, à côté du travail et de l'expérience vécue, aidaient jadis à donner du sens ont disparu avec la crise ; en effet, ce ne sont pas seulement les fondements économiques et financiers de nos sociétés qui sont menacés, mais aussi le socle des valeurs de notre société qui s'est érodé. Certes, dans bien des cas on a affaire à un changement de valeurs, et non à une perte des valeurs. Mais certains systèmes et certaines instances de sens dans l'Église et la société ont largement

117

perdu leur force de persuasion, et on ne peut pas ne pas voir que la *morale*, qui jadis apprenait déjà aux enfants ce qui est bien et ce qui est mal, ce qui est humain ou non, s'est dissoute dans une liberté multiple et arbitraire, et que les dix commandements sont largement tombés dans l'oubli. Traités comme des « partenaires », les enfants peuvent devenir des « petits tyrans » (comme dit le pédopsychiatre Michael Winterhoff). Nous, les adultes, donnons le mauvais exemple par nos comportements du type *anything goes*. La volonté de puissance affichée est trop souvent louée comme une qualité positive des hommes politiques. Dans l'économie de la finance et dans l'économie réelle se sont répandues la rapacité, la mégalomanie et la corruption, et dans des proportions jamais encore atteintes ! Dans certains médias on a vu se propager un exhibitionnisme décadent, et les perversions sexuelles sont présentées comme des « sujets de discussion normaux ».

Je ne souhaite ni me lamenter ni faire avec amertume la morale. Néanmoins je ne suis pas seul à constater que dans une telle situation il n'est pas facile de faire la publicité d'une vie véritablement bonne et d'en appeler pour cela à des engagements, des contraintes et des responsabilités durables – c'est particulièrement difficile par rapport à la jeune génération. Un bon conseil est, au sens littéral du mot, « cher » ; c'est le cas pour les conseils de bien des psychologues et psychanalystes qui sont eux-mêmes en recherche de sens, comme on le voit dans certaines de leurs publications.

Il n'est pas rare que leurs conseils aillent dans ce sens : par rapport aux innombrables relativisations et révolutions scientifiques, politiques et religieuses, et au vide de sens de plus en plus manifeste, tu dois *trouver le sens en toi-même* : « Travaille à ton propre soi, exploite ton potentiel, élabore toi-même tes objectifs, ta morale, invente ton sens de la vie. Définis toi-même ce que tu tiens pour sensé et détermine selon quels principes tu veux vivre. »

Dois-je alors donner le même conseil : « Réalise-toi toi-même ! » ? Est-ce cela, le sens de notre vie ? Voici ma réponse : la réalisation de soi procure-t-elle vraiment un sens ultime de la vie, qui octroie une direction pour vivre ? Donne-t-elle ce qui importe justement aux psychologues et aux psychothérapeutes : une identité et une intégrité personnelles, un sentiment de cohérence et de stabilité pour surmonter même les crises difficiles ?

N'en demande-t-on pas trop au moi ?

Certes, je serais le dernier à dire quelque chose contre la réalisation de soi. Dans la tradition chrétienne on a bien trop longtemps dénoncé la réalisation de soi comme égoïsme ; on a réclamé le don de soi, l'ascèse pour l'amour de l'ascèse et la « soumission à la croix ». J'ai toujours critiqué cette tendance et j'ai aussi, dans le contexte de ce livre, mis en avant dès le début la confiance en la vie et en soi comme pierre angulaire d'une personnalité saine.

Je considère notamment comme une bonne fortune le fait d'avoir reçu, grâce à des relations familiales stables et un foyer bienveillant, grâce à une bonne éducation et une bonne formation, une *solide conscience de ma propre valeur*, une exigence que depuis peu on revendique de nouveau expressément dans l'éducation des enfants[1]. Sans force intérieure, sans stabilité psychique et sans pouvoir de résistance (« résilience »), je n'aurais pu en fin de compte, malgré de nombreuses blessures, surmonter sans dommages tous ces combats pour une « vérité contestée ». Il ne fut pas rare que des adversaires, envieux ou « bien intentionnés », m'expliquent

---

1. Cf. la une de *Der Spiegel*, n° 15, 6 avril 2009 : « Das starke Ich. Wie Kindern das Leben gelingt » (« Le moi fort. Comment la vie réussit aux enfants »).

que les arguments que j'exposais avec assurance étaient de l'arrogance, que mes « demandes » fondées étaient de la prétention, que mes positions critiques signalaient un ego démesuré et que ma saine assurance n'était qu'un manque d'humilité. Combien j'ai reçu de fiers rappels à l'humilité !…

Mais l'humilité n'a rien à voir ni avec une attitude de renoncement, ni avec la servilité ou la lâcheté. Être humble ne signifie pas qu'on se met à genoux dès qu'une opposition vient d'en haut. L'humilité est prise de distance par rapport à soi, sans remords ni renoncement à soi. Elle présuppose du courage, et avoir du courage signifie ne pas reculer même dans des conflits ouverts, ne pas craindre les blessures, souvent inévitables, infligées à soi ou aux autres. J'en suis convaincu : non seulement l'État, mais aussi l'Église ont besoin d'une saine culture du conflit. Comme chacun sait, au cours de l'histoire de l'Église l'apôtre Paul et certains saints ne firent pas dans la douceur lorsqu'ils dénoncèrent des anomalies et s'opposèrent à « ce qui vient de haut », fût-ce de Pierre. En ce temps-là ils n'avaient pas encore leur certificat de sainteté qui – rajouté après coup – éclaire d'un jour favorable leurs énergiques entrées en scène. Même eux encaissent l'envie et l'incompréhension, sans pour autant perdre leur assurance.

Toutefois, je dois admettre que la docilité par rapport aux situations et aux anomalies dans l'Église et la théologie m'a souvent été pénible. À côté de la colère néfaste, il existe bien une sainte colère. Certains mots acérés ont pu polariser des rejets. Certaines pointes ont pu être perçues comme de la hargne. J'ai pourtant toujours évité la diffamation personnelle. Même lorsqu'on me contestait d'être dans l'esprit de la foi catholique, qu'on mettait en doute ma foi dans le Christ, et même si on me déniait toute « bonne foi », je n'ai pas rendu dent pour dent. Si je voulais lister tous les noms et les attributs vexatoires, vulgaires ou orduriers dont j'ai été jusqu'à aujourd'hui gratifié, que ce soit de vive voix, ou par courrier, ou en public – et souvent par des personnes fort pieuses qui promettaient de prier pour moi –, je pourrais écrire un joli petit manuel des insultes. Il est donc superflu d'exiger de moi encore plus de bonté et de tact dans mes relations avec des dignitaires ecclésiastiques dont les réactions sont souvent hypersensibles.

Certes, lors de toute intervention où l'on est sûr de soi, il faut s'efforcer de ne pas verser dans l'égocentrisme, et, compte tenu de ses propres manques, rester intérieurement un homme modeste qui ne cesse de se remettre en question et qui demeure capable d'entendre une critique justifiée. Cependant on doit aussi se battre, mais pas pour soi seul. Mon désir était d'intervenir en faveur des autres, ceux qui n'ont pas la parole ou ne trouvent pas d'écoute. Et je me suis engagé pour une grande cause, qui pour moi était et reste le renouvellement de l'Église catholique, la réunification des Églises chrétiennes séparées, et enfin le dialogue des religions et des cultures sur la base d'une éthique humaine universelle. Dans ce sens, il s'agissait donc aussi, et de part en part, de réalisation de soi.

Cependant, même les psychologues et les psychothérapeutes parlent depuis peu à juste titre des « pièges de la réalisation de soi ». Elle a déjà brisé maints mariages, fait échouer maintes relations humaines. Et quand ce piège se referme-t-il ? Au moment où l'autoréalisation est détachée de l'auto-responsabilité, de la coresponsabilité et de la responsabilité envers la planète. Ici je ne pense en aucun cas seulement à certains politiciens belliqueux, ou à des managers cupides, ou à des dirigeants syndicaux assoiffés de puissance, à des scientifiques avides de gloire, à des médecins sans scrupules, à des ecclésiastiques hypocrites. Je pense à notre quotidien le plus ordinaire et à une réalisation de soi comprise dans un sens égoïste, susceptible de se manifester en chacun de nous sous des formes diverses.

Il faut applaudir l'autodétermination, la prise de conscience de soi, la découverte de soi, l'épanouissement personnel – aussi longtemps qu'ils ne conduisent pas à l'autocontemplation narcissique, à un égocentrisme autiste et au manque d'égards envers autrui. Souvent ce sont des petits riens, mais de nos jours ils nous tapent sur les nerfs. Je ne suis pas le seul à être agacé par des gens sans égards pour les autres dans l'espace public, dans les bus, les trains, les avions, sur les routes et les places ; avec leurs téléphones portables, leurs cris et leurs manières grossières, et souvent pour mettre en scène leur propre ego, ils dérangent autrui et se permettent des libertés qui privent de liberté d'autres gens. Il y a de plus en plus de parents aveugles, rapportent les psychologues, qui interprètent à tort les comportements déviants de leurs enfants comme l'expression d'une intelligence supérieure à la moyenne.

Peut-on venir à bout de telles anomalies par la seule psychologie ? C'est sans doute une bonne chose d'inculquer aux enfants certains modèles de comportement dès l'école primaire, afin de mieux gérer les situations difficiles. « Connecte-toi ! Approprie-toi tes propres buts ! Aie l'esprit de décision, ouvre-toi des possibilités de développer tes propres capacités ! Développe une image de toi-même positive, observe les choses dans une perspective réaliste, préserve une attitude d'espoir ! Prends souci de toi et sois attentif à toi… »

Mais pour parvenir à une vie réussie, les enfants n'auraient-ils pas aussi besoin, outre l'entraînement psychologique à un développement personnel réussi, d'une *éducation éthique* qui, aujourd'hui, aurait à se construire sur le principe d'humanité et sur la règle d'or de la réciprocité, sur le respect de la vie, de la solidarité, de la sincérité et du partenariat ? À mon avis, c'est uniquement sur les fondements suivants que les règles de base d'une éducation positive peuvent vraiment fonctionner : que les parents conviennent de règles claires,

qu'ils posent des limites et qu'ils agissent de façon conséquente.

Mais cela vaut aussi pour les adultes : l'affirmation de soi
exige parfois un effort sur soi-même. Le vide spirituel intérieur – présent aussi dans un groupe ou une clique de conspi-
rateurs – ne peut être comblé qu'avec des valeurs de vie ou
un sens de la vie. Le sens de la vie – et ainsi je reviens à la
question initiale –, je ne le trouve donc pas dans mon moi
isolé, mais seulement au sein de relations humaines. C'est-à-
dire que mon moi ne trouve le sens de sa vie que s'il est
ouvert pour un « tu », pour un *« nous »* – pour une personne
aimée, pour la famille, les collègues, le cercle des amis, pour
mes semblables vivant avec moi et dont je ne cesse d'être
dépendant. Je ne trouve un sens à la vie qu'en me transcendant moi-même, en prenant appui sur une personne, une
communauté ou une chose au service de laquelle je me suis
mis. Il serait cependant erroné, en l'occurrence, de ne penser
qu'à du grandiose et du sublime, et d'oublier le quotidien et
les devoirs qu'il implique.

Le « petit » sens

Depuis le début j'ai affirmé que ma confiance fondamentale
en la réalité n'écarte en aucune façon et une fois pour toutes
l'aspect problématique de la vie humaine. Cela vaut, d'une
part, pour le monde à grande échelle. Très souvent, voya-
geant en avion, je pense : vues du ciel, certaines villes, aux
États-Unis par exemple, se découpent si fièrement dans la
lumière du soleil, mais quels immenses soucis économiques,
sociaux, politiques et culturels les tourmentent ! Et notre
planète bleue admirée par les astronautes est si belle, mais
que de catastrophes, d'épidémies, de conflits et de guerres
menacent sans cesse les Terriens de toutes régions !

123

D'un autre côté, mon petit monde non plus n'est pas indemne – il est souvent menacé. Ma santé, même robuste, est toujours en danger ; ma carrière professionnelle n'est jamais à l'abri d'un échec. Toutes les vies humaines sont en proie à une faiblesse, une fragilité, une finitude et même à un non-sens permanent. Il s'ensuit que la décision prise une fois pour toutes, de manière fondamentale, en faveur de la confiance en la vie, je dois toujours la reformuler dans des contextes changeants.

Quel est donc le « sens », le « but », la « signification » de la vie ? Je comprends fort bien que de nos jours beaucoup d'hommes se satisfassent d'un « petit sens » pour leur vie. Ils adoptent un des nombreux sens proposés dans les différents secteurs de l'existence : ils trouvent du sens dans le travail, dans le temps libre, dans le sport, dans le couple, dans l'amour. Ou bien ils trouvent un sens dans la culture, l'art, la musique, ou encore, bon gré mal gré, dans une thérapie et une aide d'ordre psychologique. On ne devrait pas minimiser toutes ces choses.

Mais, me semble-t-il, dans toutes ces expériences du sens demeure – fût-elle souvent dissimulée, refoulée, étouffée ou « mise en veille » – une insatiable nostalgie d'un sens global. La question du *sens du tout* : du tout de notre vie et de notre mort, du tout de notre monde. La question de la grande cohésion spirituelle, du « grand » sens. Ce n'est pas par hasard si en psychanalyse, à côté de Freud, Adler et Jung, Viktor Franckl et sa logothérapie suscitèrent tant d'engouement. Il exige que la psychanalyse se pose aussi les questions spirituelles et particulièrement la question du sens.

Le « grand » sens

Cependant le « grand » sens est désormais contesté par un nombre non négligeable de personnes. Je reviens ici sur la controverse, évoquée au début, entre « réalistes » et « nominalistes » ; dans le discours d'aujourd'hui, je me tiens à distance de ces deux orientations, qui contiennent chacune un noyau de vérité mais me semblent insuffisantes en tant que réponse fondamentale à la question du grand sens. Dans le regard porté sur ma vie, je ne veux être ni « naturaliste » ni « constructiviste ».

D'une part, le naturalisme scientifique, qui n'est pas seulement répandu parmi les scientifiques, me laisse insatisfait. Pour les naturalistes je ne suis, en tant qu'homme, qu'une simple partie de la nature, un produit de l'évolution. Certes, je partage avec ces naturalistes le respect de la nature, la solidarité avec elle. Et je respecte sans réserve les résultats reconnus des sciences de la nature, notamment ceux de la théorie de l'évolution ; ils ne doivent pas être ignorés pour des raisons idéologiques ou religieuses, *a fortiori* être déniés. Malgré tout, je ne puis être satisfait d'une compréhension de l'homme selon laquelle je suis simplement là, sans plus : avec certes une structure biologique, des besoins et des intérêts déterminés, mais sans qu'il y ait un sens profond ou une valeur. Ne suis-je, en tant qu'être doté d'esprit – c'est ma question –, qualitativement rien de plus que l'animal, incapable de poser la moindre question à propos de la valeur et du sens ? Suis-je véritablement assujetti au même devenir et à la même mort ? Bertolt Brecht a défendu cette opinion, récapitulée dans le poème didactique de quatre strophes bien connu : « Contre la séduction ». Dès 1982, dans mon livre intitulé *Vie éternelle ?*, je me suis permis de détourner ce poème avec respect en y apportant simplement des corrections minimes, sans trahir ni sa gravité ni sa dignité. Le second terme de l'alternative, qui a au moins autant de raisons pour lui, devient alors évident. Je cite « Contre la séduction », avec son détournement sur la colonne de droite :

Ne vous laissez pas séduire !	Ne vous laissez pas séduire !
Il n'y a pas de retour en arrière.	Il y a un retour en arrière.
Déjà, le jour est aux portes.	Déjà, le jour est aux portes.
Sentez-vous, déjà, le vent de la nuit ?	Sentez-vous, déjà, le vent de la nuit ?
Il n'y a plus de lendemain.	Il y aura encore un lendemain.
Ne vous laissez pas abuser !	Ne vous laissez pas abuser !
La vie est peu de chose.	La vie est peu de chose.
Buvez-la à pleines gorgées !	Ne la buvez pas à pleines gorgées !
Elle ne vous suffira pas	Elle ne vous suffira pas
Lorsque vous devrez la quitter.	Lorsque vous devrez la quitter.
Ne vous laissez pas consoler !	Ne vous laissez pas consoler !
Vous n'avez pas de temps à perdre !	Vous n'avez pas de temps à perdre !
Laissez aux rachetés la pourriture !	La pourriture s'empare-t-elle des rachetés ?
La vie est la plus forte :	La vie est la plus forte :
Elle ne vous attend pas.	Elle est, plus que jamais, disponible.
Ne vous laissez pas séduire !	Ne vous laissez pas séduire !
Trop de misère et trop de famine !	Trop de misère et trop de famine !
De quoi avez-vous donc peur ?	De quoi avez-vous donc peur ?
Vous mourrez avec toutes les bêtes.	Vous ne mourrez pas avec les bêtes.
Et après il n'y a plus rien[1].	Après, il n'y a pas rien[2].

---

1. Bertolt Brecht, *Gesammelte Werke*, Bd. II, p. 527.
2. Hans Küng, *Vie éternelle ?*, p. 66.

Distance donc par rapport à un pur naturalisme. Mais un *constructivisme* idéaliste, matérialiste ou structuraliste, qui dans la vie considère le sens et la valeur seulement comme une construction humaine, me laisse tout aussi insatisfait. Pour ce constructivisme, en tant qu'homme je ne fais que coiffer la réalité et mon existence d'une construction conceptuelle et langagière.

Certes, comme ces constructivistes, j'affirme la liberté humaine, sa puissance créatrice et son autonomie. Je trouve néanmoins problématique que l'individu humain ou la société humaine doivent jouer le rôle de créateur d'un système de sens ou même tout bonnement du sens, et qu'en aucune façon on ne présuppose un sens immanent à la réalité ; que je sois obligé de créer moi-même mes valeurs de façon matérialiste selon Feuerbach et Marx, ou existentialiste selon Sartre à travers mon projet d'existence et mon projet moral, ou structuraliste d'après Saussure et les sémioticiens, le sens n'est alors qu'une création du langage humain.

Dois-je vraiment m'ériger en mon propre Dieu et créateur, en « surhomme », comme l'attend Friedrich Nietzsche de nous, les hommes, suite à l'annonce de la « mort de Dieu » par l'« homme insensé » ? À cet égard Nietzsche lui-même me met en garde lorsque, finalement, il ne voit plus le but de la vie que dans le retour éternel du même : une « vie » éternelle, qui signifie souffrance, disparition et naissance, et, par là seulement, éternité.

> Le monde est profond,
> Et plus profond que ne pensait le jour.
> Profond est son mal.
> La joie est plus profonde encore que
> l'affliction :
> La douleur dit : passe !

127

Mais toute joie veut l'éternité –,
Veut une profonde, profonde éternité[1] !

Dois-je alors croire en un cycle infini tournant en rond, comme la nature semble en ébaucher les contours avec son cycle du devenir et de la disparition ? Le vieux mythe de l'éternel retour, que Nietzsche reprend à neuf, n'était en aucun cas vérifiable, même par lui. Sans doute existe-t-il dans la nature des processus qui sont indiscutablement périodiques, tel le mouvement des étoiles, les saisons, le jour et la nuit. Mais les détails concrets ne se reproduisent pas, au contraire : du noyau atomique aux étoiles, la nature déroule une histoire, et même les étoiles peuvent mourir. Il existe une irréversibilité du devenir et d'un autre côté – et heureusement – aussi une nouveauté véritable.

Reste alors pour moi la grande question : au moins l'histoire des hommes n'est-elle pas orientée vers quelque chose qui en fin de compte constitue l'*accomplissement* de la vie humaine ? À cette question d'un « grand » sens de la vie universel et définitif, du sens de la totalité, je ne veux en aucun cas renoncer. En effet, qu'en est-il des centaines de millions d'hommes qui, dans les taudis de Londres, New York, Bombay, dans les *barrios* de Colombie ou les *favelas* brésiliennes, vivent dans la souffrance et la misère, qui littéralement crient vers le « Ciel » ? Peut-on ne leur laisser aucun espoir ? Et qu'en est-il des millions d'hommes qui moururent de façon affreuse dans les très nombreux camps de concentration nazis, soviétiques et maoïstes ? Ou ceux qui, totalement innocents, ont été tués par un assassin, ou ceux qui sont morts encore enfants, sans avoir réellement vécu une vie ? N'y a-t-il donc aucune justice ? Je pose la question. Pourquoi étaient-ils sur Terre ? Et pourquoi sommes-

1. *Ainsi parlait Zarathoustra*, III : « L'autre chant de la danse », 3, cité dans *Dieu existe-t-il ?*, p. 439.

nous, nous pour qui les choses vont relativement bien, sur Terre ?

Je le concède : je ne puis m'accommoder de ces misères, de ces injustices et de ces absurdités innombrables présentes en notre monde, et c'est pourquoi je me pose la question d'un sens ultime dans la vie des autres et dans la mienne. Non pas toutefois pour m'immuniser et attendre un sens dans le Ciel, mais pour un sens de part en part sur cette Terre. L'avertissement de Nietzsche : « Mes frères, restez fidèles à la Terre[1] ! », je souhaite le prendre totalement au sérieux.

Il doit nous suffire de trouver un sens pour la vie *hic et nunc*. Chaque individu, chaque homme et chaque femme, doit le trouver pour lui-même, dans sa propre sphère de vie, grande ou petite. Chaque profession peut, indépendamment de sa position propre, devenir une véritable vocation, procurant satisfaction et accomplissement. L'engagement dans le cadre d'une fonction honorifique – engagement social, caritatif ou politique – peut apporter plus de sens que certains gagne-pain. Les soins et le souci à l'égard des proches – avec toutes les peines qui y sont liées – peuvent changer le regard qu'on porte sur la vie et rendre possibles de nouvelles expériences de sens, jusque-là insoupçonnées. Aussi voudrais-je souhaiter à chaque homme non pas que toute crise du sens lui soit épargnée – elle peut, *a fortiori* dans la crise économique présente, frapper de façon totalement inattendue –, mais bien qu'il ou elle puisse préserver et affirmer le sens de la vie à travers toutes les crises, voire en chercher et en trouver de nouveaux.

Mais tout cela dans la perspective d'un sens définitif et ultime, qui inclut un sens dans la mort. En quoi je suis, je le sais, en accord avec d'innombrables autres humains : ils ont la nostalgie inextinguible d'une justice ultime, d'une paix

1. *Ibid.*, prologue, 3.

129

éternelle et d'une félicité durable. Cette nostalgie pourra-
t-elle un jour être assouvie ? Je tenterai une réponse à cette
question dans le prochain chapitre, où je m'interroge sur la
raison de vivre.

5

Pourquoi vivre ?

Que sais-je de Dieu et du but de la vie ?
Je sais que le monde existe.
Que je suis en lui comme mon œil
est dans son champ visuel.
Qu'il y a quelque chose en lui
de problématique, que nous appelons son sens.
Que ce sens ne lui est pas intérieur,
mais extérieur.
Que la vie est le monde.
Que ma volonté pénètre le monde.
Que ma volonté est bonne ou mauvaise.
Que donc le bien et le mal sont d'une certaine
manière en interdépendance
avec le sens du monde.
Le sens de la vie, c'est-à-dire
le sens du monde, nous pouvons lui donner
le nom de Dieu.

Ludwig Wittgenstein, philosophe[1].

Confiance en la vie et joie de vivre sur un chemin de vie...
Mais pourquoi vivre ?
C'était quelques mois avant le cinq centième anniversaire de
l'université de Tübingen, fondée en 1477. Le président de
l'université me signifia le souhait du comité compétent : que
j'accepte de faire à cette occasion le discours solennel. Pour
moi c'était une triple surprise : on ne le demandait ni à un
historien, ni à un orateur, ni à un philosophe, mais à un théologien. Ce n'était pas un théologien protestant que l'on sou-
haitait pour ce discours dans la collégiale où l'université

1. *Notebooks, 1914-1916*, Blackwell, 1979 ; trad. fr : *Carnets, 1914-1916*,
trad. G. Granger, Gallimard, 1997, p. 139 (11 juin 1916).

avait jadis été fondée, mais un catholique. Néanmoins on ne désirait pas voir traité un thème lié à l'histoire de l'université, mais une question centrale de l'existence humaine. J'acceptai cette tâche honorifique mais difficile, en ayant conscience que je devais faire ce discours dans une situation sociale et politique explosive : 1977 était le point culminant de la crise de la Fraction Armée rouge[1]. Dès lors ma question était la suivante.

La foi en Dieu a-t-elle un avenir ?

Dans notre randonnée en montagne nous parvenons maintenant à une paroi escarpée qu'il importe de franchir, de « transcender ». Certains vont peut-être prendre peur, mais d'autres savent qu'autrement on ne peut guère arriver au sommet. C'est pourquoi je vais au moins essayer de planter quelques pitons.

Regardons derrière nous : la religion a certainement un grand passé. Comme la recherche culturelle et historique l'a montré, jusqu'à présent, dans toute l'histoire de l'humanité, on n'a pas trouvé un peuple ou une tribu qui n'ait laissé une quelconque marque de nature religieuse, même si souvent on ne peut la distinguer de la magie. La religion est omniprésente, aussi bien historiquement que géographiquement. Cependant, si je regarde vers le futur, peut-on du passé conclure qu'il y aura aussi de la religion à l'avenir ? Pas nécessairement. Les religions sont mortelles : religions égyptienne, babylonienne, romaine, des anciens Germains... Mais la religion en tant que phénomène humain peut-elle disparaître ?

---

1. Organisation d'extrême gauche considérée comme un groupe terroriste ; elle a été présente en Allemagne de l'Ouest de 1968 à 1998, et elle était surnommée « Bande à Baader ».

Probablement aussi peu que d'autres phénomènes humains comme l'art ou la musique.

L'Europe de l'Ouest et du Nord est, il est vrai, passée par une évolution particulière, avec des répercussions mondiales. Il a déjà été question ici des Lumières. Aux XVIIe et XVIIIe siècles, par un processus de « sécularisation » et de « laïcisation », des secteurs essentiels de la société se sont détachés de leur contexte religieux : philosophie, science de la nature, médecine, droit, État, art et culture. Ils sont devenus « mondains », « séculiers », donc indépendants, autonomes, ils se sont donné eux-mêmes leurs lois. La sécularisation sur le terrain ne visait d'abord que la « sécularité », la « mondanité », l'autonomie, l'indépendance à l'égard de la domination religieuse des Églises, sans vouloir opprimer la religion. Elle ne signifiait pas nécessairement un *sécularisme* idéologique, elle ne signifiait nullement un rejet de Dieu, défendu en théorie ou vécu en pratique. Pourtant, vu cette évolution, la question se pose avec de plus en plus de force, et non au second rang, dans nos universités : la foi en Dieu a-t-elle encore réellement un avenir ?

Avec mon discours pour le jubilé, je voulais rendre service à mon université, mais aussi à la « cause de Dieu », qui est l'objet de la « théo-logie », le « discours sur Dieu ». Je me sentais bien préparé, mon travail de plus de quatre années à une « réponse à la question de Dieu dans la modernité » sous le titre *Dieu existe-t-il ?* touchait à sa fin. C'est ainsi que le 8 octobre 1977 – après les salutations du président fédéral Walter Scheel, à la fois longues, critiques et sympathiques, aux associations étudiantes –, je tins mon discours, intitulé « Croire encore aujourd'hui à Dieu ? ». Les deux discours furent peu de temps après publiés ensemble.

Ce que je soutenais alors reste ma conviction : si de nos jours on veut s'engager avec de bonnes raisons pour l'avenir de la foi en Dieu, on doit connaître et prendre au sérieux les arguments qui plaident *contre* la foi en Dieu. C'est incontestable :

133

on était souvent contre la religion parce qu'on était contre la religion institutionnalisée, on était contre Dieu parce qu'on était contre l'Église. Par leurs propres défaillances, des théologiens et des représentants de l'Église ont fortement contribué à la propagation d'un athéisme politique et scientifique : au XVIIIe siècle, chez quelques intellectuels précurseurs ; au XIXe siècle, chez de nombreux hommes cultivés ; finalement, au XXe siècle, chez quantité de gens, de l'Espagne à la Russie. Au XXIe siècle, l'avenir de la foi en Dieu reste menacé. C'est vrai aussi parce que l'ancienne opposition frontale de la foi en Dieu contre la science moderne et la démocratie n'est pas encore partout dépassée.

Foi en Dieu contre science et démocratie

Comme membre de la « République des lettrés de Tübingen » – selon le sous-titre d'une histoire de l'université de Tübingen rédigée par Walter Jens –, j'ai déploré naguère et déplore toujours aujourd'hui qu'on en appelle encore à Dieu pour combattre la *science moderne*. Les cas Galilée et Darwin, mais de nos jours aussi la morale sexuelle (contre la pilule, le préservatif, l'insémination artificielle, les recherches sur les cellules…) ont plombé et empoisonné les relations entre religion et sciences de la nature. Comment ne pas comprendre que, face à une foule de décrets romains et de libelles dus aux évangéliques[1], une multitude d'hommes récusent une

---

1. Les chrétiens protestants dits « évangéliques » font en général une lecture littéraliste, fondamentaliste de la Bible, et sur la morale sexuelle ils sont souvent aussi sévères que la doctrine catholique telle qu'elle est définie par les derniers papes. En allemand, ils sont appelés *die Evangelikalen*, à ne pas confondre avec *die Evangelischen*, le mot pour désigner les protestants de l'Église luthérienne officielle. En France, le mot « (protestant) évangélique » ne s'est pas encore imposé ; on emploie aussi – à tort – « évangéliste ».

foi en des autorités, Bible ou Église, qui leur paraît déraisonnable, antiphilosophique et hostile aux sciences ? Pourtant beaucoup de croyants comprennent tout à fait que l'argument « Dieu » ne doit jouer aucun rôle dans les sciences de la nature si celles-ci veulent préserver l'intégrité et l'exactitude de leur méthode. Des questions éthiques notoirement difficiles, telles que l'avortement, la recherche sur les cellules souches ou l'euthanasie, devraient cependant trouver une solution humaine acceptable, avec des réponses philosophiquement et théologiquement réfléchies, contrôlées par la science, différenciées, sans fanatisme religieux.

En tant que démocrate suisse convaincu, je déplorais autrefois et déplore encore que l'on en appelle aussi toujours à Dieu pour s'ériger contre la *démocratie moderne*. Certes, de nos jours une tutelle religieuse et confessionnelle par l'Église, comme c'était le cas sous l'*Ancien Régime**, n'est plus pensable. Mais dans des cercles fondamentalistes revigorés, de provenance chrétienne ou islamiste, les Lumières sont toujours aussi détestées et la devise de la Révolution française : « Liberté, égalité, fraternité », toujours réprouvée. Mais pour en rester à ma propre Église catholique, non seulement la Fraternité Saint-Pie X, mais encore bien des gens au Vatican aimeraient remettre à l'ordre du jour les condamnations, au XIXe et au début du XXe siècle, du libéralisme et du socialisme, de la liberté de conscience, de la liberté religieuse et de la liberté de la presse, et s'en remettre à l'« enseignement » de l'Église pour les décisions concernant la « vérité » dans toutes les questions de foi et de morale, comme l'ont encore exigé les plus récentes encycliques sur la foi et la raison. Dans cet esprit antimoderne, on se croit aujourd'hui encore, au sein de la Rome pontificale, autorisé, au nom de la « morale » catholique romaine, à exercer des pressions sur des gouvernements et des parlements démocratiquement élus, que ce soit en coulisses ou sur le devant de la scène.

Quand je constate par ailleurs ce qui du côté de l'Église a été récemment – dans un retour à l'état d'esprit médiéval – reconnu comme « miracles » et avalisé par des « canonisations », comment de vieilles légendes sont considérées comme des faits historiques, comment des pèlerinages douteux sont encouragés et comment le peuple croyant est tenu pour stupide sur toutes sortes de choses, et quand ensuite je me demande « ce que je crois », ma réponse est sans appel : non, à tout cela je ne crois pas, et aucun théologien au monde ne pourra me convaincre que cela appartient d'une manière essentielle à ma foi en Dieu, à ma foi chrétienne en Dieu. Il faudrait au contraire se demander jusqu'à quel point une image de Dieu biaisée et fausse, parfois même une image « chrétienne » de l'homme inhumaine et asociale ont contribué à l'athéisme.

Mais je dois à présent aussi poser la question inverse : que valent les arguments *contre* la foi en Dieu ? Il y a avant tout deux arguments à examiner d'un œil critique : d'abord l'argument psychologique, selon lequel Dieu ne serait que la projection de l'homme ; puis l'argument philosophique, historique et culturel, selon lequel la fin de la religion est en cours.

Dieu : une projection du désir ?

Déjà du temps où j'étais étudiant en philosophie, j'éprouvais toujours un manque : dans les leçons sur l'histoire de la philosophie, on ne traitait que des arguments et des systèmes des philosophes, et non pas de leur vie ni de leur destin. Cependant, après Descartes et Pascal, Kant et Hegel, ce sont les grands athées, Feuerbach, Nietzsche et Freud, qui me fascinèrent. J'avais envie de découvrir leur vie, leurs irritations, leurs motivations personnelles. Pourquoi justement eux en étaient-ils venus à nier Dieu ? M'intéressaient particulièrement :

— Ludwig Feuerbach, étudiant en théologie protestant : selon son propre témoignage, sa première pensée fut Dieu, sa deuxième la raison et sa troisième l'homme ;

— Karl Marx, né juif, mais élevé comme chrétien et finalement promu docteur en philosophie en prenant le parti des hégéliens de gauche ;

— Friedrich Nietzsche, fils de pasteur luthérien, élevé par une mère pieuse, devenu philologue critique et disciple de la philosophie pessimiste de Schopenhauer ;

— Sigmund Freud, fils de parents juifs, dégoûté par le ritualisme catholique et l'antisémitisme : d'abord marqué par le matérialisme en médecine, il évolua vers l'étude de la physiologie et de la psychanalyse.

Un an à peine après ma venue à Tübingen, durant le semestre d'été 1961, je dus remplacer un de mes collègues pour la leçon de philosophie. À cette occasion je traitai d'abord en profondeur la théologie philosophique de Georg Friedrich Wilhelm Hegel, puis l'antithéologie anthropologique de Feuerbach, l'athéisme social et révolutionnaire de Marx, l'athéisme nihiliste de Nietzsche et l'athéisme chez Dostoïevski. Je me souviens avec précision d'un séminaire qui eut lieu plus tard. J'y discutais avec les étudiants de la théorie de la « projection » de Ludwig Feuerbach et de la question suivante : à le suivre, la prière ne serait qu'un monologue. Or subitement je pris conscience du fait suivant : je ne devais pas écarter l'argument de la projection, mais au contraire le généraliser ! Car la projection est partout présente : non seulement dans la reconnaissance de Dieu, mais dans chaque reconnaissance – dans celle, par exemple, d'une personne aimée. Partout ma faculté de représentation est effective, partout je dépose quelque chose de moi-même dans l'objet de ma connaissance, donc j'y projette quelque chose. Et la question est plutôt de savoir si malgré tout ma projection ne correspond pas à quelque chose dans la réalité.

Certes, une chose n'existe pas du simple fait que je la désire. Mais l'inverse est vrai aussi : ce n'est pas parce que je la désire qu'elle n'existe pas. Voilà précisément la conclusion fautive de l'argument de la projection de Feuerbach et de ses nombreux successeurs : Dieu n'existe pas, estimaient-ils, car c'est mon désir seul qui veut qu'il existe. Ma question en retour s'énonce donc : pourquoi une chose que je désire, espère, souhaite, n'existerait-elle pas, n'a-t-elle pas d'emblée le droit d'exister ? Pourquoi faudrait-il que ce qui depuis des milliers d'années dans des milliers de temples, synagogues, églises et mosquées est annoncé, vénéré, adoré, ne soit que pure illusion ? Pourquoi déjà la quête des penseurs ioniens avant Socrate, celle d'un premier principe (en grec *archê*), d'un fondement de toutes choses, aurait-elle d'emblée été une activité insensée ? De même pour la réflexion de Platon sur l'Idée du Bien, pour celle d'Aristote sur le premier moteur et la fin de toute chose, ou pour celle de Plotin sur l'Un ? Tout cela serait du *non sense*, du non-sens ? Et, pour l'homme, l'immense nostalgie d'une paix éternelle, d'un sens ultime, d'une justice définitive devrait-elle vraiment rester sans accomplissement ?

Je ne suis nullement opposé à la critique de la « métaphysique », comprise comme « arrière-monde » ou « construction » conditionnée par des intérêts. Je n'ai rien contre le fait qu'on analyse d'un point de vue psychologique, ou neurologique, ou physiologique ma foi en Dieu. Mais cela ne prouve rien quant à l'existence d'une réalité absolue, indépendante de ma psyché. Autrement dit : il se pourrait que mon désir de Dieu corresponde malgré tout à un Dieu réel. Et, à l'inverse, le désir d'un homme qu'il n'existe *aucun* dieu ne pourrait-il se réduire à une projection commode, conditionnée par des intérêts et finalement fondée sur des préjugés ?

138

Aussi n'ai-je pas ménagé ma peine pour clarifier des *préjugés* répandus sur la foi en Dieu. Par exemple, le préjugé selon lequel celui qui croit en Dieu ne pourrait pratiquer la science en toute probité intellectuelle : foi et savoir s'excluraient ; la science remplacerait définitivement la religion. Ou le préjugé suivant : celui qui croit en Dieu ne peut être un véritable démocrate ; foi en Dieu et liberté, égalité, fraternité ne peuvent être réconciliées. Et finalement le préjugé qu'avec la religion on ne peut être un homme véritable : Dieu n'existe qu'au détriment des hommes, il est même en général l'expression de l'aliénation de l'homme ; un humanisme conséquent ne peut qu'être athée. Assurément, le plus souvent on ne saurait écarter de tels préjugés de façon purement théorique : une meilleure pratique des représentants des religions et des institutions serait nécessaire. Mais une religiosité éclairée est la condition pour une pratique amie de la vie. Cependant qu'en est-il du deuxième argument contre la foi en Dieu : la fin de la religion est imminente ?

La religion : un modèle sur le déclin ?

Ce que je viens d'ébaucher, je l'ai justifié point par point dans le livre *Dieu existe-t-il ? Réponse à la question de Dieu dans les temps modernes.* Paru en 1978, il invite à un chemin de pensée exigeant et argumenté. Plus profondément qu'il n'est d'usage dans la théologie, j'ai intériorisé les étapes successives des grands athées et me suis expliqué avec leurs arguments. Il a été traduit dans les principales langues européennes et même, plus tard, édité clandestinement en russe sous forme de *samizdat* – en 1978, il y en avait encore : les amis russes ne prenaient pas un petit risque !
On aurait pu attendre de Rome et des évêques allemands une approbation de ce livre, considéré comme un service rendu à

la cause de Dieu ; ils auraient pu l'accueillir aussi avec reconnaissance comme une clarification accrue de ma position constructive face aux dogmes christologiques, que j'examinais également. Mais ces hommes de Dieu n'avaient guère envie de juger sur pièce ma « réponse à la question de Dieu dans les temps modernes ». Ils voulaient à tout prix réduire au silence le critique de l'encyclique de la pilule *Humanae Vitae*, de l'infaillibilité pontificale et du système romain. Un an après la publication de *Dieu existe-t-il ?*, le 18 décembre 1979, ils me retirèrent, à la suite d'obscures manœuvres, mon autorisation ecclésiastique d'enseigner.

Ce cas d'Inquisition n'a pas vraiment fait progresser la « cause de Dieu ». Il occupa les médias tous les jours aux abords de la fête de Noël. Seule y mit une sourdine l'invasion de l'Afghanistan par les troupes soviétiques (elles allaient être honteusement rappelées dix ans plus tard, ce qui contribua beaucoup à l'implosion du système et au retour de la religion dans le bloc soviétique).

Encore plus important pour la suite : en cette année 1979 cruciale pour moi, le régime séculier du chah d'Iran, qui méprisait l'islam, s'effondra et l'ayatollah Khomeyni rentra en triomphe à Téhéran. Avec la mise en place de la république islamique d'Iran et ses conséquences, la religion devenait de nouveau, avec éclat, un facteur de la politique mondiale. Même à Téhéran on lisait mon livre *Dieu existe-t-il ?* Je fus le premier théologien de l'Ouest à mener, par la suite, des dialogues sérieux avec des dirigeants religieux érudits, parmi lesquels le futur président Mohammad Khatami. Dommage que l'Ouest n'ait pas plus fermement soutenu ce politicien réformiste !

Je pouvais donc me sentir prêt pour réfuter le deuxième argument de l'athéisme, celui qui pronostiquait la fin prochaine des religions. Un tel pronostic s'est avéré une extrapolation du futur en fin de compte infondée. Ni la « relève de la religion » par l'humanisme athée (Feuerbach), ni la « mort

de la religion » dans l'athéisme socialiste (Marx), ni le
« remplacement de la religion » par la science athée (Freud)
ne se sont vérifiés. Au contraire, ce sont l'athéisme humaniste, le socialisme et la foi en la science eux-mêmes qui ont
éveillé le soupçon d'être des projections. Mais, naturellement, le conflit à propos des religions se poursuit.

Ce qui plaide contre la religion

En comparaison des grands athées « classiques » mentionnés
plus haut, les « nouveaux athées[1] » issus des sciences de la
nature ressemblent à des épigones. Je suis incapable d'identifier chez eux un argument scientifique inédit et sérieux
contre l'existence de Dieu. À la place, ils lancent une polémique globale contre la religion en général et le christianisme en particulier. Aucune discussion pour apporter de
nouvelles connaissances. Je comprends néanmoins ceci : ce
sont très souvent les croyants eux-mêmes qui donnent aux
non-croyants l'occasion de renforcer les attaques contre la
foi en Dieu. Bien des gens, même s'ils trouvent compréhensible la persistance du ressentiment musulman contre
l'ancien et le nouveau colonialisme, contre l'impérialisme et
le capitalisme, sont irrités à juste titre par les islamistes fanatiques et les attaques terroristes dévastatrices. D'autres, et
précisément aussi des catholiques, sont choqués par le culte
de la personnalité (contraire aux Évangiles) dont fait l'objet
le pape, ainsi que par sa ligne politique de restauration en
liturgie, en théologie dogmatique, dans la morale sexuelle et
dans la bioéthique, également pour les relations avec les

---

1. Le « nouvel athéisme » est un courant récent de scientifiques et de journalistes, aux États-Unis et en Angleterre, qui se bat en faveur d'un athéisme d'orientation scientiste et positiviste. Leur chef de file est Richard Dawkins, plusieurs fois
évoqué dans ce livre.

Églises protestantes, le judaïsme et l'islam, ainsi que pour son attitude envers les catholiques latino-américains et africains. D'autres encore sont alarmés par les intrigues des créationnistes protestants dans différents États et écoles d'Amérique, ainsi que par les propos de gens d'Église incompétents sur la théorie de l'évolution. Enfin, certains s'énervent contre des hommes politiques bigots, par exemple l'ancien président américain G.W. Bush et son entourage néoconservateur, qui pensaient avoir Dieu à leurs côtés concernant leurs méthodes de torture et l'invasion de l'Afghanistan et de l'Irak grâce à une construction mensongère, quasi orwellienne.

Oui, vraiment, il y a beaucoup d'arguments sérieux contre la religion et surtout contre ses abus. Et je puis en toute modestie faire remarquer qu'à l'instar de quelques rares théologiens de ces dernières décennies, j'ai dans tous mes livres traité systématiquement aussi des côtés négatifs de la religion : par exemple, dans le livre intitulé *Le Judaïsme*, on trouvera des informations critiques précises sur la persécution des juifs au Moyen Âge, l'antijudaïsme des papes et de Luther, la Shoah et le problème palestinien. Dans le deuxième volume, *Le Christianisme*, il est question des croisades, de l'Inquisition, de la croyance aux sorcières, des guerres de religion chrétiennes et de l'antijudaïsme catholique. Dans le troisième volume, *L'Islam*, je m'étends sur les guerres civiles et de conquête, sur le problème des droits de l'homme et des minorités, sur la question des femmes et de la violence, et sur beaucoup d'autres choses encore.

C'est pourquoi je peine à comprendre : si Richard Dawkins, en tant que scientifique et sous couvert des Lumières, veut écrire sur le « Dieu chimérique[1] » et l'histoire scandaleuse des religions, il devrait faire quelque effort pour s'informer

---

1. En allemand : *Gotteswahn*. Le titre en anglais est *The God Delusion*, *op. cit.*, et le titre français *Pour en finir avec Dieu*, *op. cit.*

autant que nous-mêmes l'avons fait sur les questions scientifiques. Il ne peut ignorer la littérature de base philosophique et théologique qui se rapporte à ces questions, ni remplacer des arguments sérieux par une suffisance et une ironie de pacotille. Dawkins montre son étroitesse d'esprit lorsqu'il parle du « petit goût obscurantiste de la théologie qui, à la différence des sciences de la nature ou de la plupart des autres domaines du savoir, n'a pas évolué depuis dix-huit siècles ». Bien entendu, il évite l'autocritique en ne prenant pas en compte le fait que ce ne sont pas seulement les religions, mais aussi les idéologies totalitaires athées (nazisme, communisme, maoïsme) qui créèrent des mythes pseudo-religieux et commirent de terribles crimes contre l'humanité à l'aide de la science et de la technologie, avec des millions de victimes.

La confrontation la plus lucide avec *Pour en finir avec Dieu* de Dawkins est celle d'un théologien qui a derrière lui six peu réjouissantes décennies de société communiste athée dans l'ancienne RDA. Dans son livre *Abschaffung des Religion ? Wissenschaftlicher Fanatismus und die Folgen*[1], Richard Schröder écrit à propos de la prétendue non-violence de l'athéisme du physiologiste britannique : « Il y en a un qui a dormi tout le long d'un terrible siècle sur une île lointaine et qui se fabrique désormais en rêve un athéisme tel qu'il devrait être s'il ne tenait qu'à lui. Mais la réalité, ce je-ne-sais-quoi d'obstiné, ne voulait pas être ce qu'elle aurait dû être. "Je suis convaincu que dans le monde entier il n'existe pas un seul athée qui raserait au bulldozer La Mecque… ni Chartres, ni la cathédrale de York, ni Notre-Dame…", déclare Dawkins. Les églises sont un peu trop hautes pour les bulldozers. Dans l'Union soviétique sous Staline et en RDA sous Ulbricht (par exemple en 1968 pour la chapelle de

---

1. « Abolition de la religion ? Le fanatisme scientifique et ses conséquences ». Paru en 2008, il n'est pas traduit en français.

l'université de Leipzig) on a, pour des raisons pratiques, utilisé des explosifs. Staline a fait fermer la quasi-totalité des 54 000 églises de Russie, mais il ne les a pas toutes détruites. Certaines ont été utilisées comme musées de l'athéisme ou comme garages pour tracteurs. Cela était en effet plus "utile". »

C'est pourquoi mon souhait est le suivant : au lieu de mettre en scène de façon partiale et superficielle un combat pour ou contre la religion, nous devrions apprendre l'un de l'autre. Les esprits éclairés, qu'ils soient religieux ou non religieux, théologiens ou scientifiques, devraient lutter de concert contre la violence et les guerres justifiées par la religion ou la politique, contre l'oppression des minorités motivée par la religion ou par le politico-économique, contre la discrimination des femmes, contre l'obscurantisme, la superstition, la manie des miracles, et en même temps contre les abus de la science et de la foi en la science.

À la longue la religion s'avère plus puissante et durable que ses critiques et ses négateurs. Malheureusement elle ne cesse de montrer ses côtés sombres de fanatisme et de répression. Mais j'ai confiance : l'écrasante majorité des musulmans ne se laissera pas ramener de force sous le joug d'un droit pénal moyenâgeux, et l'écrasante majorité des catholiques n'acceptera pas de revenir à la messe en latin et à la morale sexuelle du Moyen Âge, ni au confessionnal et à l'infaillibilité papale.

Une religion a un avenir uniquement si elle montre son visage philanthropique qui invite, et non pas ses traits grimaçants qui repoussent. La perte du sentiment religieux dès l'enfance dans le foyer familial sera surmontée, la fréquentation des offices augmentera et l'impact de la religion dans le quotidien, qui a beaucoup reculé depuis l'époque pleine d'espoirs du concile, s'amplifiera de nouveau si, et uniquement si, la chrétienté et particulièrement l'Église catholique se renouvellent.

144

Ce qui plaide pour la religion

La critique de la religion pointe avec raison les manquements, à beaucoup d'égards catastrophiques, de la religion. Mais la critique de la religion ne saurait remplacer la religion, même si elle fait souvent office d'ersatz de religion. Ce n'est pas seulement le « fléau » de la religion, mais avant tout son « être » qui doit redevenir manifeste. D'où ma question fondamentale : qu'est-ce qui plaide en faveur de la religion ? Pourquoi des millions d'hommes dans le monde entier ne veulent-ils pas, malgré ses aspects problématiques, se priver de la religion ? Où se situe la force de la religion et que me propose la religion – à moi qui estime beaucoup la philosophie – que même la meilleure des philosophies ne peut me proposer ? Même un philosophe « postmétaphysicien » comme Jürgen Habermas approuve de nos jours l'utilité de la religion pour la société moderne et défend avec la théologie un dialogue dénué de préjugés, qui ne renie pas les acquisitions de la modernité mais évite de passer outre à ses errements.

Un *triple « plus »* de la religion est important à mes yeux :
— Plus que la philosophie, qui, avec ses idées et ses enseignements, interpelle en général une élite, la religion peut marquer et motiver de larges couches de la population.
— Deuxièmement, elle interpelle les hommes non seulement de façon rationnelle, mais aussi dans leurs émotions, non seulement avec des idées, des concepts et des mots, mais aussi avec des symboles et des rites, des récits, des prières et des fêtes. Ainsi apporte-t-elle une « plus-value » parce qu'elle est plus complète.
— En troisième lieu, la religion ne se fonde pas seulement sur des idées actuelles, des opinions dominantes et des modes du moment, mais sur d'antiques écritures saintes et

des traditions qui proposent des lignes de conduite pour un comportement humain sur la base d'expériences religieuses normatives qui ont marqué la moralité des hommes souvent depuis des millénaires. Leurs traditions soutiennent de la sorte la continuité des générations. Les sentences de Confucius pour les Chinois, la Bhagavad-Gîtâ pour les hindous, la Thora pour les juifs, le Coran pour les musulmans offrent un trésor religieux durable d'informations et d'orientations, un savoir transmis sans changement même s'il a été sans cesse réinterprété, un savoir inspirant et motivant.

Mais quel contenu, quelles capacités spirituelles possèdent donc toutes les religions lorsqu'elles fonctionnent avec de la sympathie pour les hommes ? Les religions sont très diversifiées, c'est évident. Mais les religions ont aussi des points communs fondamentaux, et c'est moins connu. Toutes les religions possèdent, il en a été question plus haut, *des valeurs et des normes élémentaires* qui, en tant qu'éthique planétaire, sont des critères pour la société mondiale. Par leurs figures directrices, leur histoire, leurs images, leurs paraboles et leurs proverbes, elles motivent de multiples façons à s'engager pour le prochain et pour la communauté.

En outre, la religion peut donner un sens *à l'origine et à la destinée de notre existence* : comment je peux venir à bout de la souffrance, de la maladie, des coups du sort, de l'injustice, de la culpabilité et du non-sens, comment je peux trouver un sens ultime à la vie et aussi face à la mort. C'est justement Jürgen Habermas, auteur d'une philosophie critique à l'égard des idéologies, qui met en avant l'idée que dans notre société actuelle sécularisée les convictions religieuses peuvent offrir une connaissance de soi et un réconfort, pour une vie ratée ou sauvée.

En fin de compte, la religion peut offrir, à travers ses expériences et ses récits traditionnels, ses symboles, ses rituels et ses fêtes, *une patrie et une communauté spirituelle*, un chez-soi de la confiance, de la foi et de la certitude. Les pratiques religieuses, individuelles comme la prière ou collectives comme le culte divin, peuvent apporter au moi force, sécurité et espérance. Il peut en résulter non seulement un sentiment d'union, mais aussi *une protestation et une résistance* contre l'occurrence de situations injustes. Voilà ce que les tenants de la dictature communiste, soutenue par les armes, n'ont pas vu venir en 1989 : une révolution non violente avec des cierges ! La religion est en ce sens l'expression de l'inextinguible désir d'un monde meilleur, et même « tout autre ». Mais… une religion de ce type n'est-elle pas, malgré tout, loin de toute raison et donc un refuge pour l'irrationalité ? Non, il n'est pas nécessaire qu'il en soit ainsi.

Une spiritualité avec de la rationalité

Ma spiritualité a depuis toujours moins à voir avec la sentimentalité qu'avec la rationalité. Depuis toujours je n'ai pas simplement voulu « croire », mais aussi *comprendre* ma foi. En tant que théologien je me suis aussi compris comme philosophe, et c'est comme tel que je me suis formé et confirmé. L'aversion de la philosophie, telle qu'on a pu constamment l'observer dans la théologie protestante depuis Martin Luther, n'était pas mon affaire. D'un autre côté, je ne voyais pas bien pourquoi les philosophes des XXe et XXIe siècles refusaient de poser les questions de la « métaphysique » et pourquoi ils ont pour l'essentiel laissé aux théologiens la gestion de cet immense héritage de la philosophie occidentale, qui a débuté avec les Grecs.

Puis-je avec ma théologie remédier à l'oubli de Dieu dans la philosophie, tout comme à l'oubli de la philosophie dans la théologie ? En tout cas, ma théologie ne devait pas être une science secrète pour croyants convaincus d'avance qui, devant des questions décisives, se retranchent derrière les mystères forgés par les théologiens au cours d'une problématique histoire des dogmes. Ma théologie devait plutôt être compréhensible, saisissable et crédible, pour amener même les non-croyants au seul véritable mystère, le grand secret de la Réalité que nous désignons du nom de « Dieu ».

Je m'étonne à ce propos de voir à quel point les non-croyants citent volontiers, et naturellement pour le refuser, le *Credo quia absurdum*, « Je crois parce que c'est absurde ». C'est peut-être pour se défausser. Ces propos ne viennent pas, contrairement à ce qu'on affirme si souvent, de saint Augustin, le grand docteur de l'Église, mais de Tertullien, un juriste, précurseur de la théologie latine. Non, je ne peux ni ne veux me couper de ma raison dans les questions de foi. Tout ce qui est absurde – non élucidé, infantile, rétrograde, réactionnaire – m'est étranger. Mais tout autant les hystéries pseudo-religieuses de masse ou mondaines, par exemple le tragique accident d'une belle princesse, la mort inattendue d'une pop star à scandale ou la médiatisation à outrance du décès d'un pape.

Je ne suis donc pas moins critique que les critiques de la religion. Et, même, les rationalistes critiques devraient selon moi être plus critiques, bien qu'ils soient certes plus critiques que les dogmatiques non critiques. Même une raison absolutisée ou un rationalisme idéologique peut être une superstition, à l'instar du dogmatisme en théologie. En tout cas, je n'ai guère envie de discuter avec des rationalistes sclérosés ni avec des dogmatistes rigides. Plus d'une fois j'ai constaté que dans la polémique ils se sont tous révélés incapables ne fût-ce que de restituer correctement ma conception. Dans ces cas, leur *ratio* est altérée par la *passio*.

Bien entendu, comme tout être humain, je ne suis pas fait uniquement de raison et de rationalité, mais aussi de sentiments et de volonté, d'imagination et de sensibilité, d'émotions et de passions. Je m'efforce délibérément et autant que possible d'atteindre une *vision d'ensemble des choses*. J'ai appris la pensée méthodique et claire, l'*esprit de géométrie** à la façon de René Descartes, le fondateur de la philosophie moderne, mais en même temps je me suis aussi efforcé d'atteindre une connaissance d'ensemble par l'intuition, par un ressentir et un éprouver, dans un *esprit de finesse** à la façon de Pascal, aux antipodes de Descartes, excellent mathématicien par ailleurs.

Lorsque j'étais lycéen à Lucerne, nous nous amusions parfois de notre professeur d'histoire de l'art : à l'occasion de la contemplation d'une œuvre, quand il s'agissait de choses non pas quantifiables mais esthétiques, de beauté donc, il disait en frottant le pouce contre l'index et le majeur : « Cela, vous devez le sentir, le ressentir ! » Il avait raison ! Il y a tant de phénomènes spécifiquement humains, tels que l'art, la musique, l'humour et le rire, et plus encore la souffrance, l'amour, la foi et l'espérance… qui, dans leurs différentes dimensions, sont impossibles à saisir dans leur globalité par la seule rationalité critique ; pour cela, il faut les ressentir. Même la plus récente recherche sur le cerveau, qui avec ses prodigieux scanners peut certes expliquer le fonctionnement des neurones, n'est pas en mesure pour autant de découvrir le contenu de nos pensées et de nos émotions.

Déjà quand j'étais un jeune professeur, je trouvais fascinant de procéder à des échanges avec de grands scientifiques d'autres disciplines. Je ne parlais pas d'« interdisciplinarité » : je la pratiquais partout où je le pouvais. Bien entendu, pour moi il était fondamental de les aborder avec respect – non pas pour leur intelligence en matière de rhétorique académique, mais pour l'étendue de leurs compétences. Respect de leurs immenses connaissances, de leurs résultats assurés, de leurs différentes méthodologies et de leur jugement factuel. En théologie j'avais aussi à faire à des philosophes, des juristes, des historiens et des médecins, et de plus en plus à des psychologues, des sociologues et des politologues. Avant tout, je voulais prendre au sérieux les sciences de la

nature, orientées vers la mathématisation et l'expérimentation, avec leur autonomie et leurs propres lois ; je me suis
engagé à ce qu'elles ne soient remises en question par aucun
théologien ni homme d'Église faisant appel à une autorité
supérieure (Dieu, la Bible, l'Église, le pape…).

Mais si pour moi les questions venues des sciences de la
nature devaient être traitées selon la méthodologie et le style
propres aux sciences de la nature, il m'importait tout autant
que les questions sur la psyché humaine et la société, celles
portant sur le droit, la politique et la recherche historique,
ainsi que celles concernant l'esthétique, la morale et la religion soient traitées chacune selon sa spécificité, selon la
méthodologie et le style propres à son objet. Il est absolument légitime que de nos jours nous nous préoccupions,
dans les sciences de l'esprit, davantage de l'analyse des
phénomènes, d'opérations de planification et de structures.
Seulement nous ne devons pas oublier ce faisant qu'il y a
aussi des questions scientifiques justifiées à propos du sens
premier ou ultime, des valeurs, des idéaux, des normes et des
positions – des questions qui exigent des réponses. Comme
philosophe et théologien, je ne saurais me contenter de la
problématique superficielle de notre monde séculier, de part
en part rationalisé et fonctionnalisé, mais je dois essayer de
parvenir à ses dimensions profondes. Sinon comment une
réponse à la question de la raison de vivre pourrait-elle être
trouvée ?

Aller au fond des choses

Dès mes travaux scientifiques je ne me suis pas seulement
intéressé à la raison logique, à la connaissance rationnelle, à
la *ratio*, mais aussi à la cause ontologique, à la cause de
l'être, la cause matérielle, la cause réelle, la *causa*. À côté du

principe de contradiction, de l'énoncé de la contradiction (« l'être n'est pas le non-être »), on a, en philosophie, introduit le principe de raison suffisante : « Rien n'est ou ne se produit sans raison. »

Dans ces conditions il paraît facile de donner une « preuve concluante » pour une raison *dernière*, une *première* cause originelle, et donc pour Dieu. Mais peut-on si facilement conclure sur « Dieu » ? Les objections de la critique de la religion, jusque dans la philosophie analytique ou l'analyse du langage contre un usage souvent abusif du mot « Dieu », je les connais, comme je l'ai déjà dit. Et je l'avoue ouvertement : moi-même j'ai souvent des scrupules à utiliser le mot « Dieu ». Il n'y a guère de termes autant employés de manière abusive, profanés ou cités dans des plaisanteries légères, en politique et en économie, mais aussi dans les partis, les religions et les Églises.

C'est ce que Martin Buber, philosophe juif de la religion, exprime dans un passage émouvant : « [Dieu ?] Oui, [...] c'est le mot le plus chargé de tous les mots humains. Pas un qui n'ait été aussi souillé, aussi lacéré. C'est précisément la raison pour laquelle je ne puis y renoncer. Des générations humaines ont déchargé le poids de leur vie angoissée sur ce mot et l'ont écrasé – il gît dans la poussière chargé de toutes leurs pesanteurs. Les hommes, avec leurs divisions religieuses, l'ont déchiré. Ils ont tué pour lui et pour lui ils sont morts. Il conserve l'empreinte de leurs doigts et de leur marque sanglante. Où trouverais-je un mot qui lui ressemblât, pour qualifier le Très-Haut [1] ? »

La première demande de Jésus dans le Notre Père est tout à fait dans l'esprit de la Bible hébraïque : « Que ton nom soit sanctifié » (Matthieu 6,9)[2]. Le « nom » *(hassem)* n'est pas pour les Orientaux une simple dénomination extérieure, mais

1. *Éclipse de Dieu*, trad. E. Thézé, Nouvelle Cité, 1987, p. 12-13.
2. La formule originelle araméenne de Jésus était sans doute *jit kaddas semak*.

une partie essentielle de la personnalité, donc en l'occurrence de Dieu lui-même. La demande signifie : ne pas « pro-
faner » le nom de Dieu, ne pas passer outre aux volontés et
aux directives de Dieu, ne pas dénigrer sa gloire devant les
hommes. Au contraire, il s'agit de « sanctifier » son nom, de
tenir et d'obéir aux commandements de Dieu, de préférer
Dieu au monde. Est-ce que les juifs qui craignaient de prononcer le mot « Yahvé » dès les derniers siècles avant Jésus-
Christ et les chrétiens qui utilisent souvent pour lui celui
d'*abba*, « Père », font assez pour que les hommes glorifient
le nom de Dieu ?

Pour moi, en tant que chrétien, il s'ensuit ceci : respecter
ceux qui écartent le mot « Dieu » dans la situation actuelle,
mais en aucun cas le taire moi-même. Au lieu de ne plus
parler de Dieu ou de simplement parler de Dieu comme
avant, il m'importe de parler à nouveau de Dieu avec respect, et même avec humilité. Car dans l'histoire de l'humanité on n'a jamais cessé de se tourner vers Dieu. Sans cesse
on a douté de Dieu. Sans cesse on a nié Dieu. Sans cesse on
a lutté pour Dieu, cru en Dieu, prié Dieu, on s'est révolté
contre Dieu. La question de Dieu doit être reposée, mais
elle doit l'être correctement. Certains non-croyants ont une
représentation de Dieu que les croyants désapprouveraient
comme primitive, fausse, totalement inacceptable. Certes,
on ne *doit* pas croire en Dieu. Mais a-t-on le *droit* de croire
en Dieu ? Plus précisément, peut-on, en tant qu'homme
moderne critique envers la religion, assumer la responsabilité de croire en Dieu ?

Partout où je suis passé et de toutes les façons, avec
d'innombrables personnes de différentes origines, j'ai au
cours de cette décennie parlé et discuté de Dieu, médité à
son sujet. « Avez-vous déjà douté de l'existence de Dieu ? »
m'a-t-on demandé, et j'ai répondu : « Non, pas de Dieu,
mais des preuves de son existence. » Emmanuel Kant, qui a
accompli et dépassé les Lumières, m'en a très tôt convaincu :

la raison « pure », ou théorique, a ses limites. Autrement dit : les preuves scientifiques de l'existence de Dieu sont impossibles. Pourquoi ? Parce que Dieu n'existe pas comme un objet dans l'espace et le temps. Il n'est pas un objet de l'intuition sensible ni de la connaissance susceptible de preuves scientifiques. C'est en vain que la raison déploie ses ailes pour, par-dessus l'espace et le temps, au-delà de l'horizon de notre expérience, atteindre grâce à la puissance de la pensée le Dieu véritable. L'homme ne peut construire des tours qui permettent d'arriver au Ciel, mais uniquement des habitations justes assez spacieuses et élevées pour traiter de nos affaires sur Terre.

Non, il n'existe pas de preuve concluante de l'existence de Dieu, mais – j'ai attiré l'attention sur ce verso de l'argumentation de Kant, souvent ignoré – il n'y en a pas non plus de son inexistence ! Pourquoi ? Parce qu'un jugement négatif outrepasserait tout autant l'horizon spatio-temporel de l'expérience possible. Qui admet qu'il ne peut regarder derrière le rideau des phénomènes n'a pas pour autant le droit d'affirmer qu'il n'y a rien derrière.

Tous les énoncés des physiciens ne se rapportent qu'à l'espace physique, l'espace-temps. Les physiciens ne peuvent ni ne doivent répondre aux questions qui outrepassent ce qu'il est possible de mesurer physiquement. Les sciences de la nature en général, si elles veulent rester fidèles à leur méthode, ne sauraient par leurs jugements sortir de l'horizon de l'expérience. Pour de tels jugements et de telles décisions, il vaut mieux ne pas compter sur le temps mesurable (en grec *chronos*) avec des chronomètres, mais attendre le moment favorable (en grec *kairós*), l'instant favorable.

Ni la morgue d'un non-savoir sceptique ni l'arrogance d'un « je sais tout et mieux » ne conviennent aux sciences de la nature et à la science en général. Peut-être existe-t-il dans notre univers des entités, des évènements et des interactions irreprésentables dans l'espace physique, des expériences dans notre vie humaine échappant aux possibilités de la connaissance scientifique. « Je dus donc abolir le *savoir*, écrit Emmanuel Kant, afin d'obtenir une place pour la foi[1]. » À vrai dire, il existe – nous sommes arrivés au pied de la paroi escarpée – des manières très diverses de « transcender », de « dépasser » le monde empirique sensible, mais toutes reviennent à une confiance raisonnable. Il existe divers passages vers la « transcendance », le suprasensible, la réalité méta-empirique, vers ce grand *mystère* que nous appelons Dieu. Je n'en ébauche que trois, non comme des démonstrations, mais comme des indications. Comme incitations à penser, à « éprouver » la transcendance : la première vient de la biologie, la deuxième des mathématiques, la troisième de la musique.

Une évolution orientée vers l'homme ?

Dans un inlassable travail de recherche sur plusieurs décennies, l'astrophysique a découvert ce qui dans le cosmos a dû exactement s'équilibrer (mais pas du tout toujours symétriquement) pour qu'après des milliards d'années la vie pût se produire : le minutieux réglage d'énergie et de matière, des forces nucléaires et électromagnétiques, de la force de gravitation et de l'énergie par les réactions atomiques dans notre Soleil. Il est plus que compréhensible que les physiciens et les non-physiciens se demandent si tout cela s'est développé entièrement *par hasard* pour aller vers la vie, et même *vers l'homme*. Dans tout le système solaire, c'est seulement sur notre planète qu'une vie animale – de surcroît dotée d'un *esprit* – s'est développée au bout de milliards d'années : selon ce que nous savons sur la base des recherches

---

1. Préface de la 2ᵉ éd. de la *Critique de la raison pure* (1787).

les plus récentes, l'homme est seul dans toute l'étendue de l'univers. La *science-fiction** est particulièrement fascinante au cinéma, mais cela reste une pure fiction. Nul *alien* en vue. Je ne crois pas aux extraterrestres.

Mais une évolution orientée vers l'homme est un fait scientifique. Hasard total ? Autant de « hasards » sont-ils de hasard ? Et un tel hasard n'est-il pas un principe d'explication vide ? C'est pourquoi la question de savoir si ce prodigieux développement ne se déroule pas selon une « recette très spéciale », comme je l'ai entendu dire par Martin Rees (Cambridge), astronome de la Couronne, est fort naturelle, et même incontournable. Donc, comme certains physiciens et biologistes l'admettent, il y a quelque chose comme une méta- ou une super-loi derrière, au-delà ou au sein de tous ces réglages minutieux et de toutes ces lois de la nature. Certains appellent cette super-loi un *principe anthropique*. Il garantit que les conditions initiales et les constantes naturelles sont ainsi faites que la vie et finalement un *anthropos*, un homme, *peuvent* se constituer, et finalement ont pu se constituer !

Lorsqu'on dit « peuvent » ou « ont pu », cela peut être scientifiquement défendu. Une preuve pour un « devait » n'est pas pour autant donnée : si des croyants désirent, à partir de ce « principe anthropique », ouvrir la voie à une preuve scientifique selon laquelle Dieu doit exister et aurait voulu l'homme, c'est un court-circuit fondé sur la *foi*, une idéologisation qui ne s'oriente pas selon la chose même, mais selon certains intérêts.

Mais voici l'autre versant de la même problématique : les sciences de la nature s'avèrent manifestement incapables de donner un fondement empirico-mathématique à une telle méta-loi de la nature. Nul besoin d'être kantien pour reconnaître le constat suivant : pour cette question portant sur un super-principe « transcendant » (et en même temps « immanent »), dépassant toute empirie, les sciences de la nature ne sont plus qualifiées. La philosophie le serait uniquement dans le cas où elle consentirait à cette question. Ou alors, justement, elle relèverait de la religion.

À ce point précis on voit vraiment à quel degré la conclusion inverse est stupide : de ce grandiose processus de développement il s'ensuivrait que ce Dieu, qui aurait voulu l'homme, ne peut exister. Cette fois, c'est un court-circuit fondé sur l'*incroyance* qui tombe aussi sous la présomption d'idéologie : ne peut pas être ce qui – sur la base d'un quelconque intérêt – *ne doit pas être*. Même avec la théorie darwinienne de l'évolution on ne peut exclure l'existence de Dieu (ce n'était d'ailleurs pas l'intention de Darwin !) : les sciences de la nature sont, ainsi que nous l'avons exposé, aussi peu qualifiées pour la négation de Dieu que pour son affirmation.

Ce n'est pas surprenant, car aucune science ne peut saisir le tout de la réalité. Chacune a sa perspective et sa compétence propres, qu'elle ne devrait pas absolutiser. Même pour les objets les plus simples, telles une table et une bicyclette, il existe plusieurs explications : physico-chimique, fonctionnelle, historique et culturelle, sociologique... Voici l'important : les explications ne s'excluent pas les unes les autres, mais sont susceptibles de se compléter et de s'enrichir.

Ces diverses perspectives des sciences ne se fondent pas seulement sur les limites de la connaissance humaine, qui serait incapable d'aller au-delà d'une seule science. Elles tiennent à la réalité même : la réalité du monde et de l'homme comporte en effet différents aspects, strates, dimensions. Celui qui en absolutise un seul devient aveugle aux autres. Il vaudrait mieux découvrir encore de nouvelles dimensions. Conclusion : la physique, d'où viennent les constantes de la nature et le principe anthropique, n'est pas la dernière à nous inviter à rester réceptifs au grand mystère du cosmos. Mais les mathématiques nous y invitent aussi.

Une dimension réelle infinie ?

Depuis le mathématicien grec Euclide (IVe siècle avant Jésus-Christ), l'espace physique est défini comme tridimensionnel (il a une longueur, une largeur et une hauteur). Mais depuis la théorie de la relativité d'Albert Einstein au début du XXe siècle, il est compris comme un espace-temps ou un temps-espace – le temps unifié avec l'espace – à quatre dimensions. Ce n'est pas là une pure construction mathématique, comme la spéculation sur la pluralité des mondes, mais un nouveau modèle du monde, vérifié par des mesures et par les voyages dans l'espace ; néanmoins, en tant que grandeur quadridimensionnelle, il n'est pas réellement représentable.

Les spéculations des cosmologues, qui élaborent à l'aide d'ordinateurs des calculs et des modèles mathématiques très complexes concernant d'autres univers et d'autres dimensions, sont insignifiantes pour nos réflexions, car, ainsi que je l'ai exposé dans le cadre de mon livre *Petit Traité du commencement de toutes choses* (2005), elles rompent toute attache avec le monde de l'expérience. En revanche, les réflexions sur la *dimension infinie* constamment présente de façon invisible dans les mathématiques et intégrée dans leur système me semblent au plus haut point dignes de considération ; chaque nombre peut être infiniment calculé, multiplié, divisé, ce qui n'est pas nécessairement pris en compte dans les équations ordinaires. La question se pose : ne pourrait-il exister quelque chose comme une dimension infinie présente en toutes choses, même si, comme l'espace quadridimensionnel, on ne saurait la représenter de façon réelle et concrète, car c'est une réalité située au-delà de l'espace-temps ?

Il est vrai qu'on n'a pas le droit de conclure à l'*existence* d'une telle réalité infinie à partir de son *idée* ; on ne peut passer d'une essence nécessaire, parfaite ou absolue, à son existence réelle, comme l'ont fait Anselme de Canterbury, le père de la scolastique, et plus tard Descartes et Leibniz. Cette dimension infinie réelle ne serait en effet plus une catégorie de l'espace-temps, mais de l'éternité, laquelle ne peut être saisie par la raison scientifique et mathématique. Il est étonnant que dès le XVe siècle Nicolas de Cues, penseur de la Renaissance, ait contribué à rendre l'infini accessible à la raison. Nicolas de Cues exprimait l'infinité de Dieu par la « coïncidence des opposés » et donnait à cette idée une représentation mathématique symbolique : si par la pensée on prolonge le rayon d'un segment de cercle à l'infini, la circonférence du cercle se rapproche d'une droite ; à l'infini, les opposés que sont la droite et la courbe coïncident donc.

À la fin du XIXe siècle, dans ses réflexions sur la catégorie de l'« infini », Georg Cantor, inventeur de la théorie des ensembles (mort en 1918), se référait à Nicolas de Cues. Sa théorie des ensembles conduisait à des antinomies, des paradoxes et des contradictions dans les mathématiques : des propositions déterminées, qui ont à voir avec le concept de l'infinité, pouvaient mathématiquement être à la fois prouvées et réfutées. Dans les mathématiques, cela eut pour conséquence une crise des fondements encore non surmontée de nos jours. Par rapport à cette non-contradiction toujours non démontrée, j'ai entendu des mathématiciens dire ce bon mot : « Dieu existe, parce que les mathématiques sont exemptes de contradiction, et le diable existe, parce que cette absence de contradiction n'est pas démontrable. » Étant donné que je ne crois en aucun diable personnifié, je conseille à tous les amoureux des mathématiques de plutôt s'en tenir à Dieu.

Conclusion : dans la problématique des fondements, les mathématiques se heurtent à des limites de principe. Mais, justement, le nombre infini peut être l'occasion d'une réflexion sur la possibilité d'un dépassement qualitatif dans une tout autre dimension, réelle et infinie, celle d'une véritable transcendance. Et puisque beaucoup de mathématiciens sont aussi de bons musiciens, je propose encore un troisième chemin pour approcher le grand mystère de la réalité : la musique.

« Mise en condition » par la musique ?

De tout temps la musique et les mathématiques sont allées de pair, mais la musique et la religion aussi. La musique a une mystérieuse structure mathématique. Depuis les pythagoriciens de l'Antiquité, elle fait l'objet de réflexions et elle est consignée dans le système de notation et ses infinies possibilités d'usage. Mais il y a une chose que les mathématiques ne sauraient faire : apporter une preuve mathématique qui démontre la beauté d'une musique et puisse forcer à l'écouter. On peut tout simplement se refuser à écouter de la musique, surtout la musique classique qui exige une écoute de compréhension. Je peux simplement me « débrancher », extérieurement ou intérieurement. Certes, la musique m'invite à l'écoute, mais elle ne me force pas à écouter. Écouter de la musique est un acte de liberté. Et cela vaut aussi, d'une tout autre manière, du dire oui à une réalité méta-empirique : il s'agit là d'abord d'un assentiment véritable et libre. Cependant la musique, qui est de façon unique capable d'éveiller et amplifier des sentiments, peut être pour cela d'un secours particulier.

Dans certaines conditions, les musiciens, mais aussi les poètes, les artistes et surtout les personnes religieuses peuvent pressentir, éprouver, entendre et exprimer dans leurs œuvres des réalités qui font éclater l'espace physique, celui de l'énergie-temps et de l'espace-temps. La musique est certes,

159

comme tout bruit, un phénomène physique, et ce phénomène, la physique l'a étudié à fond dans l'acoustique. Mais
ce n'est pas seulement un phénomène physique qu'on ne
pourrait analyser qu'à l'aide de la physique. Je suis encore
une fois conduit à parler ici de Mozart.

C'était il y a cinquante ans, lorsque, doctorant en théologie,
j'habitais dans ma petite mansarde parisienne où je n'avais
qu'une douzaine de disques. Le seul concerto pour clarinette
K 622, dernière œuvre orchestrale de Mozart, achevé exactement deux mois avant sa mort, d'une intensité, d'une intériorité et d'une beauté difficilement égalables, dépourvu de tout
trait sombre ou de résignation, m'a alors presque quotidiennement donné de la joie, revigoré, consolé ; bref, il m'a pro-
curé un petit peu de « félicité », un mot que Mozart lui-même
employait. Et plus d'un, plus d'une a dû, lors de l'écoute de
la musique de Mozart, éprouver un jour de tels petits moments
de « félicité ».

Certes, la musique de Mozart ne peut guère transmettre
harmonie et beauté aux cyniques et aux nihilistes notoires.
On peut aussi écouter la musique de Mozart de diverses
manières. Cela dépend de la façon – studieuse ou volup-
tueuse – dont je m'ouvre à cette musique, si je la laisse
totalement entrer en moi, si j'entre totalement en elle. Non
pas seulement avec l'intelligence de la tête nécessaire pour
la science, mais encore avec l'intelligence du cœur, qui
relie, intègre, transmet une plénitude.

C'est cette expérience qui sans cesse me pousse vers cette
musique : lorsque, sans dérangement extérieur, seul chez
moi ou parfois au concert, j'essaie intensément d'accueillir
la musique de Mozart, je sens tout à coup à quel point je me
suis détaché de l'orchestre et je n'entends plus que l'agence-
ment du son, la musique, et rien d'autre. C'est la musique qui
maintenant m'enveloppe entièrement, s'empare de moi et
tout à coup résonne de l'intérieur. Que s'est-il passé ? Je sens
que je suis totalement, avec mes yeux et mes oreilles, mon

corps et mon esprit, tourné vers l'intérieur : le moi se tait et toute extériorité, toute opposition, toute scission sujet/objet sont momentanément surmontées. La musique n'est plus un vis-à-vis, mais ce qui enveloppe ; elle s'empare de moi, me rend heureux de l'intérieur, me remplit totalement. Cette phrase s'impose à moi : « C'est en elle que nous avons la vie, le mouvement et l'être. »

Il s'agit, comme chacun sait, d'une parole du Nouveau Testament, dans les Actes des Apôtres ; elle est tirée du discours de l'apôtre Paul à l'aréopage d'Athènes ; il y parle de la recherche et de la perte de Dieu, qui n'est étranger à aucun d'entre nous et en lequel nous avons la vie, le mouvement et l'être (Acte des Apôtres 17,27 *sq.*). En effet, me semble-t-il, à un degré qu'une autre musique peut difficilement atteindre, la musique de Mozart, par sa beauté sensible et non sensible, sa force et sa transparence, montre à quel point la frontière entre la musique – le moins figuratif de tous les arts – et la religion est subtile et ténue – la religion ayant toujours eu à faire spécialement avec la musique. Car chacune d'elles, fût-ce différemment, désigne l'ultime ineffable, le mystère. Et même si la musique peut aussi ne pas devenir un art religieux, l'art musical est néanmoins le plus spirituel de tous les symboles pour le « sanctuaire mystique de notre religion », dont Mozart a une fois parlé, il est le divin même.

Conclusion : même la musique de Mozart n'est pas une preuve de l'existence de Dieu, mais elle est encore moins une invitation au pessimisme et au nihilisme. Au contraire, dans certains passages de ses œuvres il semble offert à l'homme sensible et prêt à l'écoute de s'ouvrir à une confiance raisonnable/supra-raisonnable. Par une écoute fine, il peut alors, dans la sonorité pure, totalement intériorisée – et pourtant enveloppante –, la sonorité sans mots de l'adagio du concerto pour clarinette, aussi percevoir un tout Autre : le son de la beauté dans son infinité, oui, le son de cette infinité

161

qui nous dépasse et pour la « beauté » de laquelle il n'y a pas de mot. La musique, donc, « prélude » à une plus haute harmonie.

Traces de la transcendance

Des chiffres, des traces, qui donnent à entrevoir une autre réalité que la réalité empirique, physique et physiologique. Nul n'est obligé de tenir ces traces pour vraies, mais on a le droit de les tenir pour vraies : il n'y a là aucune évidence qui s'impose, aucune transparence qui oblige.

Cependant d'aucuns se sont efforcés d'utiliser des expériences de base de l'existence humaine ou de l'histoire des hommes comme des occasions de rendre visible une tout autre réalité, la réalité de Dieu, le sens fondamental du tout qui transcende le côté unidimensionnel de la vie moderne. Je vais évoquer avec plaisir trois personnalités notoires auxquelles je me sens lié.

L'une d'elles est *Peter Berger*, sociologue de la religion américain, d'origine autrichienne, qui a mis l'accent sur les petits signes et gestes de la vie humaine en tant que « rumeurs d'anges » dans notre quotidien[1] : gestes de protection et de consolation lorsqu'une mère calme son enfant angoissé, mais aussi notre remarquable penchant à restaurer l'ordre, notre besoin de jouer, notre humour, nos espoirs – tout cela appartient de manière essentielle à l'expression de l'homme et renvoie pourtant à un au-delà de l'homme, à quelque chose qui le dépasse, le transcende.

Ensuite il y a *Karl Rahner*, qui a décrit à plusieurs reprises de façon exemplaire les expériences de base de l'existence

---

1. Peter Berger, *A Rumor of Angels*, Doubleday, 1969 ; trad. fr. : *La Rumeur de Dieu. Signes actuels du surnaturel*, trad. J. Feisthauer, Le Centurion, 1972.

humaine. Ce fut un honneur pour moi de publier dès 1964, en tant qu'éditeur de la collection « Méditations théologiques », ses réflexions sur les « choses du quotidien ». La vie de tous les jours est remplie de ces choses du quotidien : nous travaillons, allons et venons, regardons et rions, mangeons et dormons... un quotidien dont l'homme attentif peut dégager une riche profondeur cachée.

Et finalement le Péruvien *Gustavo Gutiérrez*, fondateur latino-américain de la théorie de la libération : partant d'expériences fondamentales dans l'histoire des hommes, de la société et de la politique, il attire l'attention avec passion sur la possibilité de faire l'expérience de Dieu à travers l'histoire de l'oppression et de la libération de certains hommes – et singulièrement des pauvres de ce monde. Pour eux il veut nous ouvrir les yeux : Dieu peut aussi être expérimenté partout où l'aliénation est surmontée, l'injustice écartée, la paix établie, l'amour vécu.

Ainsi y a-t-il dans l'histoire de la vie et de la souffrance de chaque homme des faits remarquables, des signes, des évènements, des situations, des « hasards », qui peuvent être autant d'occasions de réflexions, de méditations religieuses. Nos expériences sont trop précieuses pour qu'on puisse se permettre de les rejeter sans plus, au lieu de les préserver et de les méditer. Et peut-être cela aidera-t-il si, pour conclure ce chapitre, pour ainsi dire comme des notes de bas de page, je signale quelle expérience a été particulièrement importante pour moi afin de tenir bon, de méditer et d'avoir matière à réfléchir. C'est une expérience double : l'expérience d'être stoppé et d'être soutenu.

L'expérience d'être stoppé : cela peut arriver dans de grandes ou de petites choses, et cela peut être dur, amer, et à la longue faire perdre le sommeil. Dans une entreprise qui me semble – à moi-même mais aussi à d'autres – d'une extrême importance, il est subitement impossible de continuer, et mes – nos – adversaires d'exulter : « On l'a stoppé ! » On m'empêche

– nous empêche – de continuer, et cela change complètement ma situation. Je ne sais qu'une chose : ça ne sera plus jamais comme avant et ce qu'il en adviendra, je ne le sais pas encore. Je devrais m'en accommoder, mais je ne le peux ni n'en ai le droit : cette affaire devait continuer. Bref, je suis bloqué, sans échappatoire.

Alors que faire ? Se résigner définitivement, abandonner, se rebeller ?... Y voir un nouveau signe de l'absurdité de la vie ? Quoi qu'il en soit, le fait d'être stoppé est une très sensible invitation non seulement à s'en tenir là, mais aussi à tenir bon, à faire retour sur soi-même. Blocage dans la vie professionnelle, ou maladie inattendue, ou rupture d'une relation humaine : tout cela peut être l'occasion de méditer sur les dimensions profondes de sa vie, de s'ouvrir à neuf dans une foi confiante. Réconfortante sera alors l'expérience que même quand on est forcé de lâcher prise, il y a une prise qui peut se trouver dans la réalité fondamentale de notre vie, dans la réalité de Dieu, dans notre raison de vivre, et cela nous permet aussi d'entrevoir une nouvelle issue dans des situations sans issue. De cette confiance nous pouvons tirer une nouvelle force et devenir capables de voir notre vie d'un œil neuf, d'acquérir un nouveau point de référence, de corriger le cap et de reprendre à neuf une tâche.

La seconde de ces expériences clés est l'*expérience d'être soutenu* : en ce moment tout me réussit haut la main, et pas seulement le travail ; tout marche quasiment tout seul. Cela tient-il à la météo, à l'horoscope ou au biorythme ? En tout cas j'avance, je réalise des choses, je suis de bonne humeur. Certes, cela ne continuera pas toujours ainsi, cela changera encore. Mais pourquoi s'inquiéter du *hic et nunc* : c'est un instant accompli ! Alors pourquoi gaspiller du temps avec d'autres considérations, sentiments, obligations ?... *Qui vivra verra**.

Et pourtant quelque chose cloche ! Non pas qu'il s'agirait ici d'altérer tant de bonne humeur par de la moraline. Non pas que le sentiment d'une telle réussite devrait être dénigré. Mais parce que cette manière de positiver, cette humeur insouciante vont souvent de pair avec l'indifférence, la surestimation de soi et la superficialité. La prise en compte de la dimension profonde de notre vie manque. La conscience que méditer a à voir avec remercier. En effet, même celui qui ne réfléchit qu'un instant devine que la réussite, le succès et le bonheur ne tiennent pas qu'à notre travail : nous avons certes fait beaucoup de choses, mais nous avons encore plus reçu ; le bonheur nous est certes échu, peut-être pas de façon inespérée, mais, si nous sommes sincères, de façon souvent imméritée !

Il y a donc selon moi toujours des raisons de *remercier*, pas seulement les hommes, mais aussi une autre instance qui fait que ma vie est sensée malgré la montagne de non-sens. Qui représente la cause originelle d'une confiance nouvelle, renouvelée, en un destin et une direction donnés à l'œuvre de ma vie, la gratitude envers ce à quoi nous devons notre existence. C'est une cause de la joie d'être secrètement guidé et porté dans toutes mes pérégrinations. Et ce qui vaut pour moi vaut sûrement aussi pour beaucoup d'autres.

En somme : qui, dans une confiance raisonnable, dit oui à une cause et à un sens originels, à Dieu, ne sait pas seulement *qu'*il peut en fin de compte faire confiance à la vie, mais aussi *pourquoi* il le fait. Le oui à Dieu signifie donc *une confiance en la vie qui est finalement fondée et conséquente* : une confiance originelle ancrée au plus profond, dans la cause des causes, et dirigée vers le but des buts. Dieu comme nom du sens-cause soutenant le Tout, comme le note dans ses carnets cités plus haut Ludwig Wittgenstein. Ainsi donc, malgré l'incertitude formidable de la vie, une certitude et une sécurité radicales me sont offertes.

On l'aura mieux compris : la confiance fondamentale et la confiance en Dieu présentent une structure fondamentale analogue. Elles ne sont pas seulement l'affaire de la raison humaine, mais de l'homme total, esprit et chair, raison et pulsions. Même la confiance en Dieu est supra-rationnelle, mais non irrationnelle. Elle peut être défendue rationnellement contre les critiques rationnelles : non pas avec des preuves contraignantes, mais par des raisons convaincantes.

Pour cette confiance, la Bible emploie le grand mot de *foi* : « La foi est une manière de posséder déjà ce que l'on espère, un moyen d'être convaincu par des réalités que l'on ne voit pas » (Hébreux 11,1). « Ce que je crois » ? J'ai désormais apporté la réponse fondamentale : *je crois en Dieu, cause et sens originels de toute chose.* Je comprends ici « croire » dans son sens fort et radical :

— non pas seulement « croire que » : que Dieu existe ;

— non pas seulement « croire quelqu'un » : croire en ses paroles ;

— mais « croire en lui » : placer en Dieu ma confiance totale, inconditionnelle et irrévocable.

Dans la profession de foi (le *Credo*), cet « en » est éludé dans le contexte de l'« Église ». Car l'« Église » est la communauté de foi qui croit en Dieu, mais non pas en elle-même. Augustin pouvait encore dire que c'est « à cause » de l'Église qu'il croyait en Dieu. Beaucoup de contemporains diraient plutôt que c'est « malgré » l'Église, qui dans sa forme actuelle ne leur semble pas crédible, qu'ils croient en Dieu.

Dieu éternel donne à tout ce qui est temporel raison et sens, et pour une foi en Dieu éclairée on n'a plus aujourd'hui à s'excuser. Pourtant… qu'en serait-il si à la fin il se révélait que je me suis trompé dans ma foi ? J'aurais alors quand même, c'est ma conviction, vécu une vie plus heureuse avec Dieu que sans lui. Tout cela sera encore plus évident lorsque j'aurai, en m'appuyant sur la raison de vivre, traité la question de la puissance de la vie.

6

Puissance de la vie

Depuis les temps les plus reculés jusqu'à nos jours, on trouve chez les différents peuples une certaine perception de cette force cachée qui est présente au cours des choses et aux évènements de la vie humaine, parfois même une reconnaissance de la Divinité suprême, ou même d'un Père. Cette perception et cette reconnaissance pénètrent leur vie d'un profond sens religieux. Quant aux religions liées au progrès de la culture, elles s'efforcent de répondre aux mêmes questions par des notions plus affinées et par un langage plus élaboré.

Déclaration du deuxième concile du Vatican
sur les relations de l'Église avec les religions non chrétiennes,
28 octobre 1965.

Un chemin de vie avec de la joie de vivre et un sens de la vie – et dans la confiance en une puissance de la vie.

Le concile Vatican II (1962-1965) avec sa Déclaration sur les religions du monde et, trois décennies plus tard, le deuxième Parlement des religions du monde (1993) avec sa Déclaration pour une éthique planétaire sont, pour moi personnellement, liés ; j'ai participé activement à ces deux évènements religieux majeurs. Je serai à tout jamais reconnaissant au dalaï-lama du fait qu'il a à Chicago, après un difficile débat le 4 septembre 1993, signé en premier la Déclaration avant de la présenter publiquement. Et pourtant, après l'acte solennel d'ouverture du Parlement, ce sont justement les bouddhistes sous la direction du dalaï-lama qui ont élevé une protestation écrite : les dignitaires chrétiens, juifs et musulmans avaient, dans une bonne intention certes, évoqué dans les discours comme dans la prière la « souhaitable unité des religions sous *Dieu* » et même, dans leur ignorance, ils avaient placé le Bouddha à égalité avec « Dieu ». Ils auraient dû savoir que les bouddhistes rejettent le concept de Dieu, mais qu'ils admettent très volontiers une suprême réalité spirituelle *(Ultimate Reality)* qu'ils appellent « Grand Être » *(Great Being)*, ou « Puissance du Transcendant » (*Power of the Transcendent*), ou « Plus Haute Autorité spirituelle » *(Higher Spiritual Authority)*. Ils auraient aussi pu parler du *nirvâna*, le but du chemin de libération, ou du *dharmakâya* (« corps de la loi »), la loi qui détermine le cosmos et l'homme. En tout cas je me sentais confirmé du fait que moi-même, croyant en Dieu convaincu, j'ai depuis le début, en tant qu'auteur *(drafter)* de la Déclaration pour une éthique planétaire, pris mes distances avec l'idée de faire référence à Dieu. Tout cela est expliqué plus en détail dans le recueil *Dokumentation zum Weltethos* (« Documentation sur l'éthique planétaire », 2002).

Un regard neuf sur les religions

« Ce que je crois » : nous avons désormais passé la paroi à pic avant la réalité transcendante, transempirique, inconditionnée, et j'espère que nous pourrons sans vertige regarder alentour, quelque peu reprendre notre souffle et puiser dans nos réserves intérieures pour continuer le chemin.
Quelques mois avant le Parlement des religions du monde à Chicago, j'avais fêté mon soixante-cinquième anniversaire. Il y a belle lurette que je m'efforce de prendre connaissance de l'univers multiple et souvent contradictoire des religions, grâce à des voyages, des lectures, des conférences et des rencontres. J'ai toujours été convaincu que dans les religions vit une immense force spirituelle, dont il est aussi question

dans la déclaration de Vatican II. Mais j'étais tout autant conscient du fait qu'on peut massivement abuser de cette force. Même les sociologues et les politologues savent depuis peu que la foi religieuse représente peut-être la force de motivation la plus puissante dans l'histoire de l'humanité. Les convictions, les attitudes et les inspirations religieuses sont implantées dans la couche profonde de l'humanité et elles peuvent mettre en marche de grands changements – ou les empêcher. Elles peuvent mobiliser l'énergie morale ou politique – ou la bloquer. Un exemple impressionnant et affligeant en est le conflit à propos de la « Terre sainte », qui a donné lieu durant ces dernières décennies à pas moins de six guerres !

Depuis toujours les religions ont voulu être à la fois interprétation de la vie et chemin de vie – ce deuxième aspect devenant de plus en plus important à mes yeux.

— Interprétation de la vie : les religions, en tout cas les grandes religions éthiques, prennent comme point de départ les *mêmes questions éternelles* qui s'ouvrent au-delà de ce que les sciences peuvent éclairer et saisir et au-delà de notre propre existence temporellement limitée ; elles s'énoncent ainsi : d'où viennent le monde et son ordre ? Pourquoi sommes-nous nés et pourquoi devons-nous mourir ? Qu'est-ce qui détermine le destin de l'individu et de l'humanité ? Comment s'expliquent la conscience éthique et l'existence des normes éthiques ?

— Par-delà la signification de la vie et au-delà de toute psychologie, les religions veulent aussi être un chemin de vie. Ouvrir un *chemin praticable* dans le quotidien et les situations limites – pour sortir de la détresse et du tourment de l'existence, pour aller vers la libération et le salut. Sur ce chemin elles proposent à titre d'orientation des lignes directrices d'un comportement éthique. Toutes considèrent le meurtre, le mensonge, le vol et les abus sexuels comme condamnables et défendent comme ligne de conduite pratique et universellement valable quelque chose comme une « règle d'or ».

Depuis le deuxième concile du Vatican et les initiatives semblables du Conseil œcuménique des Églises, on s'efforce dans le christianisme d'avoir un regard universel sur les religions du monde. On ne veut plus les juger, comme on le fit pendant des siècles, d'après les critères dogmatiques chrétiens. On veut les comprendre comme elles se comprennent elles-mêmes. J'en ai toujours été conscient : en même temps que les convergences se découvrent aussi des *différences* fondamentales ; malgré toutes les ressemblances, il y a beaucoup d'oppositions.

Innombrables sont les dieux des religions dans le passé et le présent, les figures naturelles divines et les puissances naturelles, les plantes, les animaux et les hommes déifiés, les divinités de même rang et les hiérarchies bien réglées. Dès lors une question s'impose : lequel est le vrai Dieu ? Est-il présent parmi les dieux originels des religions tribales encore structurées d'une façon simple ou dans celles qui sont hautement évoluées ? Dans celles qui résultent d'une lente maturation ou dans celles qui ont été fondées ? Dans les religions mythologiques ou dans les religions éclairées ? Et puis ces questions-ci : existe-t-il plusieurs dieux – un polythéisme ? Ou au milieu de dieux multiples un seul dieu supérieur – un hénothéisme ? Ou un seul et unique Dieu – un monothéisme ? Dieu est-il à penser comme au-dessus ou en dehors du monde – c'est le déisme ? Ou Dieu se confond-il totalement avec le monde – un panthéisme ? Ou le monde est-il entièrement dans Dieu – un panenthéisme ?

Pour moi il était clair depuis longtemps que sur toutes ces questions, à tous les niveaux et dans toutes les religions, on avait besoin d'études et de débats amicaux, documentés, concrets. Plus je lisais, voyageais, parlais, écoutais, apprenais, plus je comprenais ceci : le dialogue entre religions n'est pas une affaire académique éthérée. Bien au contraire,

ce dialogue est une nécessité politique et religieuse fondamentale pour la paix entre les nations. Dès 1984 j'ai, au titre
du mot de conclusion à l'« introduction au dialogue avec
l'islam, l'hindouisme et le bouddhisme » (publiée sous le
titre *Le Christianisme et les religions du monde*), formulé
pour la première fois ce principe directeur : *pas de paix mondiale sans paix entre les religions.* Il allait devenir le fondement du premier symposium que l'UNESCO osa organiser à
Paris en février 1989 avec des représentants des religions du
monde. Une bonne dizaine d'années plus tard, le 9 novembre
2001, après des débats et une résolution du Conseil général
de l'ONU suite au 11 septembre, le « dialogue des civilisations » s'est ajouté au programme de l'ONU pour contrer les
thèses conflictuelles de Samuel Huntington dans son *Clash
of Civilizations*[1].

Mais pour que ce dialogue porte ses fruits, la connaissance
des autres religions (confessions, Églises…) est aussi importante que la bonne volonté, particulièrement celle des responsables politiques et religieux. Le dialogue ne devrait
donc pas seulement s'étendre aux religions marquées par le
monothéisme – judaïsme, christianisme et islam –, mais
aussi inclure les religions mystiques ou les sagesses orien-
tales de l'Asie.

Spiritualité mystique ?

« Expliquez-moi donc ce qu'est la mystique. » C'est ainsi
qu'un de mes célèbres professeurs à Rome, expert social du
pape, reconnaissable en tant qu'ecclésiastique, fut abordé
dans la rue à Berlin par une personne totalement inconnue.

---

1. *Le Choc des civilisations*, trad. J.-L. Fidel, G. Joublin, P. Jorland et J.-J. Pédus-
saud, Odile Jacob, 1997.

Et il répondit comme on le fait (c'est ce qu'il m'a dit) quand on est dans l'embarras : « Mystique, cela peut signifier des choses très différentes… » En quoi il avait d'ailleurs raison ! La mystique est de nouveau à la mode : manifestement, pour faire contrepoids à une théologie et à une liturgie devenues trop cérébrales, trop marquées par la raison, ainsi qu'à une réduction de la religion à une pratique sociale, on aspire de nouveau à une religiosité en tant qu'*expérience*. Vieux et nouveaux classiques de la mystique chrétienne remplissent les rayons des librairies. Des gourous sérieux ou non promettent des expériences religieuses dans des ashrams, des centres de méditation et durant des journées d'immersion. On veut expérimenter la foi, la ressentir. Mais beaucoup parmi ces gens ne parlent-ils pas de la mystique comme les aveugles de la couleur ?

« Mystique » est un concept aux multiples facettes, employé arbitrairement même par les théologiens. J'aimerais commencer par le définir avec précision : le mot « mystique » vient, compris à partir de son étymologie, du grec *myein*, « fermer » (la bouche). Les « mystères » sont donc des « secrets », des « sciences occultes », des « cultes cachés » que l'on tait devant les non-initiés. À partir de là, toute religiosité qui, concernant ses secrets, « ferme la bouche » en présence d'oreilles profanes pour chercher le salut dans sa propre intériorité est « mystique ». Et l'on attend de ceux qui veulent approcher ces secrets qu'ils gardent le silence. Retrait du monde et rentrée en soi, unité immédiate avec le sacré, l'absolu, le divin, la divinité – c'est cela qu'on a de tout temps considéré comme des caractéristiques de la « mystique ». Toutefois, c'est à partir de là que les problèmes d'aujourd'hui commencent.

La mystique est plus qu'une expérience religieuse comme il s'en trouve dans toutes les religions, à côté du système doctrinal, de l'éthique et des rites. Il existe d'innombrables expériences religieuses qui ne devraient pas d'office être comptées parmi les mystiques : le sentiment d'élévation éprouvé lors d'un beau culte divin, l'émotion dans la contemplation d'un miracle naturel ou culturel, le sentiment de sécurité dans un lieu saint, l'expérience d'un sentiment d'appartenance dans une manifestation de masse religieuse, une expérience de conversion, une intimité d'enfant avec Dieu... La phrase de Karl Rahner souvent citée inconsidérément – « Le chrétien du futur sera un mystique ou ne sera pas » *(Écrits théologiques)* – est juste dans le meilleur des cas si l'on comprend « mystique » en son sens large d'expérience religieuse. Mais elle est injuste envers les nombreux chrétiens qui sont engagés mais en aucune façon « mystiques », et elle retient éventuellement les hommes plutôt terre à terre d'être chrétiens.

L'expérience mystique tend à l'unité, et dans une définition précise la mystique est l'*expérience intuitive immédiate de l'unité*. Mais le problème est le suivant : une telle intuition de la grande unité qui supprime la différence entre le sujet et l'objet peut être atteinte de multiples manières. En tout cas je n'ai jamais éprouvé la tentation, comme l'écrivain Aldous Huxley, d'expérimenter des états de conscience élargis à l'aide de la mescaline ou autres. Pour moi, cela fait partie de la *mystique « parareligieuse »* : l'unité de soi-même avec la nature, le cosmos, la « vie », qui peut s'entendre dans le sens d'une vision cosmique ou d'une pulsion vitaliste. Encore moins voulais-je avoir à faire avec une *mystique de nature « pseudo-religieuse »*, qui fonctionne purement et simplement comme un ersatz de religion : faire un avec des entités comme le peuple, la nation, le parti ou le guide, en particulier dans des processus de fusion par l'ivresse et d'hystérie lors de manifestations de masse, apparitions du pape incluses.

La *véritable mystique religieuse* désigne l'expérience de l'unité de moi-même avec le grand englobant, la réalité ultime ou la plus haute, l'absolu – compris comme Dieu, le *brahmâ*, le *dharma* ou le *nirvâna*. Elle existe avant tout dans la spiritualité indienne, dans le Védânta, dans le Sâmkhya Yoga et dans le bouddhisme mahâyâna, mais aussi dans le taoïsme chinois. On la trouve aussi dans la Kabbale juive, le soufisme musulman et dans des courants chrétiens, surtout monastiques.

Je crois moi-même en une réalité ultime et première, englobante et régnant partout. Et pourtant je me pose la question : l'*unité avec Dieu...* est-il possible d'atteindre en partant de moi une unité avec Dieu qui soit plus qu'une illusion ? En tout cas je n'ai pu me déclarer d'accord avec ce collègue américain devenu moine hindou qui, pour atteindre l'unité avec l'absolu, recommandait non seulement la méditation alliée à de grandes privations, mais aussi la prise de drogue ; non seulement une ascèse du renoncement, mais aussi le libertinage sexuel *(pleasure principle)*. Même les fins religieuses ne sanctifient pas tous les moyens si l'homme doit rester homme et si Dieu reste Dieu.

Se laisser toucher par le mystère de Dieu, voilà ce à quoi la tradition mystique invite. Néanmoins celui qui plaide pour l'union mystique avec le divin devrait toujours se souvenir du *côté sombre* de la mystique. Dans la tradition chrétienne, l'explication prémoderne naïve de phénomènes de conscience paranormaux par une influence démoniaque ou divine s'est depuis longtemps effacée au profit d'un diagnostic psychologique différencié. Les visions, les voix, les suggestions sont familières au psychiatre du fait de son travail avec des patients schizophrènes, maniaques ou exaltés, et aujourd'hui elles ne sont quasiment plus interprétées comme des phénomènes religieux. Ce qui jadis était compris comme une « nuit obscure de l'âme » est aujourd'hui diagnostiqué comme dépression, et la « sécheresse » de l'âme est décrite comme un *burn-out syndrom*. Les états d'angoisse, les sentiments de culpabilité et les problèmes relationnels peuvent être traités comme des névroses.

J'ai pu constater de tels phénomènes dans mon entourage : ne sont-ce que des maladies ? Les bons psychiatres et les bons théologiens sont prudents à ce propos. Ce sont les effets à long terme sur l'ensemble de la personnalité qui sont déterminants. Il se peut qu'une psychose se révèle une étape transitoire *(break-through experience)* sur le chemin de la guérison. La maturation n'est pas toujours un processus linéaire sans rupture ni fausse route. En tout cas, ni la psychopharmacologie ni les thérapies de choc ne constituent un ersatz de l'élaboration intellectuelle approfondie dans une psychothérapie et pour la reconstruction compréhensive dans une thérapie comportementale. Si, par exemple, pour une raison ou une autre, aucun nouveau projet ne sourit à un écrivain ou à un scientifique ayant eu jusqu'à présent du succès, s'ils ne réussissent même plus à en concevoir un, la psychopharmacologie ne pourra au mieux qu'apporter une aide passagère.

Toutefois, dans certaines maladies de l'âme, psychiatres et psychologues sont dépassés par la problématique religieuse. C'est pourquoi les directeurs de conscience ont un rôle bien à eux au sein de l'équipe thérapeutique. Les aumôniers d'hôpital devraient recevoir à tout prix, en plus d'une solide formation théologique, une formation clinique, même si leur fonction n'est pas de jouer le rôle des psychiatres ou des psychothérapeutes. En effet, ils ne sont pas compétents pour la médication ni pour effectuer une analyse psychologique approfondie, mais pour une interprétation du sens religieux et proposer une orientation. Des expériences psychiques « extraordinaires » ne doivent donc pas être toutes traitées par des thérapies comme des maladies, néanmoins elles restent dangereuses, et c'est avec raison qu'on s'en est alarmé dans les Églises. On peut les admettre, mais on ne doit pas les rechercher.

Bien entendu, il existe aussi de véritables mystiques dans le christianisme. J'ai de l'admiration pour le moine bénédictin

Bede Griffiths, que je suis allé rencontrer, à l'occasion d'un cycle de conférences, chez lui, dans sa *sat-chit-ananda Shantivanam* à Tiruchirappalli, dans le sud de l'Inde. Il vivait en précurseur la manière dont on peut rester chrétien tout en assimilant complètement la culture indienne, et il critiquait avec courage le système romain centralisé. J'estime aussi le jésuite H.M. Enomiya-Lassalle, vivant au Japon ; mieux que quiconque il a su allier la méditation zen avec la spiritualité chrétienne. Il était présent à l'ouverture du concile Vatican II et en tant que premier maître zen chrétien et il a eu à pâtir du système romain. À l'occasion de ma venue dans le Kentucky, une rencontre avec Thomas Merton, moine trappiste célèbre dans le monde entier, ne put malheureusement pas avoir lieu pour des raisons de temps. Ces mystiques de provenance chrétienne sont tous trois maintenant morts, mais ils ont encore aujourd'hui beaucoup de disciples.

Moi-même, j'admire la vision unitaire hindouiste du grand Tout sans nom, où la séparation de l'individu *(âtman)* avec son origine, le principe du monde qui traverse toute chose *(brahmâ)*, peut être dépassée. Pour l'hindouisme, la mystique – du moins depuis l'époque védique tardive des plus anciens Upanisads – a sa place au centre de la religion. Moi aussi, je crois qu'on ne saurait trouver Dieu uniquement « dans le Ciel » ; il est aussi dans les cœurs, dans l'intériorité purifiée. Là il m'est plus intérieur que je ne le suis à moi-même.

Pourtant la différence fondamentale entre une religion mystique et une religion prophétique doit être prise en considération. Souvent on entend dire : toutes les religions se ressemblent car à leur base il y a la même expérience mystique. Mais cette assertion n'est nulle part confirmée empiriquement. Il ne s'agit pas ici seulement d'interprétations différentes de la même expérience : il s'agit d'expériences différentes et donc de différents types fondamentaux de religiosité.

Chaque fois que je parle avec des interlocuteurs indiens profondément religieux, je prends conscience de ceci : je suis de fait, comme les chrétiens, les juifs et les musulmans en général, enraciné dans la tradition *prophétique*. Et peu importe ici qu'on prenne en considération Abraham, Moïse, David, les prophètes israélites, Jésus le Messie (Christ) des chrétiens, ou le prophète Muhammad : pour tous il n'y a tout simplement pas d'unité, mais une indépassable *différence* entre le Dieu saint et créateur et ses créatures pécheresses et faillibles. C'est ce que manifeste Moïse, qui se voile la face devant Dieu présent dans le buisson ardent qui ne se consume pas. C'est ce que signifie la parole de Jésus à un admirateur : « Pourquoi m'appelles-tu bon ? Nul n'est bon que Dieu seul » (Marc 10,18). C'est ce que dit Muhammad, qui reconnaît l'essence de la religion dans l'« islam comme soumission, abandon » à Dieu. Tout cela me renvoie, comme on disait au siècle dernier, à la différence infinie, à un *totaliter aliter* entre Dieu et les hommes, Dieu et le monde.

Je n'exclus cependant pas une *convergence* entre religiosité prophétique et religiosité mystique. Des expériences différentes en Inde et au Proche-Orient peuvent s'interpréter les unes par rapport aux autres, elles peuvent être transposées d'un contexte culturel dans un autre et être reformulées. Il est vrai que tous ceux qui ont fait des expériences de quête de l'unité en Inde chez des gourous mystiques, par exemple Carl Friedrich von Weizsäcker, physicien et philosophe, un interlocuteur que j'estime beaucoup, étaient déjà familiarisés auparavant avec la sagesse indienne.

Il faut aussi tenir compte de ceci : même l'expérience mystique ne vise pas l'unité de manière uniforme et indifférenciée. En Inde par exemple, ce n'est pas la doctrine de l'unité totale de Dieu et du monde qui a le plus de partisans, comme dans la philosophie mystique de Shankara (IXe siècle), célèbre penseur hindouiste. Toutefois ce n'est pas davantage celle de la totale séparation de Dieu et du monde, le dualisme de

Madhvas (XIIIe siècle), adversaire passionné de Shankara. C'est plutôt la doctrine de l'unité différenciée, telle que Ramanuja (XIIe siècle) la développa ; à l'origine partisan de Shankara, il fut lui aussi un penseur mystique, réformateur et fondateur de monastères. En tant que chrétien, je ne crois pour ma part ni à une totale identification ni à une totale séparation ou scission de Dieu et du monde. Je crois plutôt au Dieu dans le monde et au monde en Dieu. Donc, là-bas comme chez nous, il y a *unité dans la diversité* ! Cependant, pourrait-on objecter, un juif, un chrétien ou un musulman ne sont-ils pas *a priori* tributaires de l'image du Dieu personnel de la Bible ou du Coran ? D'où la difficile question énoncée ci-dessous.

Dieu : personnel ou impersonnel ?

Pour le dire d'emblée clairement : je ne sais pas à quoi ressemble Dieu, je ne veux ni ne peux m'en faire une image. « Dieu » est autre, il fait éclater toutes nos représentations. Pour moi l'essentiel n'est pas de savoir s'il doit être compris comme personnel ou impersonnel, mais si on peut s'adresser à lui ou non. Pourquoi ? Parce que de cela dépendent en fin de compte la possibilité et le caractère sensé, ou non, de la prière comme du culte – chacun essentiel pour ma spiritualité.
Assurément, dans ma jeunesse j'ai eu, moi aussi, au début une perception simple, naïve, anthropomorphique de Dieu, semblable à un homme se trouvant « là-haut » – et c'est normal. Il est moins normal qu'un adulte garde cette vision enfantine de Dieu, après des années d'évolution et de formation. J'ai été touché mais aussi un peu irrité d'entendre un ancien directeur de clinique de Tübingen, un scientifique de premier plan, dire qu'il continuait comme autrefois de prier,

mais encore qu'il ne connaissait qu'une seule prière :
« Viens, petit ange, rends-moi sage pour qu'au Ciel je
voyage. »
Globalement, la Bible hébraïque, le Nouveau Testament et le
Coran sont sans nul doute marqués par une compréhension
de Dieu personnaliste. Pourtant, à l'Ouest, la tradition mystique indienne s'est très tôt frayé un chemin en Grèce *via* l'Asie
Mineure. Des éléments mystiques isolés se trouvent déjà
chez Paul et Jean, qui vers l'an 100 formulait comme une
parole de Jésus : « Moi et le Père, nous sommes un » (Jean
10,30), une unité que le Jésus johannique exige naturellement aussi de ses disciples : « pour qu'ils soient un comme
nous » (Jean 17,11). Plus tard on constate des éléments mystiques chez les théologiens d'Alexandrie Clément et Origène
(IIIe siècle), chez le Nord-Africain Augustin (IVe-Ve siècles)
et avant tout – sous le pseudonyme d'un disciple de Paul –
chez Pseudo-Denys l'Aréopagite, philosophe mystique des
V^e-VIe siècles. C'est à lui qu'on doit le concept de « théologie
mystique » *(mystica theologia)*, d'où vient notre mot « mys-
tique ».
En Inde, c'est l'inverse : la religiosité mystique des Upanisads fusionne plus tard avec des cultes plutôt orientés dans
un sens personnaliste, par exemple ceux de Vishnou, de Bha-
gavan, de Krishna et de Râma. Mais dans les religions
indiennes la mystique est au centre, alors que dans les religions prophétiques elle est à la périphérie. Bien plus, dans
l'Église les mystiques furent souvent soupçonnés et poursui-
vis sans pitié par l'Inquisition : par exemple la moniale française Marguerite Porète (brûlée en 1310), l'Allemand Maître
Eckhart et les Espagnols Jean de la Croix et Thérèse d'Avila.
Dans le judaïsme et dans l'islam aussi, si l'on était soup-
çonné d'identifier l'homme avec Dieu, on était facilement
accusé de blasphème et d'autodivinisation. Voici les cas les
plus célèbres dans les trois religions prophétiques : le mystique islamique Al-Hallaj fut, certes aussi pour des raisons

politiques, pendu à Bagdad en 922 ; le penseur mystique Giordano Bruno fut brûlé par l'Inquisition en 1600 à Rome ; Baruch Spinoza, philosophe néerlandais de la substance unique, d'origine portugaise, fut exclu en 1656 de la synagogue d'Amsterdam à grands coups d'anathèmes à cause de sa critique des dogmes.

Dans la société industrielle d'aujourd'hui, orientée vers la rationalité et la technique, une *compréhension de Dieu et de l'homme globale* me paraît particulièrement importante. Je tente de réunifier les deux en évitant toute contradiction : d'une part, conserver ma foi chrétienne orientée vers un Dieu auquel on peut s'adresser ; d'autre part, interpréter de façon symbolique tout ce qui dans l'image de Dieu a une forme humaine (anthropomorphique). Même après sa magnifique restauration, je restai de nouveau en admiration, dans la chapelle Sixtine du Vatican, devant la géniale fresque de la voûte de Michel-Ange, avec ses représentations du Créateur de la lumière, du soleil, de la lune et des étoiles, et finalement d'Adam et Ève, homme et femme. À l'ère de la recherche spatiale, seul un petit nombre d'individus devrait encore prendre ces images dans leur sens réaliste immédiat et se représenter Dieu comme un être supraterrestre à forme humaine, avec une barbe grise. Des images comme celles du soleil ou de la mer, ou les concepts de souverain bien, d'amour en soi ou d'être en soi semblent à cet égard plus appropriées.

Inspiré par Spinoza, Albert Einstein a formulé des arguments contre une compréhension de Dieu personnaliste. Je les prends au sérieux. Lorsqu'il parle de raison cosmique ou quand des penseurs orientaux parlent de l'« Un » *(tad ekam)*, du *nirvâna*, de la « vacuité » *(sûnyatâ)*, du « néant absolu », des « ténèbres lumineuses », on doit comprendre ces mots comme des expressions, souvent paradoxales, du profond respect devant le mystère de l'absolu, qui ne se laisse saisir ni par des concepts ni par des représentations – une *theologia negativa* donc, qui s'oppose aux représentations « théistes » trop humaines de Dieu. C'est pourquoi le concept de « Dieu » est écarté par les bouddhistes, qui acceptent cependant sans difficultés une réalité supérieure *(dharmakâya, bouddhakâya, nirvâna)*.

Quoi qu'il en soit, ceci me semble indiscutable : 1) Dieu n'est pas une personne comme l'homme est une personne. 2) Ce qui englobe et pénètre tout n'est jamais un objet dont je peux me distancier en tant qu'homme pour discourir sur lui. La cause originelle, l'appui originel ou la fin originelle de toute réalité qui me détermine comme croyant, qui m'est plus proche que ma veine jugulaire comme le Coran (sourate 50,16) le dit de façon imagée, n'est pas une personne individuelle limitée parmi d'autres personnes. Dieu n'est pas un surhomme ni même un surmoi encombrant. Donc le concept de personne n'est lui aussi qu'un chiffre de Dieu : Dieu n'est pas la personne la plus éminente parmi d'autres personnes. Dieu fait éclater le concept de personne : Dieu est plus qu'une personne !

Mais le second point me semble tout aussi indiscutable : Dieu n'est *pas moins qu'une personne*. En particulier parce que Dieu n'est pas une « chose » ; comme la sagesse orientale l'affirme, il n'est pas saisissable, ni prévisible, ni disponible, ni manipulable, il n'est pas non plus impersonnel, ni « sub-personnel ». Ce n'est pas une chose parmi les choses. Dieu, qui rend possible le devenir des personnes, fait aussi éclater le concept de l'impersonnalité : Dieu n'est pas une personne, mais il n'est pas non plus moins qu'une personne.

Au lieu de « personnel » ou « impersonnel », on peut utiliser le concept de « trans-personnel » ou « supra-personnel ». Mais quiconque pense qu'il aurait, avec ce concept, compris Dieu oublie ceci : Dieu est et restera toujours l'incompréhensible, l'invisible, l'indéfinissable. Ou encore : une *coincidentia oppositorum*, la « coïncidence des opposés », comme Nicolas de Cues, penseur de la Renaissance déjà cité, l'a exprimé : en tant que maximum, il est aussi le minimum – et de la sorte il dépasse le maximum et le minimum. Dieu est le « tout Autre » et pourtant *interior intimo meo* – « plus intime à moi que moi-même » (Augustin).

Ai-je formulé tout cela trop théoriquement ? Les choses deviendront plus compréhensibles en partant de la pratique religieuse. Dans les formes fondamentales, prophétiques et mystiques, de la religiosité, il y a en effet deux formes fondamentales de spiritualité au sens plus étroit du terme qui viennent à l'expression : la religion prophétique à travers la prière et la religion mystique dans la méditation. J'ai pratiqué les deux.

Prier ou méditer ?

Prier, au sens littéral, est facile. Je l'ai appris en famille quand j'étais jeune, comme autrefois la majorité des enfants. Cela allait de soi, surtout avant les repas et l'heure du coucher. Certes, le plus souvent il s'agissait de formules convenues adressées au « bon Dieu ». Pour la plupart, des demandes d'exaucement et de secours, de miséricorde et de pardon. Mais aussi de remerciement, de louange et de bénédiction.

À l'église, la prière relevait d'un cadre encore plus fixe, liturgiquement stylisée et épurée, avec des formules et des rituels déterminés. Lorsque je ne comprenais pas le latin, par exemple pendant la messe avant le concile Vatican II, je m'ennuyais. Mais très tôt j'ai, en tant que lycéen, reçu comme cadeau de mes parents un épais « missel populaire » bilingue, dans lequel je pouvais suivre en lisant la traduction allemande, puis, mes connaissances en latin augmentant, également le texte original en latin souvent tarabiscoté. Je n'ai jamais aimé les messes longues, et le chapelet, qu'on nous imposait à tout bout de champ avec ses cinquante Ave

Maria (ou plus) et ses cinq Notre Père (ou plus), n'était pas vraiment ma prière préférée. Le pire était cependant, pendant le carême, le « psautier », qui consistait en trois chapelets durant au minimum trois quarts d'heure.

Lors de mes six années à Rome, la prière était très cultivée et en même temps accrue. J'ai participé sincèrement à tout, jour après jour, de la « messe silencieuse » à la célébration chorale en latin et à la *Bet-Sing-Messe* allemande, jusqu'aux messes pontificales d'évêques et à la pompeuse messe du pape dans la basilique Saint-Pierre. Outre la célébration quotidienne de l'eucharistie, nous avions, au Pontificium Collegium Germanicum, des obligations : dans la chapelle, les prières silencieuses communes du matin et du soir et l'*adoratio* (adoration) après le déjeuner et le dîner, qui débutaient et finissaient, dans le réfectoire, par le *Benedicite*. Avant le dîner, nous récitions les litanies ; s'y ajoutaient parfois les vêpres chantées ou les complies. Vraiment, la prière n'était pas défavorisée par rapport aux études ; elle aurait pu soutenir la comparaison avec celle pratiquée dans n'importe quelle communauté monastique contemplative.

Oui, prier peut être facile – mais qu'en est-il de la *méditation* ? La méditation doit être apprise : dans la tradition mystique, dans l'hindouisme et le bouddhisme, elle se différencie fondamentalement de la forme de prière que je viens de décrire. En particulier dans le bouddhisme de la méditation, ou bouddhisme zen, une fine méthode psychologique de méditation s'est développée : l'attention se porte sur sa propre respiration, soutenue par une démarche lente rituelle ou par la récitation monotone de soutras bouddhiques.

J'ai participé à différents exercices de méditation, en Birmanie, en Inde, au Japon, au Tibet et à Hawaï. Je comprends que même les chrétiens puissent y faire l'expérience de la paix, de la sérénité, de l'oubli de soi, d'une véritable libération, y compris par rapport au ritualisme ecclésiastique et à l'affairement liturgique. Ces exercices de la tradition monastique ont lieu pour l'essentiel en se détachant du monde et de ses propres passions, pour se tourner vers l'intériorité. Avec méthode et de façon systématique, ils doivent conduire à la réalité ultime – comprise dans l'hindouisme comme « plénitude », dans le bouddhisme plutôt comme « vacuité ». Avant tout par une technique de respiration disciplinée, strictement pratiquée et observée « assis » (en japonais *za*), la méditation (en japonais *zen*, « être immergé ») est censée faire parvenir à la concentration voulue, puis à une contemplation d'oubli de soi, de détachement, de lâcher prise, et enfin à l'accomplissement d'un éveil sans contenu et à l'expérience de l'illumination. Mais même un Occidental peut, assis en silence, essayer, avec une calme respiration, de ne pas penser ou encore réciter la syllabe sainte *OM*, pour les Indiens le plus important *mantra* (« outil pour penser » en sanskrit), et ainsi calmer son esprit et pacifier son âme.

Une forme supérieure de prière ?

Même dans le christianisme la méditation existe, et elle est en général appelée « contemplation ». Je l'ai pratiquée au Pontificium Collegium Germanicum chaque matin pendant six ans, avant le petit déjeuner et la célébration eucharistique, durant une demi-heure ; elle était préparée la veille par ce qu'on appelle les « points de contemplation ». S'y ajoutaient chaque année trois ou huit jours d'*exercitia spiritualia* (« exercices spirituels ») à faire dans un silence complet. Cependant dans ces méditations quotidiennes il ne s'agissait pas de se concentrer sur sa propre respiration ou de ne penser à rien, mais de contempler une scène de la Bible (avant tout tirée de la vie de Jésus), ou de revenir sur une parole de la Bible, ou de pensées générales à propos d'une fête religieuse ou d'un évènement spécial.

Ce faisant, nous étions aussi introduits aux « formes supérieures » de la prière. Les mystiques chrétiens – le fondateur de l'ordre des jésuites et du Collegium Germanicum, l'espagnol Ignace de Loyola, fut l'un d'eux – ont eux aussi décrit une « échelle de prière » avec différentes étapes, pratiquées et présentées en particulier dans le monachisme chrétien et dans la tradition des exercices. J'ai ainsi, moi aussi, appris à connaître différentes formes de prière et j'ai avancé en clarté intérieure par l'analyse des phases de la prière ; je pouvais faire mon autocritique, m'orienter totalement vers l'absolu. Et j'ai aspiré avec zèle à atteindre ces degrés supérieurs et celui de la « prière simple ». Quelquefois il m'a été donné d'être, moi aussi, totalement comblé par l'émotion de la présence de Dieu et de la joie intérieure.

Mais j'ai aussi expérimenté que pour ce « degré supérieur » il faut un don religieux spécial que je ne possède que de manière conditionnée, et en aucune façon tout homme d'affaires, tout ouvrier, toute femme au foyer ou tout enseignant, tout étudiant... ne peuvent prétendre l'avoir. C'est évident : on nous a parfois inculqué, avec des idéaux mystiques et spirituels élevés, un sentiment de culpabilité et on nous a rendu la prière difficile ; quelquefois on nous en a dégoûtés, car nous ne pouvions encore atteindre ces degrés ultimes.

Ce fut pour moi une libération intérieure que de me rendre compte de ceci lors de la contemplation : ni la Bible hébraïque, ni le Nouveau Testament ne présentent une méthode, un système ou une technique psychologique de la prière ; il n'y a aucun degré de la prière qu'il faudrait traverser, aucune réflexion psychologique sur la prière, aucune auto-analyse, pas de techniques de respiration ni d'efforts ascétiques pour atteindre des états de conscience déterminés allant jusqu'à l'extase de l'oubli de soi.

Au lieu de quoi je trouvais dans la Bible une « conversation avec Dieu » naïve et irréfléchie, suivant laquelle je pouvais exprimer en toute simplicité ma foi, mon espérance et mon amour, des paroles de remerciement, de louange, de plaintes et de demande. Et même si l'on nous rapporte à plusieurs reprises que le fils du charpentier de Nazareth s'est retiré pour prier dans la solitude, lui-même n'apprend à ses disciples que les courtes demandes du Notre Père. Tout cela ne suppose pas de don religieux spécial.

Aussi ne trouve-t-on pas dans la Bible de justification pour qualifier certaines formes de prière de « supérieures ». Certes, des formes de prière spirituellement plus exigeantes peuvent être l'affaire des chrétiens, mais ce n'est pas une obligation ! En aucune façon elles ne doivent devenir le signe d'une qualité spéciale de christianisme, encore moins l'affaire ésotérique d'une élite spirituelle qui se considérerait au-dessus de l'« orant moyen ».

Quant à moi, dans ma vie éprouvante sur le plan spirituel et souvent aussi physique, ce n'est pas une méthode particulière de prière ou de méditation qui est devenue la norme, mais une de mes paroles préférées, tirée du Sermon sur la montagne : « Quand vous priez, ne rabâchez pas comme les païens ; ils s'imaginent que c'est à force de paroles qu'ils se feront exaucer. Ne leur ressemblez donc pas, car votre Père sait ce dont vous avez besoin, avant que vous le lui demandiez. Vous donc, priez ainsi : notre Père qui es aux Cieux… » (Matthieu 6,7-9).

Je prie régulièrement en suivant ce conseil, et j'ai souvent recommandé aux autres cette façon de prier : particulièrement avant chaque repas, se recueillir brièvement pour remercier et prier, s'adresser en toute simplicité au bon Dieu secret et dire merci pour la nuit ou la journée plus ou moins bonne qu'on a passée. De même, demander la réussite pour un travail, une entrevue, une conférence ou un voyage, ou simplement pour avoir du soleil dans son cœur quand dehors il pleut et vente, souvent aussi pour certains amis ou parents malades ou dans une autre situation critique. Et parfois aussi un « Repose en paix ! » pour un défunt ou un « Aie pitié de nous ! » pour un pays ou une région du monde touchés par une catastrophe naturelle ou une aggravation dramatique de la situation politique. Le soir, remercier pour la journée et prier pour la nuit.

Bien sûr, je suis au courant de ce que les psychanalystes et les physiologistes du cerveau ont découvert à travers de minutieuses recherches : durant la nuit, le cerveau humain retravaille inlassablement les impressions de la journée et plus d'un rêve me donne à penser. Mais je sais aussi autre chose que ni les psychanalystes ni les experts du cerveau ne peuvent me dire : je suis entre les mains de Dieu et c'est pourquoi – malgré tous les problèmes potentiels ou présents – je n'ai pas à me faire de vains soucis pour le lendemain.

« La prière est, dit le Mahatma Gandhi, la clé du matin et le verrou du soir. » Il n'est jamais besoin de beaucoup de mots. Parfois je prends aussi un court verset d'un psaume : « Louez le Seigneur, car il est bon, éternelle est sa grâce ! » (Psaumes 136,1). Et dans une situation de détresse ou une nuit sans sommeil, je peux dire en toute simplicité : « Dieu, mon Dieu… » Cela me console, me donne des forces. À tout moment, au milieu de la journée, une interruption de quelques secondes durant lesquelles je respire à fond, me remplis d'air spirituel, m'ouvre à la transcendance.

Je fais cela le plus souvent en silence, pour moi. En général, je ne prie pas au restaurant ou dans un autre espace public. Ne priez pas « pour être vus des hommes », dit le Sermon sur la montagne, mais « quand tu veux prier, entre dans ta chambre la plus retirée, verrouille ta porte et adresse ta prière à ton Père qui est là dans le secret » (Matthieu 6,5 *sq.*). Puis vient, au titre de modèle fondamental, une prière où la forme « nous » est maintenue en toute connaissance de cause : « Notre Père qui est aux Cieux… » (Matthieu 6,9-13). C'est pourquoi je garde aussi de la considération pour la prière en commun, non pas quand elle a lieu de façon mécanique ou formaliste, mais bien lorsqu'elle vient du cœur – qu'elle est un « office divin » véritable et émouvant.

Dans la *célébration eucharistique* résident une force et un grand ressourcement quand elle est bien célébrée et que les personnes rassemblées participent activement, quand les textes ne sont pas récités dans l'ennui, quand les prières à voix haute et bien articulées sont dites conformément aux règles et si l'homme entier peut s'y couler – que ce soit dans la forme traditionnelle ou nouvelle. J'ai toujours été fidèle à une célébration eucharistique exacte sur le fond et la forme. Mais l'espace et le temps, les cérémonies, les habits et les gestes, les chants et la forme du discours – tout cela ne constitue pas des constantes invariables, intangibles, mais des variables de la messe. Par principe j'écarte toute formule de prière en laquelle je ne crois pas, et je conseille-rais à tous les prêtres d'en faire autant (pour les cantiques traditionnels on devrait manifester de la tolérance). Mon critère n'est pas arbitraire : les textes doivent en premier lieu coïncider avec le message chrétien lui-même et en second lieu être compréhensibles pour les hommes d'aujourd'hui. Comme beaucoup d'autres, et suivant l'usage de l'Église primitive, moi aussi je formule avec liberté certaines prières de la messe. Mais à propos de l'« eucharistie » se pose pour moi la question suivante : de quel dieu s'agit-il au juste ?

Le Dieu unique et les multiples dieux

Pour moi la Bible n'est pas qu'un patrimoine culturel mon-dial de la littérature, ni seulement une partie du corpus qui a formé l'Occident ; c'est aussi un témoignage unique d'expé-riences du divin chez les croyants à travers les siècles.

Celui qui est comme moi enraciné dans la tradition mono-théiste trouve tout naturel ce qu'annoncent aussi bien la

Bible hébraïque que le Nouveau Testament et le Coran : il n'existe qu'un seul Dieu ! Le Dieu des Pères, le Dieu d'Abraham, d'Isaac et de Jacob, mais aussi d'Ismaël, le Dieu des mères Sara et Agar, de Rébecca et Rachel, le Dieu de la nation d'Israël qui est également le Dieu des chrétiens et celui des musulmans. C'est le même Dieu un et unique. Un tel monothéisme n'était en aucune façon une évidence au départ, au contraire. En Israël, il a fallu plusieurs siècles jusqu'à ce qu'on en prenne conscience : à côté du Dieu un, non seulement il n'y en a aucun de supérieur (par exemple « le destin »), ni d'égale grandeur (par exemple des hommes divinisés), ni d'inférieur (un dieu tribal ou de la fécondité). Non, il n'y a absolument pas d'autres dieux. Il n'est pas seulement le plus élevé, mais encore l'unique et l'incomparable. Il s'agit ici de récits millénaires sur le divin. En raison du pouvoir de type patriarcal qui a duré au moins trois millénaires, Dieu est surtout présenté et interpellé comme « Seigneur », « Roi » et « Père ». À l'époque de l'égalité des sexes et des principes démocratiques, cela pose des difficultés considérables, en particulier à beaucoup de femmes. De mauvaises expériences avec le père terrestre sont en effet facilement reportées sur le Père et « Seigneur » céleste, et à l'inverse l'autorité du Père céleste sert aisément de justification pour renforcer l'autorité de l'homme sur sa femme et ses enfants.

Suffit-il à ce propos d'indiquer que déjà dans la Bible hébraïque se manifeste une face féminine de Dieu ? Une compassion et une pitié maternelles ? Non, il faut plutôt prendre au sérieux jusque dans la liturgie que même « Père » et « Seigneur » ne sont pas des désignations qui induisent que Dieu est un être masculin. Elles sont plutôt des symboles et des chiffres pour signifier une réalité invisible qui dépasse la masculinité et la féminité. C'est pourquoi, à chaque fois que j'ai dû lors d'une eucharistie introduire le Notre Père, je disais : « Prions l'indicible mystère dans notre vie, qui est pour nous à la fois

père et mère… », et ensuite je peux, par une « seconde naï-
veté » (Paul Ricœur), simplement prier : « Notre Père qui es
aux Cieux… » Est-il besoin de souligner que je rejette strictement aussi le fait de fonder – à partir d'une compréhension
du divin masculine, comme à Rome – l'impossibilité ou la
non-convenance de l'ordination des femmes, qui est selon
moi conforme aux Écritures et à notre époque.

Les juifs, les chrétiens et les musulmans sont des monothéistes – mais les autres sont-ils des polythéistes ? Chaque
fois que je parle avec des Indiens cultivés, je remarque à quel
point ils apprécient peu qu'on les décrive simplement
comme des polythéistes qui croient à une foule de dieux. Car
même en Inde il y a des religions monothéistes. Ainsi, pour
beaucoup d'Indiens, Vishnou ou Shiva est le dieu par excellence. Et d'autres voient derrière les divers dieux de l'Inde la
seule et unique divinité, qu'ils appellent Brahman et qui
habite chaque âme humaine *(âtman)*. En effet, ce dieu est
pour eux celui qui englobe toute chose et règne partout. Les
dieux particuliers sont considérés comme des avatars, ou
manifestations, du principe originel unique ; ils sont responsables de domaines particuliers : un dieu pour la fertilité des
champs, un dieu pour la réussite à la guerre, un dieu pour les
caprices du destin, une déesse pour les dangers de l'amour…
Le polythéisme, d'ailleurs aussi celui des Égyptiens et des
Grecs, a un attrait esthétique et poétique indéniable, mais
aussi ses difficultés d'ordre intellectuel qui ont conduit à la
victoire du monothéisme.

J'ai fait, à l'inverse, la constatation suivante : à beaucoup de
visiteurs indiens d'églises catholiques baroques, par exemple,
le christianisme n'apparaît pas du tout comme une religion
monothéiste, mais de part en part comme une religion polythéiste. Seulement, les catholiques n'appellent pas « dieux »,
mais « anges ou saints », tous les êtres intermédiaires entre
Dieu et les hommes dont ils implorent l'aide. Et la spéculation sur la Trinité des Pères de l'Église et des théologiens,

qui mettent l'homme Jésus de Nazareth tout simplement sur le même plan que le Père (toujours exclusivement nommé *ho theos*, « le Dieu », dans le Nouveau Testament et celui dont Jésus est le « Fils »), ne remet pas seulement pour les juifs et les musulmans l'unité de Dieu en question.

Même les « milieux théologiques » actuels – théologies de l'espérance, de la libération, de la révolution, féministe, noire, théologies indigènes – sont souvent critiqués : ils feraient de Dieu un usage pour leurs propres fins et ainsi le privatiseraient. Mais cela dépend de leur orientation et de leur organisation politique et religieuse. Consciemment, ils ne veulent en aucun cas contrevenir à la foi que Dieu est un.

La puissance de la vie et les autres puissances

Pour les juifs, les chrétiens et les musulmans, Dieu est le Seigneur supérieur à tout : il est l'unique et grande puissance de la vie, qui maintient et offre toute vie et tout bien. C'est pourquoi il est fondé à attendre de la confiance et des dons de la part des hommes. Cette foi stricte, vivante, passionnée, sans compromis au Dieu unique, Israël a seulement pu l'imposer à partir du VIIe ou du VIe siècle avant Jésus-Christ, à travers ses démêlés avec Babylone. Elle demeure ce qui distingue Israël d'entre les nations et en même temps le don d'Israël aux nations. Cette foi dans le Dieu unique, si elle est prise au sérieux par les croyants, a aussi des *conséquences politiques*.

Il y a des conséquences négatives, m'objecte-t-on : ce sont justement les religions qui se lient à un seul Dieu qui se comporteraient avec une particulière intolérance face à toutes les autres, et pour cette raison elles seraient particulièrement non pacifiques et portées à la violence. Cette objection est à prendre au sérieux, elle repose sur l'expérience. Pour la

contrer, il ne suffit pas de renvoyer au fait qu'historiquement, depuis qu'il y a des hommes, il y a des religions et
donc aussi précisément de la violence. Ou encore que les
guerres – celles par exemple que les chrétiens ont menées
contre les autochtones d'Amérique latine, d'Amérique du Nord,
d'Afrique et d'Australie, ou celles des juifs en Palestine et au
Liban, ou celles des musulmans dans les Balkans ou contre les
Arméniens –, que toutes ces guerres ne doivent nullement être
imputées en premier lieu à la foi dans le Dieu unique…
Il n'est pas démontré que les religions monothéistes du Proche-
Orient présentent une affinité particulière avec l'intolérance,
le fanatisme et la terreur religieuse, alors que l'hindouisme et
le bouddhisme seraient *a priori* plus pacifiques. L'intolérance, le fanatisme et la terreur religieuse existent partout.
Toutefois, chaque religion devrait passer ses sources au crible
et prendre en compte ceci : non seulement le Coran, mais
aussi la Bible hébraïque contiennent des actes de violence
qui jamais ne peuvent servir pour justifier dans le présent des
actes de violence et des guerres. Et le Nouveau Testament ?
On y trouve, en particulier dans l'Évangile de Jean, composé
tardivement, des énoncés christologiques qui sont en permanence cités par les fondamentalistes et qui, compris dans un
sens exclusif, peuvent mener facilement à la damnation des
non-chrétiens.
À l'encontre de tout cela, il faut aujourd'hui mettre positivement en évidence ceci : c'est justement parce que la Bible,
de Caïn et Abel jusqu'à l'Apocalypse, ne tait pas la violence
mais la thématise, qu'elle confronte sans ménagements les
hommes à leur nature violente. La violence est aujourd'hui
un problème dans toute société moderne. À New York est
érigée devant le bâtiment des Nations unies une imposante
sculpture qui symbolise la parole du grand prophète d'Israël
Isaïe : « Ils briseront leurs épées pour en faire des socs de
charrue » (Isaïe 2,4). Aujourd'hui, toutes les nations et toutes
les religions comprennent cela. Les guerres sont inhumaines,

elles doivent être empêchées par tous les moyens. Et une parole en particulier du Nazaréen doit être rappelée aux idéologues chrétiens de la croisade, en Amérique et en Europe : « Heureux les artisans de paix, car ils seront appelés fils de Dieu » (Matthieu 5,9).

C'est justement à partir de la foi commune des juifs, des chrétiens et des musulmans dans le Dieu unique – le *cantus firmus* de toutes leurs Écritures saintes – que s'impose un être-ensemble pacifique, au lieu de scandaleux combats des uns contre les autres – la caractéristique de leur histoire commune jusqu'à nos jours ! La foi commune dans le Dieu unique constitue dès maintenant la base pour une meilleure *compréhension mutuelle* et pour une solidarité plus profonde entre les trois communautés de foi, qui toutes appartiennent à la grande mouvance religieuse du monothéisme. Aucune des trois n'est à même de vraiment comprendre son essence et son histoire sans jeter un œil sur les deux autres. Comment pourraient-ils encore se considérer réciproquement comme des « incroyants », comme le font des chrétiens vis-à-vis des juifs et des musulmans ? Ou comme des « apostats », comme certains juifs à l'égard des chrétiens et des musulmans ? Ou comme des « dépassés », comme le disent des musulmans à propos des juifs et des chrétiens ? Non : ils devraient apprendre à se comprendre – et beaucoup se comprennent déjà ainsi – comme des « fils » et des « filles », comme des « frères » et des « sœurs » dans la foi en un seul et même Dieu. Mais un autre aspect de la foi en un Dieu unique n'est pas moins important.

L'effondrement des dieux anciens et modernes

La foi dans le Dieu unique protège autant de la divinisation des puissances de la nature que de la divinisation des puissances politiques et des puissants. Certes, la foi dans le Dieu unique ne comporte aucun programme de société actuel, mais elle a des conséquences sociales décisives : elle détrône les puissances mondiales divinisées au profit du vrai et unique Dieu.

Le trait suivant conserve toute son importance pour les sociétés tribales : la foi dans le Dieu unique signifie un radical rejet de la superpuissance menaçante ou favorable des forces naturelles de l'incessant cycle cosmique où tout meurt et renaît. Mais cela vaut avant tout pour notre époque séculière en apparence athée, où l'on n'a cessé d'adorer et où l'on adore encore des dieux de substitution. Là la foi en Dieu signifie un rejet radical de toutes les dictatures – dans l'État, la religion et la société – qui s'attribuent des qualités ou des fonctions réservées à Dieu et exigent à leur égard une vénération quasi divine et une obéissance inconditionnelle. Ce point est par exemple exprimé dans la déclaration théologique de Barmen (1934), inspirée par Karl Barth : l'Église confessante y protestait contre la prétention à la vérité absolue du national-socialisme.

Mais une foi en Dieu authentique signifie aussi le rejet de toutes les autres puissances divinisées de nos jours. Sur ce point, que l'homme moderne idolâtre – « monothéiste » ou « polythéiste » – chante son « Grand dieu, nous te louons » au grand dieu Mammon, au grand dieu Sexus ou au grand dieu Pouvoir, ou encore au grand dieu Science, Nation ou Football, auquel il est prêt à tout sacrifier, cela revient en fin de compte au même. Il faut réaffirmer ceci : la foi dans le Dieu unique est en contradiction avec toute pseudo-religion qui soumet l'homme à une puissance non divine, qui le réduit en esclavage et lui ôte sa dignité humaine.

Mais faisons notre autocritique : même certaines qualités attribuées au vrai et unique Dieu ne sont pas sans poser problème – par exemple, Dieu le « tout-puissant ». Un autre attribut de Dieu me paraît plus important et même central pour ma « spiritualité », notre « spiritualité ».

Dieu comme « Esprit »

« Tout-puissant » (en latin *omnipotens*, « capable de tout » ;
en grec *pantokrátor*, « souverain de tout l'univers ») n'est
pas l'attribut divin que je préfère. Dans la traduction grecque
de la Bible hébraïque ce mot est mis à la place de *zebaot*
(« seigneur des armées »), mais le Nouveau Testament
– excepté dans l'Apocalypse (et dans une citation chez Paul) –
l'évite expressément. C'est seulement dans la théologie
des Pères de l'Église et de la scolastique du Moyen Âge
que ce prédicat de Dieu a acquis une importance particulière.
Et cela a produit des effets jusque dans des constitutions
modernes proclamées « au nom du Dieu tout-puissant ». La
puissance politique a de toute évidence été ainsi légitimée,
mais en même temps, certes – surtout après la divinisation
du Führer sous le national-socialisme –, les puissants de la
politique ont été remis à leur place.
Une foi en Dieu éclairée peut, de fait, constituer une réponse
fondée à la folie de toute-puissance des hommes, que le psychothérapeute Horst Eberhard Richter appelle le « complexe
de Dieu ». Par principe je tirerais du Nouveau Testament
d'autres prédicats divins à mettre en avant, tels que « tout
bienveillant » ou (comme dans le Coran) « tout miséricordieux ». Ou alors, si le mot n'avait pas été si rabaissé, tout
simplement « le bon Dieu » – expression de ce qui, d'un
point de vue chrétien, est la plus profonde description de
Dieu : « Dieu est Amour » (1 Jean 4,8 et 4,16).
À mon sens, les représentations de Dieu comme « Seigneur »
ou « Souverain » tout-puissant « contrôlant » ou « dirigeant »
tous les évènements du cosmos, même ceux qui semblent
aléatoires et même les processus subatomiques indéterminés,
sont bien trop extérieures et anthropomorphiques. Qu'en serait-
il alors de tous les gaspillages et impasses de l'évolution, ou

de toutes les espèces disparues, ou des animaux morts misérablement ? Qu'en serait-il des souffrances infinies et de l'immense méchanceté dans ce monde et dans l'histoire du monde ? À tout cela la conception d'un Dieu-Seigneur tout-puissant n'apporte pas de réponse.

Le pôle opposé de cette représentation de Dieu anthropomorphique est pour moi la compréhension biblique de Dieu comme *Esprit*, utile en particulier dans le contexte d'une vision évolutionniste du monde. Les acceptions bibliques pour « Esprit » sont riches de métaphores, de transpositions imagées : il est concevable et pourtant inconcevable, invisible et pourtant puissant, vital comme l'air que l'on respire, chargé d'énergie comme le vent, la tempête – c'est cela l'Esprit. Toutes les langues ont un mot pour le nommer, mais leurs différences de genre montrent que l'Esprit n'est pas si simple à définir : le latin *spiritus* est masculin, tout comme l'allemand *der Geist* ; l'hébreu *ruach* est féminin, et le grec n'emploie que le neutre *pneuma*. En tout cas l'Esprit est quelque chose de tout autre qu'une personne humaine. La *ruach* est, selon le début du récit de la Création dans le livre de la Genèse, le « souffle de l'air », la « brise » ou la « tempête » de Dieu qui se meut au-dessus des eaux. Et, dans le Nouveau Testament, le *pneuma* forme un contraste avec la « chair », c'est-à-dire la réalité créée périssable.

L'Esprit n'est pas – comme souvent dans l'histoire des religions – un fluide magique substantiel, mystérieux et surnaturel de nature dynamique. Ce n'est pas une « chose » spirituelle, ni un être magique de nature animiste, ni un être spirituel ou un fantôme. La « colombe » et les « langues de feu » ne sont que des images de son efficacité. Mais alors, qu'est-ce que l'Esprit selon le Nouveau Testament, l'Esprit saint ? Il n'est rien d'autre que *Dieu lui-même*, Dieu comme puissance, force, grâce ! La puissance qui émane de Dieu, qui saisit mais n'est pas saisissable. Une force pourvoyeuse de vie, mais aussi une force qui dirige. Une grâce qui offre,

196

mais sans qu'on puisse mettre la main sur elle. Et qu'est-ce donc que le « Saint »-Esprit ? Il est « saint » parce que en tant qu'Esprit de Dieu il est séparé de l'esprit profane, celui de l'homme et de son monde, et il doit être considéré comme l'Esprit de l'unique Saint, Dieu lui-même.

Par rapport à la compréhension du divin spiritualisée d'une vision du monde évolutionniste, beaucoup de représentations anciennes de provenance grecque et scolastique me semblent dépassées : Dieu comme Esprit, je ne le vois pas comme moteur immobile qui, d'en haut ou de l'extérieur, agit sur le monde. J'y vois plutôt la réalité spirituelle dynamique qui rend possible *de l'intérieur*, pénètre et accomplit le processus tout à fait ambivalent d'évolution du monde. Il n'est pas au-dessus, mais au cœur du douloureux processus du monde : *dans*, *avec* et *entre* les hommes et les choses. Dieu est bien lui-même origine, moyen et but du processus du monde.

Dieu comme Esprit, je ne le vois pas non plus comme un étrange bouche-trou, qui n'interviendrait qu'en des points particuliers du processus du monde et de mon existence humaine, des points qui seraient spécialement importants. Je le vois plutôt comme une force originelle qui crée et accomplit en agissant constamment, et comme un appui originel dans le système cosmique de lois et de hasards. Donc un conducteur du monde à la fois immanent et supérieur à celui-ci, totalement présent même dans les aléas et les catastrophes tout en respectant totalement les lois de la nature et ma liberté, dont il est lui-même l'origine. « Où est l'Esprit du Seigneur, là est la liberté » (2 Corinthiens 3,17).

Je ne veux donc pas avoir à décider entre monde *ou* Dieu : ce n'est pas une alternative ! Je ne veux ni d'un monde sans Dieu, ni d'un Dieu identique au monde ! Contre l'athéisme et le panthéisme, je défends une unité différenciée : Dieu *dans* le monde et le monde *en* Dieu. De sorte que je *ne* comprends *pas* Dieu et le monde, Dieu et l'homme *comme deux causalités finies, placées côte à côte et en concurrence l'une avec l'autre*, où l'une gagne ce que l'autre perd. Je comprends Dieu comme une réalité infinie et le monde comme une réalité finie, qui s'entrecroisent. Et c'est pourquoi j'en suis convaincu : si Dieu est vraiment la cause originelle infinie, spirituelle, qui englobe tout, s'il est l'appui et le sens originels du monde et des hommes, alors le Dieu infini ne perd rien lorsque l'homme gagne quelque chose dans sa finitude. Au contraire, Dieu gagne lorsque l'homme gagne.

Cette compréhension de Dieu spiritualisée a naturellement des conséquences pour ma compréhension de l'évolution, de la Création et de son accomplissement, de la foi en la Providence et dans les miracles.

L'origine créatrice :
il n'y a pas de modèle du monde déterminé

Dieu n'est pas l'évolution – comme Pierre Teilhard de Chardin l'a formulé de manière ambiguë –, mais Dieu est *dans* l'évolution. Néanmoins j'éprouve beaucoup de sympathie pour ce jésuite à la fois théologien et paléontologue qui a, le premier, réuni de façon créatrice théologie et science de la nature dans une réflexion sur leur problématique commune. Du côté des autorités de l'Église, on ne lui en sut pas gré : du fait de l'intervention de Rome, il perdit sa chaire à l'Institut catholique de Paris déjà avant que j'y vienne étudier. Il fut interdit de publication et de son vivant aucune de ses œuvres majeures ne fut imprimée. Exilé à New York, il y mourut isolé en 1955. J'ai trouvé avec difficulté sa tombe sur les bords de l'Hudson, au nord de New York. C'est seulement après le deuxième concile du Vatican, durant lequel mon ami Léon-Arthur Elchinger, évêque de Strasbourg, demanda encore, en vain, la réhabilitation de Teilhard, que ses œuvres furent étudiées avec intérêt, même dans la recherche théologique.

La pensée de l'évolution, comme beaucoup d'autres idées modernes, s'est donc imposée dans la théologie catholique malgré les constantes réticences de Rome. Aujourd'hui nous savons que, selon toute vraisemblance, notre univers est fini dans l'espace et dans le temps. Il est issu de l'explosion, il y a 13,7 milliards d'années, d'une infime unité d'une densité, d'une température et d'une énergie initiales extrêmes, dans laquelle était contenu le potentiel de milliards de galaxies. Et cet univers est toujours en expansion sur la base de conditions qui semblent avoir été posées au tout début, en même temps que l'espace-temps.

Cependant je ne suis pas un chercheur en physique. Mais si j'étais astrophysicien, je me poserais la question du tout premier commencement. Limite indépassable de notre connaissance : tel apparaît en effet le big-bang. Sur cette affaire d'origine, la physique n'a pu encore nous dire quoi que ce soit. Elle n'a pas encore su expliquer d'où viennent les constantes universelles de la nature, données dès les premiers centièmes de seconde après le big-bang et déterminant tous les évènements physiques jusqu'à nos jours. En tant que physicien, j'en appellerais au philosophe Kant : la science physique n'est pas compétente au-delà de l'horizon de l'expérience, et elle ne peut donc répondre à la question fondamentale de l'homme sur l'origine de l'univers. Cependant, ajouterais-je aussitôt dans le sens de Kant, elle n'est pas davantage compétente pour écarter cette question comme absurde.

Sur la question de l'origine, c'est la religion qui est compétente – avec la philosophie, qui fut dès les présocratiques en quête du principe fondamental de la réalité. Cependant, même pour les chercheurs en sciences religieuses, les représentations de la naissance du cosmos (cosmogonies), débutant le plus souvent par la naissance des dieux (théogonies), sont impossibles à dénombrer. Il y a des cosmogonies selon lesquelles c'est grâce à la mise en branle de forces impersonnelles que le monde et les hommes existent. Il y en a d'autres où plusieurs dieux engendrent tout – à moins que ce ne soit l'unique Dieu créateur.

En appeler à un *Dieu créateur* fait difficulté à la plupart des chercheurs en physique. C'est compréhensible, car les deux récits de la Création de la Bible ont été écrits entre 900 et 500 avant Jésus-Christ. Aucun ne donne des renseignements de nature scientifique sur la formation du monde et des hommes. Cependant ils transmettent un témoignage de la foi sur la provenance ultime de l'univers, témoignage que le scientifique ne peut ni confirmer ni réfuter : au commencement de toute chose est Dieu. À partir du chaos (« la Terre était déserte et vide »), Dieu fait le « cosmos » ordonné et donne naissance aux éléments et à toutes les créatures. Que Dieu ait créé le monde « à partir du néant » est dans la Bible une connaissance tardive, elle date seulement de l'époque hellénistique. Cet énoncé philosophique ne doit pas être compris comme une façon de donner une autonomie au néant, comme si ce dernier était pour ainsi dire un trou noir avant ou à côté de Dieu. Il est plutôt une expression du fait que le monde et l'homme, avec l'espace et le temps, ne doivent leur existence à aucune autre puissance que Dieu.

Mais ces antiques récits de la Création – qui ne sont pas exprimés avec des formules mathématiques ni des modèles physiques, mais des images (métaphores) et des comparaisons (paraboles) – ont-ils encore aujourd'hui vraiment quelque chose à dire sur l'origine ? Absolument : ce sont des vérités sur lesquelles même les physiciens devraient réfléchir, car elles ne sont pas seulement pertinentes pour la science, mais aussi et surtout pour notre vie :

— que Dieu est l'origine de tout et de chaque chose ;

— que dans l'histoire du monde il n'est en concurrence avec aucun mauvais principe diabolique opposé ;

— que le monde en sa totalité et en ses parties, de même que la matière, le corps de l'homme et la sexualité, est fondamentalement bon ;
— que l'homme est le but du processus de création et que la Création par Dieu signifie qu'il se tourne avec tendresse vers le monde et l'homme.

C'est justement l'astrophysique qui me l'apprend : les années de ma vie ne sont pas comparables à l'âge de l'humanité. Et, de même, les années d'existence de l'humanité ne sont, pour leur part, pas comparables avec l'ensemble de la Voie lactée, laquelle englobe environ cent milliards d'étoiles, l'une d'elles étant le Soleil. Et notre Voie lactée est à son tour une infime poussière en regard des amas de galaxies, d'abord pris pour des « nébuleuses », dont certains contiennent pourtant dix mille galaxies, de sorte que le nombre des galaxies observées atteint les cent millions. Là je dois donc aussi soumettre au physicien cette antique question : que suis-je dans cet univers ? Où va l'ensemble ? D'où vient-il ? Du néant ? Mais le néant explique-t-il quelque chose ? Et notre raison peut-elle s'en contenter ? Quelle pourrait être l'alternative possible ?

Comme seule *alternative*, que cependant la raison pure ne saurait me fournir car elle dépasse son horizon d'expérience spatio-temporel, je ne vois que celle-ci : *le Tout provient de la cause des causes, créatrice et première, que nous appelons Dieu, et plus précisément le Dieu créateur*. Même si je ne puis prouver son existence, j'ai de bonnes raisons de l'affirmer avec cette confiance qui, selon moi, est raisonnable, vérifiée, éclairée, grâce à laquelle j'ai déjà dit oui à son existence. Car si le Dieu qui existe est vraiment Dieu, il n'est pas seulement Dieu pour moi ici et maintenant, mais il est Dieu dès le début, Dieu de toute éternité.

Néanmoins, pour éviter de faciles malentendus avec les scientifiques, je m'empresse d'ajouter : la foi en la Création ne demande absolument pas que je me décide pour tel ou tel des modèles théoriques successifs du monde. Elle désigne le présupposé de tous les modèles du monde et du monde en général, et elle est compatible avec des modèles du monde différents. Croire en un Créateur du monde signifie uniquement ceci : affirmer en vertu d'une confiance éclairée que le monde et les hommes ne restent pas inexplicablement suspendus dans le vide. Que le monde et les hommes ne sont pas jetés du néant dans le néant en l'absence de tout sens. Que malgré tout ce qui manque de sens et de valeur, ils ont, comme totalité, un sens et une valeur, ils ne constituent pas un chaos, mais un cosmos : car en Dieu, leur cause originelle, leur auteur, leur Créateur, ils ont leur première et ultime sécurité. Comme il est heureux que rien ne me force à cette foi ! Je peux me décider pour elle en toute liberté !

Ma foi en une cause des causes créatrice modifie ma position dans le monde, ma conception du monde. *Elle ancre ma confiance fondamentale et concrétise ma confiance en Dieu.* Bien sûr, elle induit des conséquences pratiques : prendre au sérieux ma responsabilité envers mon prochain et envers l'environnement, et aborder mes devoirs terrestres avec un sérieux plus profond, avec plus d'espoir et un plus grand réalisme. Cependant j'entends déjà l'objection : les récits de miracles dans la Bible ne sont-ils pas une constante pierre d'achoppement, ne sont-ils pas totalement irréalistes et absolument inacceptables pour des scientifiques ?

Croire aux miracles aujourd'hui ?

Je ne suis pas un scientifique. Mais je trouve les derniers résultats de la microbiologie aussi convaincants que ceux de l'astrophysique : quelle que soit la façon exacte dont le passage de l'inanimé au vivant est expliqué dans le détail, il concerne les lois biochimiques et donc l'auto-organisation de la matière et des molécules. Comment, à partir de la matière originelle, se sont formés, par des décharges électriques, des molécules et des systèmes de plus en plus complexes, puis, à partir des acides nucléiques et des protéines, la vie basée sur l'oxygène ? Je comprends ceci : les principes de la « sélection naturelle » et de la « survie du mieux adapté » – établis par Darwin d'abord pour le monde des plantes et des animaux – sont déjà en vigueur au niveau des molécules. Cette tendance au *fitness* – au détriment de celles qui sont moins bien adaptées – entraîne le développement des molécules vers le « haut ». C'est ainsi qu'on en arrive à la formation des êtres vivants unicellulaires, puis des multicellulaires et finalement à celle des plantes et des animaux supérieurs.

En tant qu'homme croyant, j'ai simplement à prendre conscience de ceci : selon les derniers résultats de la biochimie, une intervention spéciale du Dieu créateur n'a pas été nécessaire pour ce très complexe processus. Bien qu'il reste encore beaucoup de questions non élucidées, la formation de la vie est un évènement qu'il faut comprendre d'un point de vue physico-chimique. Pour ce faire, je n'ai pas besoin d'admettre une énergie ou une force vitale cosmique, comme Teilhard de Chardin, cité plus haut, le supposait encore, avec l'orientation vers un point ultime oméga. Dans les processus particuliers tout comme dans la mécanique quantique, les évènements sont déterminés par le hasard, mais ils se déroulent dès le départ suivant des lois naturelles directrices.

Si j'étais biologiste, je me poserais naturellement aussi la question suivante : la régulation de l'évolution ne rend-elle pas Dieu superflu ? Mais comme le physicien, le biologiste devrait également admettre ceci : sur la base de ces résultats de la biologie moléculaire, l'existence de Dieu ne peut être ni postulée ni exclue. Le processus de l'évolution en tant que tel ne livre aucun sens. Le sens, c'est l'homme lui-même qui doit le donner. Pour le biologiste aussi la liberté de choix s'impose, ce n'est pas une obligation intellectuelle. Mais il croira difficilement en Dieu s'il comprend à tort Dieu dans l'évolution comme une personne supra-historique qui, en vertu de sa puissance créatrice et même contre les lois de la nature et l'ordre du monde, subjugue de temps à autre les hommes et les peuples historiques en leur tombant dessus avec des miracles.

Ainsi la question se pose tout naturellement : pouvons-nous vraiment, dans ce monde de l'évolution, encore croire au miracle ? Du début à la fin, la Bible en est remplie. Cette question s'imposait déjà à moi au moment d'écrire le livre *Être chrétien* : si les lois élémentaires de la nature ne sont pas respectées, comment accorder ces récits de miracles avec le rigoureux processus du développement causal ? Cela dit, je comprends bien entendu qu'aujourd'hui encore des personnes moins réceptives aux résultats des sciences de la nature veuillent prendre au pied de la lettre ces « miracles de la nature » bibliques, qui brisent la continuité des relations de causalité. Je suis opposé aux « lumières imposées ». Cependant les croyants éclairés ne devraient pas chercher aux « miracles de la nature » des explications artificielles tirées de la physique, ils devraient plutôt – et pour cela je ne ménage pas ma peine – prendre au sérieux les résultats de la science biblique moderne : ils sont intéressants, y compris pour le physicien !

Il pourra alors faire les mêmes distinctions que moi : il y a des récits de miracles où il s'agit en général d'évènements historiques peu discutables ; c'est le cas en particulier des nombreuses guérisons charismatiques de Jésus, auxquelles appartiennent aussi les expulsions de démons fauteurs de maladie. Un deuxième genre de récits de miracles a trait à des évènements naturels étonnants mais pas totalement inhabituels, par exemple les plaies des moustiques et des sauterelles, et d'autres plaies lors de la sortie d'Égypte.

Néanmoins, dans un troisième genre, il s'agit manifestement d'histoires agrémentées de légendes, par exemple le soleil qui, selon le livre de Josué, s'est arrêté sur Gabaon ; de même, dans le Nouveau Testament – et on ne devrait pas le passer sous silence dans les homélies –, pour la marche sur les eaux, la tempête apaisée, le miracle de la multiplication des pains, les trois résurrections des morts... Ce sont en effet de véritables « miracles de la nature », que l'on ne doit pas prendre au pied de la lettre.

C'est aussi un point utile à savoir pour les physiciens : il est impossible d'établir historiquement qu'il y a dans la Bible de véritables coups de force contre les lois de la nature. Pourquoi ? Parce que du temps de la Bible les hommes ne s'intéressaient absolument pas aux lois de la nature. Celles-ci ne leur étaient pas connues. On ne pensait pas du tout sur le mode des sciences de la nature, et par conséquent on ne voyait pas dans les récits de miracles une mise en question des lois naturelles.

Pour les hommes des temps bibliques, il s'agissait simplement de « grands » signes par lesquels Dieu manifestait sa présence dans le monde : les « hauts faits de Dieu ». Les récits de miracles visent en effet à signifier et à attester la parole de Dieu, à renforcer la foi en Dieu. Il n'est demandé nulle part dans la Bible de croire aux miracles, qu'il existe des miracles ou que tel ou tel évènement est un miracle. Est seulement attendue la simple foi que Dieu est à l'œuvre dans l'histoire.

En tant que lecteur éclairé de la Bible, qui, au lieu de prendre les récits de miracles à la lettre, les comprend comme des énigmes à éclairer, je dois mettre les points sur les I : ce n'est pas le tremblement du mont Sinaï qui est important, mais bien le message de l'alliance avec Dieu et celui des commandements que Moïse reçoit à cette occasion. Ce ne sont pas les plaies d'Égypte qui sont essentielles, mais le témoignage de Dieu qui démontre son pouvoir de sauver. Ce n'est pas le passage miraculeux de la mer Rouge qui est significatif, mais le message de Dieu qui conduit le peuple en tant que Dieu de la délivrance. Autrement que les récits de guérisons miraculeuses, les prétendus « miracles de la nature » sont dans la Bible en tant que métaphores, et, tout comme dans la poésie, ces métaphores ne visent pas à violer les lois de la nature. Mais qu'en est-il – la question ne peut être écartée – des récits bibliques qui annoncent une angoissante fin des temps ?

L'accomplissement : notre dernière heure ?

Beaucoup de choses que les physiciens nous apprennent sur les « trois dernières minutes de l'univers » sont de nature spéculative. Ce sont des « suppositions sur le destin ultime de l'univers », pour reprendre le titre et le sous-titre allemands d'un livre du physicien Paul Davies. La majorité des physiciens spécialistes du cosmos partent du principe que notre monde est tout sauf stable, immuable, et qu'il est encore moins éternel. Les avis divergent cependant quant à savoir si l'expansion de l'univers, commencée avec le big-bang, s'arrêtera à un moment donné et laissera la place à une contraction (il n'y en a pas de preuve), ou si elle va continuer durablement vers une fin définitive.

Les astrophysiciens se prononcent en majorité pour la seconde hypothèse : l'expansion se poursuivra sans frein et même s'accélérera, jusqu'au moment où la matière à l'intérieur des étoiles se consumera à travers le processus nucléaire et deviendra de la « cendre d'étoile ». Contrairement à la contraction, ce processus est en effet maintenant déjà observable, et les différents stades du développement des étoiles ont été vérifiés par les astronomes grâce à des observations physiques et mathématiques d'une étonnante précision. Je me demande d'ailleurs si je dois avoir peur de quelque chose qui se produira, le cas échéant, seulement dans 500 milliards d'années, lorsque la réserve d'hydrogène à l'intérieur du Soleil sera épuisée et que le froid, le silence et la mort s'établiront dans notre cosmos.

Ce qui nous menace de nos jours, c'est plutôt l'attente de la fin proche de notre Terre, plus précisément de notre humanité – provoquée par les hommes ! Dans ce sens, la science livre de dramatiques signaux d'alerte empiriques : le taux de CO_2 augmente, l'atmosphère se réchauffe, les glaciers fondent et le permafrost s'amenuise ; le trou d'ozone s'agrandit et le climat change plus rapidement que prévu. En même temps il y a les menaces de la surpopulation et des catastrophes dues aux déchets industriels, mais aussi de la pollution de l'air, des sols empoisonnés, de l'eau contaminée par la chimie, du manque d'eau qui génère des conflits. Même des physiciens éminents comme Martin Rees s'interrogent : *Our Final Century ?*[1]. Sans parler du fait que nous sommes la première génération humaine en mesure de provoquer la fin de l'humanité en un rien de temps, en déclenchant la puissance atomique.

Je ne suis pas étonné si face à ces développements catastrophiques des croyants en la Bible particulièrement fondamentalistes tentent d'effrayer les hommes à l'aide des terrifiantes visions apocalyptiques du Nouveau Testament (cf. Matthieu 24,6-8). En effet, aux États-Unis on a assisté dans les dernières décennies à un boom de la littérature « chrétienne » apocalyptique ; elle a supplanté les si optimistes romans d'anticipation de caractère technologique et elle a aussi eu des répercussions politiques, par exemple dans la représentation d'un combat biblique final, dénommé « Armaggedon », contre l'« empire du mal ».

---

1. Martin Rees, *Our Final Century ?*, William Heinemann, 2003 ; trad. fr. : *Notre Dernier Siècle*, Jean-Claude Lattès, 2004.

Mais tout comme les récits bibliques de la Création par Dieu ont emprunté à l'environnement d'alors, ceux de l'œuvre finale de Dieu sont empruntés aux thèmes apocalyptiques de l'époque, marquée par l'attente de la fin des temps, en une période troublée pour le judaïsme et le christianisme primitif. En réalité, les inquiétantes visions de l'Apocalypse constituent un pressant avertissement à l'humanité et aux individus humains pour qu'ils prennent conscience des « signes du temps » et de la gravité de la situation. Mais tout comme le récit biblique des premiers temps ne saurait être un reportage sur les évènements du début, l'eschatologie biblique ne peut être une prévision des évènements de la fin. C'est en vain qu'on y cherche un scénario annonçant le dernier acte de la tragédie de l'humanité. Là non plus la Bible n'emploie *aucun langage factuel scientifique*, mais un *langage biblique métaphorique* qu'il faut éviter de prendre à la lettre, mais comprendre en fonction de son époque.

Cependant ces récits et images poétiques du commencement et de la fin ont-ils aujourd'hui encore un *sens* ? Ils expriment ce que les sciences de la nature ne peuvent étudier, ce qui est espéré ou craint. Par les déclarations bibliques sur la fin du monde m'est *donné un témoignage de foi* pour l'*accomplissement de l'activité de Dieu* dans sa Création. Ce qui veut dire ceci : même à la fin de l'histoire du monde et surtout de ma vie il n'y a pas le néant, mais Dieu ! Selon le message de la Bible, l'histoire de la vie des hommes se dirige vers cette ultime fin des fins que justement nous appelons *le Dieu qui accomplit*. Nous ne serons pas défaits, ni en tant qu'êtres individuels dans la mort ni en tant que genre humain lors d'une fin du monde, mais nous serons « accomplis » lors de l'accomplissement – quelle que soit la façon de le représenter – du royaume de Dieu.

Tout comme le Dieu créateur, je ne puis prouver le Dieu qui accomplit ; cependant je peux l'admettre pour de bonnes raisons avec cette confiance éclairée, raisonnable et éprouvée, que j'ai déjà affirmée à propos de l'existence de Dieu. Car si le Dieu qui existe est vraiment Dieu, il n'est pas seulement Dieu pour moi ici et maintenant, mais aussi Dieu à la fin, à la fin de ma vie et à la fin du monde. S'il y a alpha, alors il y a oméga. Ou, comme il est dit dans la liturgie, Dieu pour les siècles des siècles.

Mais qui ne voudrait savoir des choses encore plus précises sur les voies de Dieu ? Même Moïse exprima une fois le vœu de voir la gloire de Dieu. Or il obtint ceci pour toute réponse : « Tu ne peux pas voir ma face, car l'homme ne peut me voir et vivre » (Exode 33,20). Cependant, si Moïse voulait bien se mettre dans une crevasse, Dieu le couvrirait de sa main protectrice jusqu'à ce qu'il soit passé. « Puis j'écarterai ma main et tu verras mon dos ; mais ma face, on ne peut la voir » (Exode 33,23).

Il en sera toujours ainsi durant notre existence terrestre. Nous ne pourrons connaître la puissance de Dieu, sa gloire et sa « Providence » qu'après coup. Si je jette un regard rétrospectif sur ma vie, je peux dans l'après-coup, dans un « réexamen », reconnaître là où j'ai été spécialement retenu ou guidé. Cela doit me suffire – et cela me suffit en effet.

7

Modèle de vie

Si Dieu l'avait voulu, il aurait fait de vous tous une seule communauté. Mais il veut vous éprouver en ce qu'il vous a donné. C'est pourquoi rivalisez pour le bien.

Coran, sourate 5,48.

Un chemin de vie avec un sens de la vie et porté par une puissance de vie – mais en suivant quel modèle de vie ?

Lorsque, en 1964, je fis mon premier voyage autour du monde et découvris avec des yeux étonnés l'Asie, je fus totalement fasciné par la diversité des visages : femmes, hommes ou enfants indiens, thaïlandais, chinois, japonais. J'éprouvai presque de l'ennui quand, revenu à San Francisco, je vis de nouveau une majorité de visages blancs.

Religions en concurrence

Durant notre randonnée spirituelle, après avoir surmonté la paroi escarpée menant à la transcendance, nous constatons qu'il y a plusieurs chemins vers le sommet. La diversité des peuples et des cultures s'exprime déjà avec force dans le premier livre de la Bible hébraïque. Après le récit du déluge, les « clans des fils de Noé, selon leurs lignées et d'après leurs nations », sont nommément énumérés ; c'est à partir d'eux que les peuples se seraient répandus sur la Terre. Toutefois, en raison de leur arrogante quête d'unité lors de la

211

construction de la tour de Babel, ils furent dispersés sur toute la Terre et leurs langues furent brouillées (Genèse 10-11).

Dans le Nouveau Testament, le récit de la Pentecôte dans les Actes des Apôtres (chapitre 2) donne une réponse à la confusion des langues. Les différentes nations avec leurs différentes langues sont nommées – de manière explicite aussi les Arabes. Dans leurs différentes langues, à travers l'action de l'Esprit, ils comprennent un seul et même message.

Mais c'est surtout le Coran qui reconnaît explicitement les différentes religions et les perçoit en train de rivaliser pour le bien. Ce sont essentiellement les religions qui sont responsables du fait que les hommes empruntent des chemins de salut très différents. Les divers continents se trouvent dans une concurrence globalisée et ils ont façonné des profils religieux et culturels très variés, qui aujourd'hui plus que jamais sont comparables. Une religion unifiée, malgré les processus d'interdépendance économique et politique, n'est pas en vue.

En séjournant sur d'autres continents, j'ai souvent réfléchi à ce que j'aurais bien pu devenir si je n'étais pas né en Europe, mais dans un autre milieu culturel. Il est probable que j'aurais organisé ma vie suivant un tout autre modèle, une tout autre manière de ressentir, de penser et d'agir. Par exemple, selon le modèle hindouiste.

Le modèle hindouiste

Admettons que je sois né parmi les presque 1,2 milliard d'hommes vivant en Inde. Dans ce cas, je serais très probablement un hindouiste. À l'origine « hindouiste » et « Indien » se confondaient. Mais aujourd'hui l'« hindouisme » désigne la religion indienne ; à ses différents courants appartiennent environ les quatre cinquièmes de tous les Indiens. La culture, les manières de vivre et les représentations du monde indiennes en sont marquées. Si j'étais hindouiste, je croirais tout naturellement, comme d'ailleurs les mouvements réformistes que sont le bouddhisme et le jaïnisme, à l'antique doctrine du cycle des renaissances. En un cycle fait du déroulement de la nature et des différentes périodes du monde, également en un cycle des réincarnations des hommes. Et je croirais certainement que les « actes » (sanskrit : *karma*) moralement justes ou fautifs de ma vie précédente déterminent ma vie présente, les actes positifs ou négatifs de ma vie présente ma position dans la vie d'après. On a donc ici une compréhension cyclique du temps et de l'histoire.

Il est probable que j'aurais aussi étudié les anciens textes sacrés, le Veda (le « savoir » sacré) et les écrits qui les interprètent. Cependant, même si ce n'était pas le cas, je serais sûrement convaincu que dans le Tout règne un « ordre éternel » *(sanâtana dharma)* : un ordre englobant, cosmique et moral, qui détermine toute vie et auquel tous les hommes doivent se tenir, indépendamment de la classe ou de la caste où ils sont nés. Toutefois ce ne serait pas en l'occurrence des dogmes définis ni une orthodoxie formelle qui compteraient pour moi ; car l'hindouisme ne connaît pas d'enseignement contraignant. Le comportement juste serait beaucoup plus important : le rituel exact, la coutume, la religiosité vécue. Et ce qui m'importerait en premier lieu, ce ne serait pas des droits de l'homme déterminés, mais ma destinée, et dans cette mesure les devoirs et responsabilités que j'ai envers la famille, la société, les dieux ou dieu.

Il est possible que je me sente bien dans une religion de l'éternel *dharma*. Pourquoi ? Parce que cet ordre est fondé sur le cosmos. C'est pour cette raison qu'il transcende l'espace et le temps, et que, fort de ses rites qui ont souvent duré des siècles, il est extrêmement stable. En même temps,

cet ordre éternel se montre assez flexible pour accueillir et admettre des formes et des organisations religieuses des plus diverses, et même des plus opposées, et pour ainsi montrer différents chemins de salut :
— le chemin de l'action *(karma mârga)* ;
— le chemin de la connaissance *(jñana mârga)* ;
— le chemin de la dévotion *(bhakti mârga)*.
Tous sont des chemins de la purification morale, spirituelle et religieuse.

Je continue de filer ces idées : tout comme dans le christianisme – à supposer que je sois formé de façon similaire –, je serais probablement insatisfait de certains rites, doctrines et pratiques dans l'hindouisme. Je ferais partie des hindous critiques d'aujourd'hui. Ils dénoncent les dysfonctionnements sociaux aigus qui contredisent souvent les anciens idéaux indiens. Je n'aurais guère de sympathie pour les élites sociales favorisées par l'« ordre éternel », qui aiment, en faisant appel à la loi cosmique, revendiquer des droits et des privilèges éternels et se passent d'engagement social. Exempt de tout fondamentalisme, je ferais sûrement partie des penseurs et réformistes indiens qui combattent le système des castes, toujours vivant bien qu'il soit officiellement aboli, et je m'investirais pour une meilleure situation de la femme et des cent cinquante millions de hors-castes.

Mais il se pourrait que, comme beaucoup d'Indiens aux siècles passés et encore au XXe siècle, je me détourne de l'hindouisme à cause de l'ordre des castes, en apparence inamovible, pour me tourner vers le bouddhisme, à l'exemple de Bhimrao Ramji Ambedkar, premier ministre de la Justice de l'Inde indépendante, aujourd'hui encore très estimé dans son pays, qui en 1956 amena la conversion de masse au bouddhisme de près d'un demi-million d'« intouchables ».

Le modèle du Bouddha

Si j'étais né au Sri Lanka, en Thaïlande, en Birmanie ou au Japon, pays que je connais et admire, je ferais vraisemblablement partie des centaines de millions de bouddhistes dans le monde. Certes, je partagerais alors avec les hindouistes une vision du monde cyclique, avec le cercle des naissances et des périodes du monde, de même pour la représentation de la destinée à travers le *karma* (les actions antérieures). Mais, en tant que bouddhiste, j'écarterais l'autorité des Vedas et du même coup la domination des brahmanes, les sacrifices sanglants et l'ordre des castes hindou.

Ma religion serait différente de celle de l'hindouisme, qui est comparable au Gange s'écoulant dans l'unité depuis quatre millénaires. Elle serait plutôt déterminée par le guide spirituel qui marqua l'histoire : Siddharta Gautama, nommé le *Bouddha*, l'« Éveillé », l'« Éclairé ». Depuis le VIIᵉ siècle avant notre ère, il propose aux hommes un chemin de spiritualité, d'intériorisation, de contemplation. Par son enseignement *(dharma)* il donne aux hommes des réponses à quatre questions fondamentales, les « quatre nobles vérités » : qu'est-ce que la souffrance ? La totalité de la vie. Comment naît-elle ? De la « soif de vivre », de la convoitise, de la haine, de l'aveuglement. Comment peut-elle être surmontée ? Par le non-attachement et le tarissement de la soif de vivre. Quel est le chemin pour y accéder ? L'« octuple sentier » du Bouddha.

Le Bouddha ne veut pas proposer une explication du monde, mais une doctrine du salut et un chemin du salut : comment l'homme qui souffre peut-il trouver libération et soulagement, surmonter les crises de sa vie, vaincre la souffrance et s'accommoder, avec son insuffisance, de sa finitude, de son caractère mortel ? Par la méditation, l'homme doit aller en son for intérieur. S'il lui est permis de faire l'expérience de l'illumination, alors il pourra démasquer l'inconstance des choses et percer à jour que tout ce qu'il voit n'est pas stable, que rien dans le monde n'a de permanence, que tout change, et même que mon propre moi, auquel je me cramponne tant, est sans noyau essentiel et donc éphémère. Du Bouddha je peux apprendre à être libéré de mon propre moi : passer de l'enlisement dans la convoitise, la haine et l'aveuglement, l'égocentrisme et la rétraction sur moi-même, au chemin menant au désintéressement. L'octuple sentier du Bouddha est un chemin du juste milieu, ni hédonisme ni autopunition ; c'est plutôt une pensée juste et une opinion juste (savoir), une parole juste, une action juste et une vie juste (moralité, éthique), un effort juste, une attention juste, un recueillement juste. La roue aux huit rayons est le symbole du *dharma*, qui est l'enseignement du Bouddha de l'octuple sentier.

Voici ce qui m'importe ici : à partir du savoir, un comportement moral ou une éthique est possible, et on les attend de la part non seulement des moines et des nonnes, mais aussi de chaque bouddhiste. Cela englobe quatre exigences fondamentales élémentaires : ne pas tuer, ne pas mentir, ne pas voler, ne pas s'adonner à des débordements sexuels. Peut-être serais-je aussi arrivé, en tant que bouddhiste, à l'idée d'une éthique universelle de l'humanité qui, d'après la Déclaration du Parlement des religions du monde de Chicago en 1993, s'appuie elle aussi sur ces quatre constantes éthiques ; seule la cinquième directive du bouddhisme – se tenir éloigné de tout stupéfiant – n'obtient pas le consensus des religions et ne peut donc constituer un élément d'une éthique planétaire.

Je me représente et pense l'idée jusqu'au bout : en tant que bouddhiste, j'aurais sans doute eu plus de difficultés, au cas où (comme dans le bouddhisme *théravâda*) j'aurais été moine, pour arriver par l'entraînement spirituel à la concentration de la méditation. Elle seule rendrait possible ma sortie

hors du cycle des naissances et l'entrée dans le *nirvâna*, la
« délivrance », où la convoitise, la haine et l'aveuglement
cessent, et où ce n'est pas, éventuellement, le néant, mais la
béatitude qui m'attend. Je me serais probablement senti aussi
peu attiré par le monachisme bouddhique que par le monachisme chrétien. Tous deux exigent en effet la même chose :
le retrait du monde, une vie strictement réglée sans rien posséder, dans l'abstinence sexuelle. Toutefois dans le christianisme le monachisme est plutôt à la périphérie, alors que
dans le bouddhisme il est au centre. Cependant j'aurais probablement aussi peu adhéré au Sangha (la communauté
monastique bouddhiste) qu'à un ordre mendiant chrétien. Au
lieu d'être retiré du monde, je considère une fois pour toutes
que ma place est totalement dans le monde. À cet égard, je
me sens plus proche de la tradition chinoise originelle que de
la tradition bouddhiste.

Le modèle confucianiste

Si j'étais né en Chine, parmi 1,5 milliard de Chinois, je
serais vraisemblablement devenu confucianiste. C'est relativement tard, suite à un voyage à travers la Chine et à des
cours donnés à l'université de Tübingen dans les années
1980 avec ma collègue et amie chinoise Julia Ching, que
j'ai pris conscience de ceci : la différence entre l'Ouest et
l'Est, l'Orient et l'Occident, est superficielle. À côté des religions prophétiques d'origine proche-orientale (le judaïsme,
le christianisme et l'islam) et des religions mystiques de
provenance indienne (avant tout l'hindouisme et le bouddhisme), les religions d'origine chinoise (le confucianisme
et le taoïsme) forment un troisième courant autonome de systèmes religieux, de valeur culturelle et historique équiva-
lente. Son prototype n'est ni le prophète, ni le gourou, mais

le sage Par rapport à la religion indienne et son mysticisme, ses mythologies en surabondance, sa pensée orientée rigoureusement vers le cyclique, la culture chinoise est caractérisée par une rationalité lucide et une pensée historique. L'historiographie s'y est développée très tôt déjà et autrement qu'en Inde.

Je n'aurais certes pu m'identifier au marxisme chinois (originaire de l'Ouest), ni au maoïsme. Mais très volontiers à l'humanisme chinois, qui commença à se développer dès l'époque des présocratiques grecs, au VIe siècle avant Jésus-Christ. Il s'agit d'un passage de la religiosité magique de l'ancienne culture chinoise à la rationalité : à l'homme et à sa raison on accorde la priorité sur les esprits et les dieux. Ainsi un essor spirituel finit par s'accomplir : un grand intérêt pour l'histoire, l'art et la littérature a eu pour conséquence que les érudits, les hommes de lettres et les intellectuels furent propulsés dans la plus haute couche de la société.

Pour Confucius (ou Kung-fu-tzu), d'abord un maître parmi beaucoup d'autres, ce sont moins les sentences de l'oracle qui ont de l'importance que les décisions éthiques des hommes eux-mêmes. Il ne veut pas susciter les forces magiques de la nature, mais les forces morales en l'homme. Cependant j'aurais peu de sympathie pour l'orientation confucianiste vers un passé « meilleur » – ayant en vue le rétablissement de l'ordre social originel porté par des principes moraux et reposant sur l'observation des « rites », des mœurs et des normes de comportement anciens. Mais tout cela est déjà, chez Confucius lui-même, subordonné au « Ciel » en tant que puissance agissante, ordre et loi d'un niveau supérieur, c'est pourquoi il ne s'agit pas d'une simple doctrine morale. La « volonté du Ciel », l'homme – et particulièrement le souverain – doit aspirer à la comprendre et à l'accomplir. S'il ne le fait pas, il perd sa légitimité – un motif pour pas mai de révolutions en Chine.

Pourtant la sagesse humaniste de l'enseignement de maître Kung me serait sans nul doute sympathique. L'homme doit aspirer à une relation harmonieuse avec les autres hommes et la nature, et faire preuve d'*humanité (ren)* à l'égard de tous les hommes : bonté humaine, attention, bienveillance – dans le cadre des normes du comportement extérieur. En ce sens, on doit autant tendre au renouvellement intérieur de l'homme individuel qu'à celui, extérieur, de la Constitution de l'État.

Le mot qui tout au long de ma vie doit me servir de fil directeur de l'action est, d'après Confucius, la *réciprocité (shu).* Elle est un résumé de la règle d'or – formulée par lui pour la première fois dans l'histoire de l'humanité : « Ce que toi-même tu ne souhaites pas, ne le fais pas aux autres ! » L'humanité pourrait très bien être encore aujourd'hui la base d'une éthique fondamentale – non seulement en Chine, mais aussi pour les humains dans leur ensemble. L'humanité – au lieu de l'inhumanité si souvent pratiquée en tout lieu.

Cependant la religion d'État confucianiste, établie plus tard et disparue en 1912 avec le dernier empereur, personne aujourd'hui n'en veut plus. La domination permanente des parents sur les enfants, celle des hommes sur les femmes et, en général, un ordre social patriarcal n'ont pas d'avenir. Mais les valeurs humanistes du confucianisme gardent aujourd'hui encore toute leur importance : la communauté passe avant l'individu, mais respecte et soutient l'individu ; la famille est la première pierre de la société ; les problèmes sont résolus par le consensus et non par la confrontation ; et l'harmonie éthique et religieuse est un idéal pour l'individu comme pour la société.

Pourtant, si proche que soit cet humanisme chinois des Lumières européennes et de moi personnellement, je ne suis pas né dans le système religieux chinois ni dans le système indien, mais dans le monde du prophétisme proche-oriental. Bien des choses ne s'excluent pas réciproquement. Dans le dialogue interreligieux, nous pensons aujourd'hui moins sous forme de confrontation que de complémentarité ! Mais il est évident par ailleurs que les chemins des religions sont divers et ne peuvent tous être parcourus en même temps. Je suis né chrétien. Et dans cette mesure, après le chrétien, c'est le modèle de vie juif qui m'est le plus proche.

Le modèle juif

Dans ma jeunesse je n'en avais guère conscience, bien qu'en face de chez moi vécût une famille juive avec laquelle nous avions des liens de parenté : le christianisme s'enracine dans le judaïsme. Mais nous ne parlions pas de religion. L'Église et beaucoup de croyants l'avaient largement oublié : Jésus de Nazareth, auquel le christianisme en appelle comme à son Messie, était juif. Ses disciples, hommes et femmes, l'étaient aussi. C'est seulement à partir du deuxième concile du Vatican, au début des années 1960, que je m'en suis pleinement rendu compte. À quoi il faut bien entendu ajouter la conviction fondamentale du peuple d'Israël : « Yahvé [durant les premiers siècles, ce mot était encore employé comme nom de Dieu] est le Dieu d'Israël et Israël est son peuple. »

Depuis lors, les *points communs qui subsistent* ont pour moi une grande importance : ils me montrent que le modèle de vie juif, sur des questions essentielles, est aussi devenu le modèle chrétien. Malgré la terrible histoire polémique – surtout depuis l'époque des croisades –, d'abord avec l'antijudaïsme ecclésiastique, puis avec l'antisémitisme raciste et biologiste qui a atteint avec la Shoah son stade de catastrophe abyssale, malgré tout cela, jusqu'à nos jours, des points communs se sont maintenus dans la durée.

Comme les juifs, je crois en tant que chrétien au Dieu unique d'Abraham, d'Isaac et de Jacob, envers lequel l'homme peut faire preuve d'une confiance croyante en tant qu'il est Celui qui crée, tient et accomplit le monde et l'histoire.

Comme les juifs, nous les chrétiens utilisons pour le culte nombre d'éléments (tels les Psaumes), nombre de rites fondamentaux (prières, lectures) et de séquences dont le contenu religieux vient du judaïsme.

Comme les juifs, nous les chrétiens acceptons le recueil des Écritures saintes (la Bible hébraïque, le Tanakh ou Ancien Testament), document de la foi commune et des nombreuses valeurs ou structures de pensée communes.

Comme les juifs, nous les chrétiens sommes tenus à une éthique de la justice, de la vérité et de la paix, sur la base de l'amour de Dieu et du prochain...

À Tel-Aviv, au lieu même où Yitzhak Rabin, ancien Premier ministre et lauréat du prix Nobel de la paix israélien, engagé pour la paix avec les Palestiniens chassés et opprimés, a été assassiné par un fanatique juif en 1995, j'ai, dans un discours pour le film *Recherche des traces* sur le judaïsme, mis en avant l'héritage religieux et éthique de cette religion : « Il n'existe guère d'autres peuples en mesure de proposer quelque chose d'aussi substantiel et d'aussi marquant pour une future éthique commune à l'humanité que le judaïsme et ses dix commandements. Ces derniers sont, comme l'a déclaré l'écrivain allemand Thomas Mann après les horreurs du national-socialisme, des "directives fondamentales et le roc de la bienséance humaine", et même l'"ABC du comportement humain". »

Walter Homolka, rabbin et directeur du collège Abraham-Geiger à Potsdam, a présenté à la perfection les sources juives d'une éthique de l'humanité dans le livre *Weltethos aus den Quellen des Judentums*[1], que nous avons rédigé ensemble. Dans le livre *Weltethos – christlich verstanden*, j'avais, avec Angela Rinn-Maurer, une femme qui est pasteur à Mayence, mis en relief l'éthique planétaire du point

---

1. « L'éthique planétaire à partir des sources du judaïsme » (paru en Allemagne en 2008).

de vue chrétien. Mais, en fait, que signifie en son sens spécifique la spiritualité chrétienne ? Commençons par une nécessaire définition.

Une spiritualité chrétienne faussée

La « spiritualité », souvent différenciée de la « religiosité », est de nos jours susceptible de signifier toutes sortes de choses. La spiritualité chrétienne ne devrait pas, comme on le voit aujourd'hui chez nombre d'individus et de mouvements « spirituels », se fonder prioritairement sur des émotions, des sentiments et des manifestations de masse pieuses, mais sur une foi raisonnable, sur de solides connaissances et des intuitions fiables. En tout cas, je ne désire en aucune façon croire tout et n'importe quoi et mêler à ma spiritualité personnelle des choses contradictoires. Ce n'est pas parce que je suis croyant que je dois être superstitieux. Je ne crois pas aux astres de l'horoscope, ni n'ai idolâtré telle star des médias, du sport ou de la politique. Mon idéal n'est pas une religion superficielle semblable à un « patchwork », mais une religiosité avec des bases solides et un profil clair.

En effet, la spiritualité chrétienne n'est pas fondée seulement sur des assurances et des affirmations, mais aussi sur des arguments plausibles. Pour moi rien n'est vrai du seul fait que je le tiens pour vrai, et je ne peux exiger des autres qu'ils acceptent des déclarations de foi sans vérification. Parce que je suis croyant, je voudrais aussi pouvoir justifier par la raison pourquoi je le suis. C'est pourquoi je ne crois ni à des constructions romanesques comme celle du *Da Vinci Code*, ni aux autres théories du complot mettant en avant des Évangiles cachés et la dissimulation de documents scandaleux sur Jésus par le Vatican. Parce que j'ai étudié à fond les documents originaux du christianisme rassemblés dans le Nou

222

veau Testament, je n'ai nul besoin de romans religieux à sensation ni de recherches pseudo-scientifiques pour être considéré comme quelqu'un d'informé et d'« éclairé ».

Un homme comme moi, qui en a vu d'autres, est toujours étonné qu'une foule de gens, dont des chrétiens sérieux, se laissent, dans leur crédulité, impressionner par d'impudentes inventions, comme celle prétendant que Jésus, qui n'aurait pas été crucifié, aurait épousé Marie Madeleine et engendré une descendance avant de mourir paisiblement en Inde ou au Cachemire. Et ne parlons pas des clichés du complot ou des sociétés secrètes meurtrières pratiquant des cultes du Graal. De cette crédulité la cause la moindre n'est pas que les autorités ecclésiastiques (pas seulement catholiques romaines) ont négligé le nécessaire travail de clarification, qu'elles l'ont même en partie empêché. Pendant trop longtemps, dans la doctrine officielle, les encycliques, les catéchismes, les lettres pastorales et les sermons, on a occulté la critique biblique historique ; on a, par exemple, laissé dans l'ombre la formation des Évangiles et les différents genres littéraires des récits bibliques. Jusqu'à nos jours, il manque à bien des gens les connaissances de base – pour l'heure facilement disponibles – à propos du message et de la tradition du christianisme. On l'a de la sorte souvent exposé sans défense aux producteurs de *thrillers* religieux et à l'infodivertissement de la société postmoderne.

Ne faudrait-il pas enfin, dans les Églises chrétiennes, *proposer une réflexion critique et autocritique sur les fondements d'une spiritualité chrétienne* ? Il faudrait le faire pour s'opposer de façon offensive à l'énorme perte de confiance dans les Églises, une perte prouvée par des statistiques. Se plaindre de la perte des valeurs et du libre-service dans le pluralisme de notre époque ne suffit pas !

Mais on peut aussi poser la question en sens inverse : le *christianisme* est-il encore capable de proposer une orientation ? Étant donné la réalité de l'Église, ne doit-on pas bien plutôt désespérer du christianisme ? Le christianisme n'a-t-il

223

pas, en tout cas dans les pays européens, peut-être même dans le monde entier, perdu en plausibilité et en crédibilité ? N'est-il pas plus une partie du problème qu'une partie de la solution ?

Plus que jamais, il existe une *tendance à s'éloigner du christianisme*, dans la fascination pour les religions d'Extrême-Orient, pour rejoindre les mouvements ésotériques ou les ersatz de religion de toutes sortes, dans le cadre d'une « société de loisirs et d'expérience vécue ». Et de même va-t-on vers une indifférence religieuse. *Fit for fun* est la devise actuelle ; *fit for faith*, être en forme pour et par la foi, paraît la plupart du temps *out*.

Les *Églises ne sont pas innocentes* dans cette évolution. D'innombrables personnes font encore de nos jours de pénibles expériences avec les institutions de l'Église catholique : autoritarisme, discrimination des femmes, complexes sexuels, refus du dialogue, intolérance à l'égard de ceux qui pensent autrement. Mais l'étroitesse, le provincialisme et l'absence d'envergure des Églises évangéliques sont coresponsables du fait qu'année après année des milliers de gens quittent les Églises, des millions d'individus optent de toute façon pour l'« émigration intérieure » et des millions d'autres, ceux des nouveaux *Länder*, ne mettent jamais les pieds dans une église. Une question urgente se pose alors : la lumière du christianisme peut-elle encore nous orienter au XXIe siècle ?

Cependant, d'un autre côté, beaucoup de ceux qui ne veulent plus avoir affaire aux Églises se posent la question : les *idéaux du christianisme* vont-ils tout simplement disparaître ? En effet, à quoi ressemblerait un monde qui ne saurait plus rien des dix commandements, ni du commandement de l'amour du prochain et de l'ennemi, ni du Sermon sur la montagne, ni des paraboles de Jésus ? À peu de chose près, à nos villes sans leurs cathédrales et leurs églises ! C'est pour cette raison que beaucoup ne souhaitent pas du tout faire une croix sur le christianisme et les Églises. Beaucoup témoignent toujours, à l'intérieur ou à l'extérieur des Églises, qu'ils ne désespèrent nullement du christianisme et qu'ils n'ont pas renoncé à l'espoir qu'être chrétien représente toujours une grande option de vie.

Mais dans ce cas, face aux falsifications profanes et ecclésiastiques du christianisme, nous devons nous reposer la question : que signifie vraiment « *chrétien* » ? Comment, de nos jours, comprendre la spiritualité chrétienne ? Comment nous comprendre en tant que chrétiens ? Que signifie véritablement, essentiellement, « *être chrétien* » ? Pour ma part, en tant que théologien, j'ai mis des années pour en prendre pleinement conscience : le fondement de la spiritualité chrétienne ne tient pas aux dogmes, souvent incompréhensibles, ni à de sublimes interdits moraux, il ne signifie pas qu'on est face à une grande théorie ou une vision du monde, ce n'est pas un système ecclésial, mais alors… qu'est-il ?

Le modèle chrétien

Tout comme d'innombrables autres catholiques avant le concile Vatican II, j'ai grandi avec les images traditionnelles du Christ telles qu'on les trouve dans la confession de foi des conciles hellénistiques et des mosaïques byzantines : Jésus-Christ, « Fils de Dieu » sur le trône, « Sauveur » ami des hommes et jadis, pour la jeunesse, le « Christ Roi ». Dans les cours de catéchisme, nous apprenions des formules dogmatiques sans les comprendre : Jésus-Christ serait la « deuxième Personne de la très sainte Trinité », il serait « une Personne divine en deux natures », l'une humaine, l'autre divine. Sur ce thème, j'eus un cours à Rome, durant tout un semestre, sur la « christologie », avec toutes les hérésies contre lesquelles les conciles se sont élevés, et aussi toutes les réponses aux difficultés déjà énoncées de longue date et aujourd'hui encore actuelles. Certes, je n'ai pas eu de problème pour réussir tous ces examens en latin, pas toujours faciles – mais qu'en était-il de ma spiritualité ? C'était autre chose : elle restait insatisfaite. Pendant longtemps, c'est la théologie spirituelle de Paul qui m'a intéressé le plus ; en revanche, les Évangiles me semblaient trop connus et plutôt ennuyeux. La figure du Christ ne devint vraiment intéressante pour moi qu'après mes années romaines, au moment où, sur la base de la science biblique moderne, j'appris à la connaître comme une figure réelle de l'histoire. Les lectures fondamentales de la littérature exégétique, autant catholique que protestante, en lien avec mes cours, séminaires et publications, furent motivées par mon immense curiosité intellectuelle envers ce « Jésus inconnu ».

Car l'essence du christianisme n'a rien d'une abstraction dogmatique, ce n'est pas une doctrine générale ; au contraire, c'est depuis toujours une *figure spirituelle* vivante : Jésus de Nazareth. Des années durant, j'ai ainsi, à force de travail, sur la base des très abondantes recherches bibliques des deux derniers siècles, assimilé le profil unique du Nazaréen, j'ai réfléchi sur ce sujet avec un intérêt passionné, je l'ai fondé avec précision et présenté systématiquement. Ce qui m'a motivé, c'est le travail pour mon livre *L'Église* (1967), où je parle certes constamment de l'Église de « Jésus-Christ », mais sans avoir pour autant une réponse précise à la question de ce que ce Jésus a vraiment voulu, dit et fait. Mon questionnement s'est approfondi lorsque, au congrès international de théologie de Bruxelles (1970), j'ai, sur ma propre proposition, tenté de répondre à la question élémentaire : « Quel est le message chrétien ? » Et j'ai finalement présenté de manière exhaustive l'annonce, le comportement et le destin de Jésus dans le livre *Être chrétien ?* (1974), conçu pour être petit, mais finalement devenu gros. Ce fut, somme toute, une entreprise absolument captivante ! Dans ce contexte j'ai même prêché sur l'ensemble de l'Évangile selon Marc, du premier au dernier verset, avant de faire de même pour le Sermon sur la montagne.

Depuis, je sais de quoi je parle lorsque je dis en simplifiant : le *modèle de la vie chrétienne* est tout simplement Jésus de Nazareth en tant qu'il est le Messie, le Christ, l'Oint et l'Envoyé. Jésus-Christ est le fondement de la véritable spiritualité chrétienne. Un modèle de vie provocant, autant pour notre relation avec le prochain qu'avec Dieu même, un modèle devenu pour des millions d'hommes l'orientation et le critère de leur vie.

Qui donc est chrétien ? Non pas celui qui se contente de dire « Seigneur, Seigneur » et adhère au « fondamentalisme » – qu'il soit d'ordre biblique et protestant, autoritaire et catholique-romain, traditionaliste et orthodoxe venu de l'Est. Le chrétien est plutôt celui qui, sur son chemin de vie tout personnel (chacun a le sien), s'efforce en pratique de s'orienter d'après le Christ Jésus. Il n'est rien exigé de plus.

Cette véritable spiritualité chrétienne, je l'ai rarement comprise avec autant de clarté qu'après avoir célébré l'eucharistie dans le bidonville de San Salvador, à l'église où l'archevêque Oscar Romero, défenseur engagé des droits de son peuple, avait été abattu à l'autel de plein fouet par un tireur en voiture le 24 mars 1980. Dans le film *Recherche des traces*, j'ai aussi pensé au christianisme de Dietrich Bonhoeffer, résistant protestant (exécuté par les nazis en 1945), à celui de Martin Luther King, défenseur américain des droits des citoyens (abattu en 1968) et de Jerzy Popieluszko, prêtre polonais (assassiné par les services de sécurité de l'État polonais en 1984). Tous ont montré au monde et à moi-même qu'une telle spiritualité peut résister jusqu'à la mort violente.

Ma propre vie aussi et celle de beaucoup d'autres, moins dramatiques, mais avec leurs hauts et leurs bas, et aussi ma *loyauté envers l'Église* et mes *critiques de l'Église* ne peuvent être comprises qu'à partir de là. En particulier, ma critique de l'Église vient en premier lieu de la souffrance ressentie devant l'écart entre ce que ce Jésus historique fut, annonça, vécut, défendit, endura, et ce que représente aujourd'hui l'Église institutionnelle avec sa hiérarchie. Cette divergence a souvent atteint aujourd'hui un degré insupportable. Jésus à la messe pontificale de la basilique Saint-Pierre ? Ou en prière avec le président George W. Bush et le pape à la Maison-Blanche ? C'est impensable. Comme le « grand inquisiteur » de Dostoïevski, on lui demanderait sans doute : « Pourquoi viens-tu nous importuner ? »

Ce qu'il y a de plus urgent et de plus libérateur pour notre spiritualité chrétienne, c'est par conséquent de nous calquer moins – en théorie et en pratique – sur les formulations dogmatiques traditionnelles et les règlements ecclésiastiques que sur la figure unique en son genre qui a donné son nom au christianisme. Elle ne peut certes être connue que par-delà le « répugnant fossé de l'histoire » (Lessing), mais c'est justement ainsi qu'elle peut encore et toujours être regardée dans un contexte nouveau.

Cependant le critère pour cette orientation ne doit pas être un Christ rêvé, mais exclusivement le Christ réel, historique. Nous pouvons tout à fait le connaître à partir du Nouveau Testament, malgré des légendes et d'autres évolutions qui n'ont rien d'historiquement avéré.

Une vie unique en son genre

Il m'est impossible de raconter ici l'histoire de Jésus de Nazareth ; je l'ai étudiée et présentée par le menu. On peut certes débattre sur bien des détails des témoignages néotestamentaires, tous écrits dans le contexte des premières communautés chrétiennes ; en particulier, on peut discuter à propos de ce qui est une parole authentique de Jésus et de ce qui ne l'est pas.

Mais, considéré dans son ensemble, le Nouveau Testament fait ressortir le profil de Jésus sans qu'on puisse le confondre avec un autre. J'ai aussi étudié les grandes figures des autres religions du monde et j'ai fait de chacune un portrait plein d'empathie ; car chacune a et est sa propre grandeur, et mérite au minimum le respect, même de la part de ceux qui partagent une autre foi ou qui sont non croyants. Pour cette raison j'ai été incapable de comprendre qu'en 2006, à Berlin, un metteur en scène d'opéra avide de sensationnel fasse un mauvais usage d'*Idoménée*, le grandiose opéra de Mozart, en présentant à la fin, sans le moindre élément en ce sens dans le texte ou la musique, la tête coupée des fondateurs de religion ; et il fut acclamé par une foule d'hommes politiques et de journalistes. Il me fut tout aussi peu compréhensible, la même année 2006, qu'on puisse féliciter un dessinateur d'avoir publié dans un journal des caricatures diffamatoires du prophète Muhammad pour des raisons commerciales et populistes, comme si pour la classe politique danoise la liberté de la presse n'incluait pas aussi une responsabilité de la presse. Les membres d'autres religions s'étonnent souvent que l'Europe autrefois chrétienne en soit arrivée de nos jours au point où plus rien de sacré ne paraît désormais l'être.

La vie, l'enseignement et l'activité de Jésus de Nazareth ressortent nettement, à mes yeux, en comparaison avec d'autres fondateurs de religion. Jésus n'était pas un érudit de cour, comme l'était apparemment Moïse ; il n'était pas fils de prince, comme le Bouddha. Et il n'était pas davantage un lettré et un homme politique comme Confucius, ni un riche marchand parcourant le monde, tel Muhammad. C'est justement parce que son origine était si insignifiante que son importance persistante est si étonnante. Il ne défendait pas l'autorité inconditionnelle de la loi écrite, de plus en plus élaborée (Moïse), ni une retraite monacale pour la contemplation ascétique au sein de la communauté régulée d'un ordre religieux (Bouddha), ni un renouvellement de la morale traditionnelle et de la société à l'aune d'une loi mondiale éternelle (Confucius), ni une conquête révolutionnaire violente par le combat contre les incroyants et par l'érection d'un État théocratique (Muhammad).

Même par rapport aux barèmes de l'histoire contemporaine, Jésus me paraît unique. On ne peut le ranger ni parmi les dirigeants, ni parmi les rebelles, ni parmi les moralisateurs, ni parmi les silencieux du pays. Il s'avère provocateur – mais contre la droite et la gauche. Il n'est couvert par aucun parti, il attaque de tous côtés : il est « l'homme qui fait éclater tous les schémas » (Eduard Schweizer). Ce n'est pas un prêtre, mais apparemment il est plus proche de Dieu que les prêtres. Ce n'est pas un homme politique ni un révolutionnaire socialiste, mais il se révèle plus révolutionnaire que les révolutionnaires. Ce n'est pas un moine, mais il semble plus libre à l'égard du monde que les ascètes. Ce n'est pas un moraliste qui fait de la casuistique, mais il est plus moral que les moralistes. Tout au long, les Évangiles le montrent : Jésus est autre ! Malgré tous les parallèles dans le détail, le Jésus de Nazareth historique s'avère au total sans équivalent – aujourd'hui comme hier.

Pour notre pratique vécue, ce qui est décisif dans le message de Jésus sur le royaume et la volonté de Dieu est totalement univoque : c'est, en maximes, en paraboles et par des actes qui les suivent, un message gai et qui rend heureux : celui d'une liberté. Ce qui signifie pour moi *hic et nunc* :

— en ces temps de fièvre boursière et de spéculation sur les valeurs, justement ne pas se laisser dominer par l'avidité de l'argent et du prestige ;

— en ces temps de renaissance d'une politique impérialiste, justement ne pas se laisser impressionner par la volonté de puissance ;

— en ces temps de levée des tabous sans égale et d'un consumérisme sans frein, justement refuser de devenir l'esclave de la pulsion sexuelle et de la dépendance à la consommation et aux plaisirs ;

— en ces temps où seule la performance semble faire la valeur de la personne, justement s'engager pour la dignité humaine des faibles, des « improductifs » et des pauvres.

Il y va d'une *liberté nouvelle* : devenir libre à partir de la réalité supérieure de Dieu, qui n'englobe et ne traverse pas que moi, mais tous les hommes, et que Jésus désigne du nom de « Père ». Obligés à partir de Dieu et de lui seul, nous devenons libres pour les hommes. Je n'ai pour ce faire nul besoin de devenir ascète ; Jésus lui-même, c'est bien connu, a bu du vin et participé à des banquets. Mais je ne dois pas davantage, par un style de vie égoïste, cultiver uniquement mes intérêts propres et satisfaire seulement mes besoins. Ce qui compte bien au-delà, c'est rester au quotidien attentif au bien-être du prochain, à celui qui justement a besoin de nous. Autrement dit : il faut refuser de le dominer, mais tenter, autant que faire se peut, de lui être utile. Et en tout pratiquer la bonté et, si nécessaire, exercer le pardon et le renoncement. Je l'avoue : c'est là un défi toujours nouveau – pour moi aussi, personnellement, au cours d'une longue vie.

Pour Jésus lui-même, observer les commandements élémentaires de l'humanité va pour ainsi dire de soi. Suivre les commandements de Dieu signifie aussi pour lui : ne pas tuer, ne pas mentir, ne pas voler, ne pas commettre d'abus sexuel. Sur ce point il est en accord avec les exigences morales des autres fondateurs de religion – exigences qui sont le fondement d'une éthique planétaire. Mais en même temps il les radicalise. Dans le Sermon sur la montagne il va largement au-delà : si on vous force à faire « un mille », faites-en deux… Mais il ne faut pas voir là une loi générale, impossible à accomplir ; ce serait irréaliste, comme beaucoup de critiques juifs le font valoir à bon droit. Les « exigences » de

Jésus sont des invitations, des défis : celui de risquer au cas par cas un engagement généreux envers le prochain, calqué exactement sur l'exemple du Samaritain (un hérétique pour les juifs) face à l'étranger attaqué par des brigands. Donc, dans la vie concrète, pratiquer un amour inventif, qui ne peut être exigé par aucune loi. « Amour » : un mot que Jésus emploie peu, mais qui constitue en fait son exigence phare – aussi universelle que radicale : un amour qui n'est pas sentimental, qui respecte chacun, même l'adversaire, et évite que l'ennemi soit ennemi pour l'éternité.

Pour moi et quantité d'autres, c'est, au total, une heureuse et libératrice spiritualité de la non-violence, de la justice, de la charité et de la paix. Et même une spiritualité de la joie, qui ne met pas sur les épaules de l'homme des charges morales inutiles. Une spiritualité qui réunit et non pas qui divise. Mais aussi une spiritualité qui a son prix.

Une mort singulière

Sans cesse je suis amené à y repenser : Jésus de Nazareth était un homme encore jeune lorsque, inspiré peut-être par Jean, prédicateur de la repentance qui baptisait dans le Jourdain, il entra courageusement dans la lumière de la vie publique. Ni l'Évangile le plus ancien (selon Marc), ni le quatrième (selon Jean) ne se sont intéressés à l'histoire de son enfance, contrairement aux Évangiles selon Matthieu et Luc, où elle est racontée avec beaucoup de traits remarquables et touchants, mais aussi des traits légendaires.

Ce Jésus poursuivit ses activités durant trois années au maximum, selon la chronologie de l'Évangile de Jean, qui manifestement se fonde sur des sources anciennes ; il se pourrait même que son ministère n'ait duré qu'une seule année. Alors que le Bouddha, Confucius, Moïse et à certains égards aussi

Muhammad s'éteignirent paisiblement à un âge avancé, il mourut, trentenaire, sur le bois de l'infamie d'une croix – que les Romains réservaient exclusivement, comme la peine la plus lourde, aux non-Romains et surtout aux rebelles politiques et aux esclaves.

Mais Jésus était-il un rebelle politique ? Il est manifeste que les discours et les actes de Jésus auraient nécessairement des conflits pour conséquence. Je ne suis pas le seul à être revigoré et encouragé de savoir que même lui, à qui nous en appelons en tant que chrétiens en raison de son message et de sa pratique, fut amené à se confronter à l'*establishment* religieux et politique de son époque. Trop radicales, sa critique de la religiosité transmise de génération en génération et ses guérisons charismatiques. Trop libéral, son rapport aux lois religieuses, au sabbat, aux règles de la pureté alimentaire. Trop scandaleuse, sa solidarité avec les plus méprisés, les malades, les misérables, les « pauvres diables », les déclassés, les femmes et les enfants. Pas assez « politiquement et religieusement correcte », son attitude vis-à-vis des hérétiques, des schismatiques et de ceux qui sont politiquement compromis : car ce n'est pas le grand prêtre qui lui fit pitié, mais le peuple. Il manifeste trop d'égards – provoquant le mécontentement des gens pieux infatués d'eux-mêmes – aux méprisés, à ceux qui ne respectent pas la loi, aux publicains, aux « pécheurs » et aux « pécheresses ».

Conséquence : le message de Jésus et son comportement constituent un défi sans précédent pour la hiérarchie, pour le système social et religieux et ses représentants. Il remet en question le modèle de vie juif qui est en usage. Ses protestations contre le commerce du Temple et ses bénéficiaires semblent bien avoir été la provocation décisive, menant finalement à une arrestation et à une condamnation en tant qu'hérétique, pseudo-prophète et blasphémateur. Jésus n'était rien de tout cela, pas plus qu'il n'était qu'un chef révolutionnaire avec un programme politique. Mais il a été *condamné comme* révolutionnaire politique et meneur populaire par l'autorité romaine.

Son destin est connu : il mourut sur la croix, trahi et renié par ses disciples et ses partisans. Raillé et moqué par ses adversaires. Abandonné par Dieu et par les hommes. *Éloï, Éloï, lema sabachthani ?* – ce qui se traduit : « Mon Dieu, mon Dieu, pourquoi m'as-tu abandonné ? » (Marc 15,34). C'est dans un grand cri qu'il expira.

Depuis lors, la *croix* est le signe de reconnaissance le plus remarquable des chrétiens. Seuls le message, la vie et les œuvres de Jésus dans leur ensemble rendent manifeste ce qui différencie sa croix par rapport à celle du meneur des esclaves Spartacus et des nombreux autres crucifiés de l'histoire mondiale. Mais depuis ce moment jusqu'à nos jours cette grande question demeure : comment un tel signe d'ignominie peut-il être pour moi un signe de salut ?

Une des toutes premières convictions de la foi des chrétiens, provoquée par des expériences spirituelles, est celle-ci : sa mort ne fut pas la fin ! « Résurrection » ne signifie pas une histoire de fantôme, celle d'un cadavre qui revit, mais le message pascal suivant : Jésus est auprès de Dieu, il n'est pas mort pour entrer dans le néant, mais dans la réalité la plus réelle. Il ne s'agit donc pas, à propos de la « résurrection » de Jésus, de la poursuite de cette vie spatio-temporelle, ou du retour dans cette vie, comme certaines légendes l'ont vite prétendu, mais de l'*accueil en la vie éternelle de Dieu*, qui dépasse toutes les représentations humaines. Et cela est attesté par des témoins prêts à affronter la mort.

Il est en personne le modèle de vie

C'est ainsi que le Crucifié devint un signe d'espérance. À la lumière de l'accueil en la vie éternelle de Dieu, ses partisans commencèrent à voir et à interpréter autrement la personne du maître de Nazareth. Il apparaissait toujours plus comme *l'incarnation vivante de sa cause* : l'incarnation d'une nouvelle disposition existentielle et d'un nouveau mode de vie. Depuis sa résurrection pour une vie nouvelle, il est manifeste que Jésus-Christ est le fondement d'une spiritualité chrétienne.

L'apôtre Paul formule les choses clairement : « De fondement, en effet, nul ne peut en poser d'autre que celui qui est posé : Jésus-Christ. » (1 Corinthiens 3,11). Ou, comme le dit l'Évangile selon Jean, il est « le chemin, la vérité et la vie » (Jean 14,6). En ce sens, en tant que chrétien je ne crois pas seulement en Dieu, mais aussi en *Jésus-Christ*, l'envoyé de Dieu. Ce n'est pas un empereur, un philosophe, un homme d'État, un conquérant, non, c'est lui-même qui est, en personne, le *modèle de vie* chrétien *en personne* ! La vie chrétienne est la vie dans l'*esprit du Christ*. Vivre dans l'esprit du Christ, c'est suivre Jésus.

Donc en pratique la spiritualité chrétienne signifie ceci : ce n'est pas une confession de foi en faveur d'un dogme ou d'une doctrine, mais confession de lui, le Christ, et du chemin qu'il propose de suivre... Tant bien que mal, ajouté-je maintenant, à la manière humaine. Néanmoins en étant sans cesse mû par son esprit, qui est l'esprit de Dieu.

En tant qu'esprit de Jésus-Christ, cet esprit ne peut être confondu avec aucun autre esprit, avec aucun esprit exalté, bureaucratique, ou avec un mauvais esprit. Il est *Spiritus sanctus*, l'inspiration, la force motrice de la spiritualité chrétienne : c'est ainsi que je crois au *Saint-Esprit*. Le dogme d'une Trinité formulé avec des catégories hellénistiques et dans des représentations qui nous sont étrangères, je peux le comprendre au sens biblique, mais non pas, selon la spéculation trinitaire augustinienne, comme la croyance en un « 1 = 3 » et un « 3 = 1 ». Selon le Nouveau Testament, il y a la foi en l'unique Dieu et Père – à travers Jésus-Christ, son envoyé et son Fils – dans le Saint-Esprit, esprit de Dieu et esprit du Christ.

Cet esprit modifie-t-il ma vie ? Oui, dans la mesure où je me laisse inspirer par lui :

— Il me procure de nouvelles *motivations* : pourquoi il me faut justement agir ainsi et pas autrement ; pourquoi je dois encore être sincère, prêt à pardonner et peut-être bienveillant – une question à laquelle Freud lui-même n'avait pas de réponse – si de ce fait je dois subir un dommage et souffrir en raison du peu de fiabilité et de la brutalité des autres.

— Il me met dans de nouvelles *dispositions* : des attitudes d'engagement sans prétention en faveur de mon prochain, de solidarité avec les défavorisés, de lutte contre les structures injustes de l'État, de l'Église et de la société. Il me met dans une disposition à la liberté, à la gratitude, à la générosité, à l'altruisme, à la joie.

— Il inspire partout de nouvelles *actions* : de nouveaux actes dans les petites et les grandes choses qui, si l'on suit Jésus, ont cours justement là où personne n'apporte de l'aide. Il ne s'agit pas seulement de programmes généraux pour changer la société, mais de signes concrets, de témoignages, de preuves de l'humanité et de l'humanisation de l'homme et de la société humaine.

Mais je ne voudrais en aucun cas me présenter comme quelqu'un qui aurait réalisé tout cela ! Je ne suis pas un chrétien modèle ni candidat à une canonisation. Cependant il n'y a pour moi aucun doute que cette force motrice spirituelle a formé ma spiritualité de la joie de vivre. Et c'est un réconfort pour moi de constater que cette force spirituelle ne diminue pas nécessairement tandis que l'âge augmente, mais qu'elle peut même se renforcer avec l'âge. Oui, elle est susceptible, à chaque période de la vie, de procurer encore un sens de la vie, de la vitalité et de la joie de vivre. Après tout, elle me montre un ultime horizon de sens et une ultime destination, de sorte que nous sommes capables de porter non seulement ce qu'il y a de positif dans notre vie, mais encore d'en supporter le négatif. Dans le chapitre suivant, nous réfléchirons plus avant sur la joie et la douleur.

Chrétien, j'ai naturellement accordé dans ce chapitre la plus grande place au modèle déterminant pour moi, celui de la spiritualité chrétienne. Mais il ne faut pas oublier que le modèle chrétien n'est pas le dernier dans l'histoire des religions.

Le modèle musulman

Le message chrétien, simple à l'origine, est devenu au cours d'un demi-millénaire une dogmatique gréco-hellénistique très complexe, dans le cadre du système byzantin, avec Église étatique – et ce non sans beaucoup de scissions « hérétiques ». Rien qui puisse sans peine séduire les habitants du désert, bédouins et marchands de la péninsule arabe. Pour convaincre ces tribus polythéistes de croire au Dieu unique et à la nécessité de la justice sociale, il fallait au moins un prophète arabe influencé par le judaïsme et le judéo-christianisme.

Sept siècles après le Christ se développa de manière inattendue – et à une vitesse prodigieuse – une nouvelle religion du monde, la plus récente : l'islam. Si j'étais né quelque part dans la « ceinture verte » entre Maroc et Indonésie, Ouzbékistan au centre de l'Asie et Mozambique en Afrique, je serais sans doute l'un des 1,3 milliard de musulmans disciples du prophète Muhammad.

En tant que musulman je croirais, tout comme les juifs et les chrétiens, en l'unique Dieu bienveillant et miséricordieux d'Abraham, le Créateur, Protecteur et Éducateur de tous les hommes. Mais alors que pour le modèle de vie juif c'est Israël en tant que peuple de Dieu et pays qui est central, et pour les chrétiens Jésus-Christ en tant que Fils et Messie de

Dieu, pour moi en tant que musulman ce serait le *Coran* comme *Parole de Dieu* et *Livre*.

J'aurais probablement peu de difficultés à accepter le Coran comme Livre saint et vivant, arabe à l'origine, mais par la suite repris par les musulmans du monde entier. Toutefois j'aurais des difficultés, comme certains musulmans déjà depuis des siècles, à voir dans le Coran un livre révélé, quasiment dicté par Dieu mot à mot. Et je poserais probablement la question : le Coran en tant que parole de Dieu ne serait-il pas aussi la parole des hommes, la parole du prophète Muhammad ? Même s'il en est ainsi, le Coran pourrait à mes yeux révéler la vérité, le chemin et la vie.

Le Coran est la base du *modèle de vie musulman* : pour le droit, les rites et la théologie, pour l'inspiration apportée à l'ensemble de l'art et de la culture islamiques. À quoi s'ajoutent les cinq piliers fondamentaux de l'islam : à côté de la profession de foi dans le Dieu unique et son envoyé Muhammad, le devoir de la prière quotidienne, les dons aux pauvres ou à la société, le jeûne du mois de ramadan et, une fois dans sa vie, le pèlerinage à La Mecque.

En tant que musulman, j'apprendrais sans nul doute du Coran à avoir Jésus en très grande estime : il est l'un des trois envoyés de Dieu qui ont reçu une révélation avant Muhammad, comme Moïse pour la Thora et David pour les Psaumes, comme Jésus pour l'Évangile. On peut le qualifier de Messie et de parole de Dieu, et ses actions miraculeuses peuvent être reconnues. D'un autre côté, en tant que musulman, j'aurais des difficultés à accepter ce qui est attesté unanimement et sans équivoque dans les Évangiles et dans les lettres de l'apôtre Paul, à savoir la mort de Jésus sur la croix. Pour le Coran, une telle mort paraît trop infamante pour un aussi grand prophète. C'est pourquoi le Coran dit : un autre a été crucifié à sa place, mais Jésus a été directement élevé à Dieu.

Je pourrais donc, en tant que musulman, affirmer expressément l'élévation de Jésus à Dieu. Je pourrais probablement, ainsi que le prophète Muhammad le pouvait manifestement encore, m'identifier assez facilement à la compréhension du Christ par les judéo-chrétiens. Admettons que le judéo-christianisme, duquel est issu le christianisme, fût représenté quand fut établie la confession de foi, lors du premier concile œcuménique de Nicée (IVe siècle) : sans doute, tout comme plus tard le prophète Muhammad, il n'aurait pas accepté plusieurs formules hellénistiques. « Consubstantiel au Père » *(homo-ousios)* par exemple : aucun judéo-chrétien n'aurait probablement apposé sa signature sur cette formule christologique introduite par l'empereur, pas plus qu'un juif ou un musulman ne peut, encore de nos jours, l'accepter.

J'aurais donc aussi, à l'instar des musulmans et des juifs dans leur ensemble, des objections contre une élévation de Jésus au rang de Dieu, qui fait de lui – lui qui est le Fils de Dieu – Dieu tout simplement (en grec : *ho theos*), lequel Dieu a été appelé par Jésus lui-même son Père et notre Père. Le Nouveau Testament lui-même dit que Jésus a reçu le pouvoir qui l'« établit avec puissance » et que par sa résurrection Dieu lui-même « l'a fait Seigneur et Christ » (roi oint) (Romains 1,3-4 ; Actes des Apôtres 2,36). Cela, même un musulman peut l'admettre.

Avec la parole sévère du Coran : « Ceux qui disent que Dieu, c'est le Christ, fils de Marie, sont des infidèles » (sourate 5,27), le prophète Muhammad est devenu un « avertisseur » pour le christianisme de culture hellénistique, où la compréhension du Christ par les anciens judéo-chrétiens n'avait guère de chances de gagner par rapport à la nouvelle interprétation hellénistique. Aucun judéo-chrétien n'aurait eu d'objection à l'idée que Jésus est le Fils de Dieu au sens de représentant de Dieu : « Le Seigneur a dit à mon Seigneur : siège à ma droite » (Psaumes 110,1 ; Actes des Apôtres 2,33-35). Dans l'interprétation chrétienne, cette formulation devient l'une des propositions christologiques les plus importantes : Jésus est le représentant de Dieu, et le représentant peut, selon la tradition d'Israël bien comprise, aussi être appelé fils : « Tu es mon fils, moi aujourd'hui je t'ai engendré » (Psaumes 2,7 ; Actes des Apôtres 13,33). Il faut comprendre cette affirmation selon ce qu'en dit la Bible pour le jour de l'intronisation : Dieu « engendre » le roi d'Israël.

Ainsi pouvait-on aussi voir dans le modèle islamique un correctif au paradigme du Christ hellénistique. Le Coran renvoie en fait au modèle judéo-chrétien originel, comme je l'ai récemment exposé dans mon livre sur l'islam[1]. Ce serait la tâche de la parole de l'Église que de traduire les concepts centraux de la foi chrétienne, exprimés dans le vocabulaire de l'Antiquité grecque tardive et ensuite en latin, dans la pensée et le langage du monde actuel.

Fermeté et volonté de dialoguer

Cependant je ne souhaite pas poursuivre la vieille querelle dogmatique, mais me laisser guider par Celui qui signifie pour moi le chemin, la vie et la vérité. Ce chapitre confirme à mes yeux la belle parole, qui m'a toujours impressionné, de la théologienne protestante Dorothee Sölle :

> Compare-le tranquillement à d'autres grands
> Socrate
> Rosa Luxemburg
> Gandhi
> Il soutient la comparaison
> Toutefois le mieux serait
> Que tu le compares à toi[2]

1. *Der Islam*, 2004 ; trad. fr. : *L'Islam*, 2010.
2. *Meditationen und Gebrauchstexte*, Wolfgang Fietkau Verlag, 1969 (non traduit en français).

Jésus en tant que modèle de vie est avant tout un défi pour moi, qui veux être un bon chrétien. Même de ce centre de la foi chrétienne, je peux parler avec ceux qui ont une autre foi ; je suis en dialogue avec des juifs et des musulmans, et avec des membres d'autres religions. En revanche, je ne veux imposer le Christ comme modèle de vie à personne. Ni à un juif, qui a tant de choses en commun avec Jésus et le considère peut-être même comme le dernier prophète d'Israël : je ne cherche pas à convertir les juifs. Ni aux musulmans, qui reconnaissent en Jésus le grand prophète de Muhammad . je ne cherche pas non plus à convertir les musulmans. Toutefois je suis convaincu que juifs et musulmans peuvent, dans les écrits néotestamentaires, apprendre beaucoup de choses sur Jésus qu'on ne peut trouver dans leurs propres livres saints.

Ce que j'ai exposé en détail dans *Projet d'éthique planétaire* (1990) reste ma conviction :

— Nous pouvons apprendre les uns des autres ; ne pas simplement nous « tolérer » les uns les autres, mais essayer de nous comprendre les uns les autres, et de la sorte nous nous comprenons mieux nous-mêmes et « coopérons » plus volontiers.

— Nous pouvons aussi débattre de la vérité quand cela se fait dans la sincérité. En tant que chrétien, je n'ai aucun monopole de la vérité, mais pour autant je ne suis pas prêt, face à des contrevérités, à renoncer à la confession de la vérité. Dialogue et témoignage ne s'excluent pas.

— Chacun de nous peut poursuivre son chemin avéré vers le salut, mais chacun doit de même accorder à l'autre qu'il peut accéder au salut à travers sa religion.

— Vu de l'extérieur, pour ainsi dire à partir de la science des religions, il existe différents chemins du salut, différentes religions vraies. Mais, vu de l'intérieur, donc pour moi en tant que chrétien qui a la foi, il n'existe qu'une seule religion vraie : la religion chrétienne ; par rapport à elle, les autres ne sont vraies qu'avec réserve.

— En effet, pour moi Jésus-Christ est et reste « le chemin, la vérité et la vie ». Mais je respecte le fait que « le chemin, la vérité et la vie » soient pour les juifs la Thora, pour les musulmans le Coran, pour les hindous le *dharma*, pour les bouddhistes l'octuple sentier et pour les taoïstes le *tao*.

— L'attitude œcuménique signifie à la fois fermeté et ouverture à la discussion : pour moi personnellement, elle signifie tenir ferme dans la fidélité à la cause chrétienne, sans en démordre et sans peur d'être discrédité par l'Église, mais dans une ouverture sans réserve aux autres.

8

Vie de souffrance

Je crie vers toi et tu ne réponds pas ;
Je me présente sans que tu me regardes.
Tu es devenu cruel à mon égard.

Job, 30,20 *sq.*

Un chemin de vie avec la joie de vivre et un sens à la vie – mais non sans souffrance.

Durant des années, je n'ai jamais été sérieusement malade. Néanmoins le destin a voulu que j'écrive les premières pages de ce chapitre à la fin d'une semaine passée à la clinique universitaire de Tübingen... pour une petite opération de routine dont je n'ai pas à m'inquiéter. Mais c'est une occasion de réfléchir à nouveau sur ce sombre et fondamental thème qu'est la souffrance. Et non tant dans le contexte médical, où l'on s'occupe au mieux de moi, qu'en matière théologique, où il m'est particulièrement difficile de répondre – compte tenu de l'instance supérieure devant laquelle on place sa vie.

Une question vieille comme le monde :
pourquoi est-ce que je souffre ?

Comme tout homme, j'ai, moi aussi, écopé d'une bonne dose de souffrance, même si elle fut davantage psychique que physique. Je suis, moi aussi, passé par des crises existentielles, petites et grandes – j'en ai raconté certaines dans mes Mémoires. Moi aussi, j'ai connu l'expérience de l'échec et

243

j'ai souvent été abandonné par des hommes qui me semblaient être mes amis. Moi aussi, je connais la peur, surtout
celle d'être seul : peur de perdre des personnes que j'aime et
qui sont importantes pour moi. « Pourquoi je souffre ? Voilà
le roc de l'athéisme », fait dire l'écrivain Georg Büchner à
l'un des personnages de son drame *La Mort de Danton*. Oui,
pourquoi je souffre ? Pourquoi est-ce justement moi qui
souffre ? Pourquoi précisément maintenant ? Pourquoi précisément de cette façon ? C'est une question pour les croyants
et les non-croyants.

La question ne se pose guère si je crois en un destin irrémé-
diable et insondable ou, s'il me manque toute instance transcendante que je pourrais interpeller, en une mystique moniste
solipsiste. La question ne se pose pas non plus si, à l'inverse,
dans le cadre d'une religion dualiste comme l'ancienne religion persane et plus tard la religion manichéenne, j'attribue
tout le mal à une seconde puissance originaire placée à côté
du Dieu bon.

Mais quiconque croit en un Dieu bon et vivant est, face à
toutes les souffrances et à tout le mal dans notre monde,
confronté à une énigme qui traverse l'histoire des hommes
depuis l'époque la plus lointaine, en tant que question cla-
mée ou silencieuse, en tant que plainte amère ou lassée et,
disons-le, en tant que question indignée ou cynique. Pourquoi Dieu n'a-t-il pas empêché le mal ? Déjà le philosophe
grec Épicure, vers 300 avant Jésus-Christ, retourna cette
question contre la religion. Et, au moment des Lumières, le
rationaliste Pierre Bayle énonça la formule classique, reprise
jusqu'à nos jours : « Pourquoi Dieu n'a-t-il pas empêché le
mal ? »

Ou bien Dieu ne le peut : alors il n'est pas vraiment tout-
puissant.

Ou il ne le veut : alors il n'est pas bon, juste et saint.

Ou il ne le peut ni ne le veut : alors il est impuissant et
envieux en même temps.

Ou il peut et veut : alors pourquoi tout ce mal dans le monde ?

La réponse de la théologie chrétienne, d'Augustin à Thomas d'Aquin, ne m'a jamais totalement satisfait : le mal n'aurait pas de substance propre, il serait juste un manque de bien ; il ne présuppose aucune cause efficiente, mais uniquement une cause déficiente. C'est exactement ce que dit un docteur de l'Église comme Augustin : ancien adepte d'une religion à la pensée dualiste, le manichéisme, il a transféré dans l'ensemble de la théologie latine la funeste idée du péché originel ou héréditaire, transmis par la relation sexuelle, ce qui fait de la sexualité une force *a priori* mauvaise et démoniaque. Ne faudrait-il pas prendre au sérieux la force de négation du mal à partir d'un autre point de vue ?

En revanche, Thomas d'Aquin a formulé une réponse concise et claire qui tient en trois mots : *nec vult, nec non vult, sed permittit.*

Dieu ne veut pas le mal ; n'est-il pas l'Infini, le Juste, le Saint ?

Mais Dieu ne veut pas non plus qu'il n'y ait pas de mal : sinon il n'existerait pas, de fait, de mal en ce monde.

Cependant Dieu tolère le mal : il permet le mal pour notre éducation et à titre de sanction.

Cependant, malgré l'habileté de la formulation, en fin de compte cette solution non plus ne saurait me convaincre.

Une justification de Dieu face à la souffrance ?

Gottfried Wilhelm Leibniz, philosophe, théologien, juriste, historien et mathématicien, s'est expliqué avec l'argumentation de Pierre Bayle. Le monde lui doit le terme de « théodicée », « justification de Dieu ». Publiés en 1710, les *Essais de théodicée sur la bonté de Dieu, la liberté de l'homme et l'origine du mal* de Leibniz devinrent vite un classique.

Leibniz était assez réaliste pour ne pas minimiser les diverses formes de souffrance et de mal dans le monde. Le monde n'est pour lui absolument pas parfait, il n'est pas sans plus bon. Au contraire, il distingue entre trois sortes de mal :

— le mal métaphysique, ou l'imperfection dans l'ordre de l'être ; il est fondé sur la finitude de l'homme ;

— le *malum physicum* ou la douleur ; il est donné avec la corporéité de l'homme ;

— le mal moral ou la méchanceté ; il existe en raison de la liberté de l'homme.

Ainsi la Création présente n'est-elle en aucune façon la plus parfaite, car selon Leibniz elle constitue uniquement le meilleur de tous les mondes possibles. En effet, un monde sans péché et sans souffrance, et de ce fait sans la liberté de l'homme, ne serait pas *a priori* meilleur. Dieu tolère le mal au nom de l'harmonie et du Tout.

La *théodicée* de Leibniz fut lue par tous les lettrés d'Europe. Mais aux yeux d'une large opinion, cinquante ans plus tard le tremblement de terre de Lisbonne du 1er novembre 1755, jour de la Toussaint, avec des dizaines de milliers de morts, ébranla l'enthousiasme pour « le meilleur de tous les mondes possibles ». Il fut ensuite facile, pour Voltaire, de ridiculiser la théodicée de Leibniz dans son conte philosophique *Candide ou l'Optimisme* (1759).

En 1791, Emmanuel Kant écrit un ouvrage sur la théodicée qui porte ce titre remarquablement sévère : *Sur l'échec de toute tentative philosophique en matière de théodicée.*

Même si l'on ne vient pas facilement à bout de la rigoureuse logique et du système global de la théodicée de Leibniz, dans les cas particuliers concrets, lors d'une maladie déterminée, d'un échec professionnel ou humain, en cas de trahison ou lors d'un décès... une telle théodicée n'est pas un véritable réconfort pour la personne désespérée qui souffre. Une argumentation intellectuelle, si intelligente soit-elle, revient à faire à des affamés et à des assoiffés une conférence sur la chimie alimentaire ou la diététique.

Par ailleurs, les grands fumeurs ou les sportifs de haut niveau ne devraient pas se plaindre auprès de Dieu des cancers des poumons ou des infarctus. Souvent nous ne sommes pas assez conscients à quel point les hommes sont eux-mêmes responsables de la souffrance, en particulier par leurs défaillances morales, de la haine et de l'envie entre voisins ou collègues de travail jusqu'aux guerres entre ethnies et nations. Mais nous savons aussi que des hommes endurent des souffrances alors qu'ils sont totalement innocents. En particulier, la souffrance innocente des enfants n'est justifiable par aucun argument. À quoi bon la liberté offerte aux hommes par Dieu si elle conduit à de telles monstruosités ! Ivan Karamazov, le personnage bien connu de Dostoïevski, veut à cause d'elles rendre le « billet d'entrée » dans la Création. Le médecin de *La Peste* d'Albert Camus, le Dr Rieux, fonde son non à Dieu sur son expérience vécue au chevet des enfants mourants. Il faut ajouter à cela l'immense souffrance que les famines et les catastrophes naturelles causent à des centaines de milliers d'hommes innocents !

Pendant mes années de travail sur le judaïsme (conclues en 1991 par le livre intitulé *Le Judaïsme*), je dus me confronter intensément à une nouvelle dimension de la souffrance. Justement, durant l'ère de « grand progrès » que fut le XXe siècle, l'humanité a vécu le mal dans des dimensions jusque-là inconnues à travers l'État totalitaire et l'industrialisation du meurtre dans la Shoah. Et là se repose avec une tout autre urgence la question : comment Dieu a-t-il pu tolérer une chose pareille ? Il m'a fallu beaucoup d'années pour trouver à cette question une réponse convaincante à mes propres yeux.

Une dialectique de la souffrance
en Dieu lui-même ?

À la fin de mes études romaines, je ne cherchai pas la solution de l'énigme « souffrance » chez Thomas d'Aquin ou Leibniz, mais dans une autre direction. Dès mon séjour à Rome, je fus enthousiasmé par la philosophie de Hegel, et immédiatement après avoir fini avec de l'avance ma dissertation théologique sur Karl Barth, je commençai à l'université de la Sorbonne, à Paris, un doctorat de philosophie sur la christologie de Hegel, culminant dans le « Vendredi saint ».

Hegel a découvert la dialectique, le développement par les contraires – affirmation *(thesis)*, négation *(antithesis)* et réconciliation *(synthesis)* –, non seulement comme le rythme de la pensée, mais encore comme le rythme nécessaire de la totalité dans la nature et dans l'histoire, et même de l'absolu, Dieu lui-même. Il me semblait aussi possible de résoudre ainsi l'énigme de la souffrance : « Que l'humain, le fini, le fragile, la faiblesse, le négatif sont eux-mêmes un moment ·divin, que tout cela est en Dieu, que la finitude, le négatif, l'altérité ne sont pas hors de Dieu et en tant qu'altérité n'ont pas été un obstacle pour l'unité avec Dieu[1]. »

Ainsi, selon Hegel, le destin de Dieu lui-même s'accomplit dans le destin de souffrance du Christ, et en sa mort s'accomplit la mort de Dieu et en même temps la mort de la mort. « Dieu a subi la mort, Dieu est mort ; voilà la pensée la plus effroyable, que tout ce qui est éternel, tout ce qui est vrai n'est pas, que la négation est en Dieu même ; la douleur suprême, le sentiment de la perdition totale, le renoncement

---

1. *Leçons sur la philosophie de la religion*, III, trad. P Garniron, PUF, 1972, p. 164.

à tout ce qui est élevé se rattachent à cela. – Cependant le cours des choses n'en reste pas là ; une conversion a lieu ; Dieu en effet se conserve dans ce processus et celui-ci n'est que la mort de la mort ; Dieu se relève pour vivre ; cela se retourne donc en son contraire[1]. »

Comment pourrais-je, en tant qu'être souffrant et mortel, encore me plaindre si en moi le destin de Dieu lui-même se reflète ? Dans la joie de ma découverte, j'ai, encore à Rome, rédigé une courte présentation de la dialectique des propriétés de Dieu et l'ai montrée à mon professeur de dogmatique. Il n'avait aucune objection à opposer, mais ne savait pas trop quoi en faire. Mais n'ayant pu passer mon doctorat de philosophie à Paris en raison de ma nomination à la chaire de théologie fondamentale de Tübingen, j'ai plus tard encore retravaillé la totalité du manuscrit, avant de le publier en 1970, l'année anniversaire de la naissance de Hegel, sous le titre *Incarnation de Dieu. Introduction à la pensée théologique de Hegel comme prolégomènes à une christologie future.* Aujourd'hui encore je sens monter la colère quand, réexaminant ce livre, je vois la peine infinie que je me suis donnée pour étudier l'histoire du dogme du Christ dans l'ancienne Église et dans la théologie du Moyen Âge, alors que ceux qui s'attribuent volontiers le beau rôle de gardiens de l'orthodoxie se sont si peu occupés de ces questions. Cependant, dans l'ultime rédaction du livre, j'ai mis en annexe toutes mes recherches érudites sur l'histoire des dogmes, comme des excursus. Car, entre-temps, c'est tout autre chose qui a attiré mon attention.

En étudiant les travaux de l'exégèse récente, en particulier la recherche sur le Jésus de l'histoire, il est devenu évident pour moi qu'on ne peut, comme Hegel, identifier le destin de Jésus avec le destin de Dieu même. Je dus admettre que cette

1. *Ibid.*, p. 159-160.

christologie « d'en haut », soutenue encore par Karl Barth et Karl Rahner, reste pour ainsi dire suspendue en l'air sans une christologie « d'en bas », à partir du Jésus concret de l'histoire. Vingt ans plus tard (1990), Karl-Josef Kuschel a, dans sa monumentale recherche *Geboren vor aller Zeit ? Der Streit um den christlichen Ursprung* (« Né de toute éternité ? La controverse sur l'origine du christianisme »), très justement mis en relief ce « tournant » dans ma pensée christologique. Certes, je voulais depuis toujours, comme Hegel, comprendre Dieu comme le Dieu vivant qui se meut, change, fait advenir une histoire, à l'inverse du dieu immobile de la métaphysique grecque. Un Dieu qui ne reste pas en lui-même, au-dessus du monde, mais sort de lui-même, s'extériorise.

Mais si l'on part du Jésus de Nazareth historique, on ne peut en aucun cas identifier sa passion et sa mort avec la mort de Dieu lui-même. C'est donc bien Jésus en tant que « Fils » de Dieu et non comme Dieu même, le Père, qui est mort. C'est bien au contraire le Fils qui a été ressuscité d'entre les morts par Dieu, son Père, et a été accueilli dans sa vie éternelle. Mais dans la philosophie de la religion de Hegel, Dieu même revient nécessairement, par un retournement dialectique, quasi automatiquement de la mort à la vie.

La toute-puissance de Dieu confrontée à la Shoah

La Shoah, le meurtre systématique de six millions de Juifs et d'environ cinq cent mille Tsiganes, cet évènement d'une cruauté humaine unique, fait apparaître la question de Dieu et de la souffrance à une profondeur jusqu'alors jamais atteinte. Je me souviens du saisissant discours de Hans Jonas, philosophe juif chassé d'Allemagne par les nazis et dont la mère fut assassinée à Auschwitz. Ce discours sur « le concept de Dieu après Auschwitz[1] » fut tenu en 1984 à l'université de Tübingen. Sa réponse prend pour point de départ, au lieu de la grandeur de Dieu, la *souffrance de Dieu* depuis la création du monde et, au lieu de la toute-puissance de Dieu, l'impuissance de Dieu : à Auschwitz, Dieu s'est tu et n'est pas intervenu, « non parce qu'il ne voulait pas, mais parce qu'il ne pouvait pas ». Avec cette réponse, Hans Jonas se plaçait dans la tradition de la mystique juive, la Kabbale, qui voyait déjà dans la Création de Dieu une « contraction » (en hébreu *zimzum*), un « retrait » volontaire, une auto-contraction et une autolimitation de Dieu. Mais cette réponse est-elle satisfaisante... pour les juifs, pour les chrétiens ?

Avec tout le respect que m'inspire Hans Jonas, auquel nous devons aussi le très important livre sur le *principe Responsabilité*, je me vois cependant confirmé dans mes réserves sur cette réponse par d'importants théologiens juifs comme Louis Jacobs et Joseph Soloveitchik : que Dieu doive, à la manière d'un homme, se resserrer, se contracter, pour accorder à un autre à côté de lui existence et essence, espace et temps, me semble priver Dieu de son infinité, de son éternité et de sa perfection – qui furent toujours maintenues dans la grande tradition judéo-chrétienne. *A priori*, le fini ne saurait limiter l'infini, et même un univers infini ne pourrait limiter le Dieu infini qui est dans chaque chose. Au lieu d'une limitation de Dieu, on ferait mieux de voir dans la Création un « déploiement de Dieu » (selon Nicolas de Cues, une *explicatio Dei*).

Face à Auschwitz (mais aussi à l'archipel du Goulag et à Hiroshima), il me semble qu'une conception de Dieu postmoderne des juifs et des chrétiens devrait converger sur deux points importants : d'une part, juifs et chrétiens refusent un Dieu indifférent, anhistorique, apathique, cruel et impitoyable ;

---

1. Hans Jonas, *Le Concept de Dieu après Auschwitz*, trad. P. Ivernel, suivi d'un essai de Catherine Chalier, Rivages, 1994.

d'autre part, tous croient en un Dieu qui, bien que caché, est présent et prend réellement part à l'histoire, est miséricordieux et même *compatissant*. Il s'ensuit, me semble-t-il, ceci : même la « toute-puissance » de Dieu ne doit pas être entendue comme si un potentat « absolu », « détaché », insensible à tout, dirigeait tout, faisait tout ou pouvait tout faire. Mais, d'autre part, la puissance de Dieu ne doit pas être purement et simplement remplacée par l'impuissance, ni sa sagesse par la folie. En tout cas, ce ne serait alors plus le Dieu de la Bible.

Ainsi donc ma conviction demeure : même avec les plus audacieuses spéculations sur Dieu, une réalité aussi monstrueuse que celle d'Auschwitz – ou encore celle de dizaines de milliers de morts lors d'un tsunami ou d'un tremblement de terre – ne saurait être « surmontée ». C'est avec raison que les musulmans, plus préoccupés que d'autres par la transcendance de Dieu, font des commentaires ironiques et critiques à propos de cette image d'un Dieu « dégradé » et « méritant la pitié ». Et la christologie souvent ressassée de théologiens chrétiens à propos de cette image de Dieu s'avère sur ce point particulièrement sujette à la critique. Et je n'ai pas le droit d'éviter la question.

Un Dieu crucifié[1] ?

Après la Seconde Guerre mondiale et en référence à un mot de Dietrich Bonhoeffer, des théologiens chrétiens ont souvent essayé de surmonter la problématique de la souffrance par l'hypothèse d'un « Dieu souffrant ». Dieu serait, « dans le

---

1. Dans cette section, Hans Küng s'explique notamment avec Jürgen Moltmann, auteur d'un ouvrage qui eut un grand succès, *Le Dieu crucifié*, trad. B. Fraigneau-Julien, Cerf, 1974.

monde, impuissant et faible », et c'est justement ainsi et uniquement ainsi qu'il serait parmi nous et nous apporterait son aide ; seul le « Dieu souffrant » pourrait aider. Certains, tenant compte de la Shoah, en ont conclu que « l'indicible souffrance des six millions serait aussi la voix du Dieu souffrant ». D'autres encore ont même pensé qu'ils pourraient surmonter la problématique de la souffrance par une histoire dialectique de la souffrance hautement spéculative, une histoire se déroulant entre Dieu *et* Dieu, ou même avec Dieu *contre* Dieu, au sein de la Trinité (du Père, du Fils et du Saint-Esprit). Toute cette opération cependant se fait sans se référer ni à la Bible hébraïque, ni au Nouveau Testament.

Un lecteur averti de la Bible peinera à comprendre ces spéculations sur un Dieu rabaissé. Karl Rahner m'a dit un jour avec raison : « Pourquoi devrais-je aller mieux si même pour Dieu lui-même ça va mal ? » À suivre le Nouveau Testament, l'homme Jésus, le Fils de Dieu, crie vers Dieu, son Père, parce que, dans la profondeur de sa souffrance, il se croit abandonné de Dieu. Mais nulle part Dieu ne crie vers Dieu, nulle part Dieu n'est lui-même faible, impuissant, souffrant, crucifié ou même mort. Lorsqu'on identifie la souffrance humaine à Dieu au point de dire que c'est aussi la souffrance de Dieu, lorsque le cri des hommes devient le cri de Dieu, il faudrait aussi faire des péchés humains (par exemple les crimes des SS) des péchés de Dieu.

Un « Dieu crucifié », qu'est-ce à dire ? Je ne peux être d'accord avec cette thèse de théologiens chrétiens. Je préfère suivre le Nouveau Testament et la Bible hébraïque, et non des spéculations gnostiques et kabbalistiques : sur la croix de Jésus-Christ, ce *n'est pas Dieu* lui-même qui a été crucifié, ce n'est pas *le* Dieu, *ho theos*, celui qui tout au long du Nouveau Testament est le Père, *Deus Pater omnipotens*. Sinon comment Jésus crucifié, abandonné de Dieu, aurait-il pu crier vers Dieu : « Mon Dieu, mon Dieu, pourquoi m'as-tu abandonné ? » (Marc 15,34) ? Non, selon le Nouveau Testament il ne s'ensuit ici aucun « Vendredi saint spéculatif » (Hegel), aucun « renversement », aucun « saut dans la mort » de Dieu lui-même. À la croix ne pend – malgré la voix tentatrice rapportée dans le célèbre récit d'Auschwitz par Elie Wiesel sur le petit garçon pendu à la potence[1] – justement pas « Dieu », mais bien l'« Oint » de Dieu, son « Christ », le « Fils de l'homme », le « Fils » de Dieu.

En d'autres termes, le message, souvent transmis aux enfants, que « là est suspendu le bon Dieu » n'est pas exact. La croix n'est pas pour la grande tradition chrétienne le symbole de Dieu « souffrant », « criant », ni même « le symbole de la mort nécessaire du Dieu souffrant », mais le symbole de la mort nécessaire des *hommes* souffrants. Un « patripassianisme » antibiblique, selon lequel Dieu le Père lui-même aurait souffert, a été très tôt et à juste titre condamné par l'Église. Et si la théologie juive proteste, elle aussi à bon droit, contre une image de Dieu sadique et cruelle selon laquelle un Dieu sanguinaire demanderait le sacrifice de son Fils, espérons que la christologie chrétienne, avec non moins d'insistance, luttera elle aussi contre une conception masochiste et doloriste de Dieu, qui voudrait qu'un Dieu faible se fraie un passage par la souffrance et la mort pour ressusciter s'il ne désire pas tout simplement souffrir à jamais. Sur ce point apparaît la différence la plus profonde entre Jésus le Christ et Bouddha, l'Illuminé.

L'Illuminé et le Crucifié

Nous n'apercevons la différence décisive que si nous osons mettre côte à côte la figure du Bouddha souriant, assis sur une fleur de lotus, et celle de Jésus souffrant, cloué à la croix.

1. Ce récit se trouve dans *La Nuit*, Minuit, 1958.

C'est seulement à partir de cette perspective historique que la signification plus large du Bouddha pour les bouddhistes et du Christ pour les chrétiens peut vraiment être comprise.

Au Japon et en Asie du Sud-Est, face à une statue du Bouddha devant laquelle les bouddhistes se prosternent, j'ai souvent manifesté mon respect par un signe de la tête. Par son illumination le *Bouddha Gautama* rejoignit, déjà de son vivant, le *nirvâna*, et vécut encore par la suite, en tant qu'« Éveillé » et Illuminé, durant des décennies, jusqu'à ce qu'il aille par une mort non spectaculaire dans le *nirvâna* définitif, dans le *pari-nirvâna*. Il vécut, même si ce ne fut pas sans douleur ni souffrance, dans un esprit de sérénité et de gravité, dans l'harmonie et le succès, finalement fort estimé par les puissants ; sa doctrine se répandit et le nombre de ses disciples s'accrut énormément. Il mourut, à l'âge avancé de quatre-vingts ans, d'une intoxication alimentaire, mais là aussi de façon paisible, entouré de ses disciples. Partout dans le monde, aujourd'hui encore, les statues du Bouddha témoignent de son calme, de sa sérénité, de sa paix, de sa profonde harmonie et même de sa gaieté. Je peux comprendre que le Bouddha représente pour beaucoup d'Asiatiques la plus sympathique des figures qui puissent les guider.

Combien est différent l'*homme de Nazareth* ! C'est une histoire de souffrance, avec une arrestation, des coups de fouet et finalement une exécution, sous la forme la plus cruelle et la plus ignoble, à l'âge de seulement trente ans environ. Rien de serein ni d'accompli qu'on puisse noter dans cette vie. Elle resta à l'état de fragment, d'ébauche. Un échec ? En tout cas, selon ce que nous pouvons en savoir, aucune trace de réussite de son vivant ; cet homme mourut méprisé, proscrit et maudit. Il finit dans la solitude et le plus grand des supplices : évité par sa mère et sa famille, abandonné par ses disciples et ses partisans, manifestement oublié par son Dieu. L'ultime parole qu'on entend de lui est son cri sur la croix. De cette époque à nos jours, c'est l'image sans équivalent de l'*homme souffrant tout court* – une image difficilement supportable par les bouddhistes et aussi par les chrétiens sensibles.

En vérité, c'est un être de souffrance qui ne répand pas la pitié mais exige lui-même de la pitié, qui ne se repose pas sur lui-même mais se donne totalement. Ainsi donc, en tant qu'il est celui qui souffre dans le don et l'abandon de lui-même, ce Jésus-là se différencie, d'après la compréhension chrétienne, du Bouddha, qui est le bienveillant, le compatissant. Par là il se distingue aussi de façon unique des multiples dieux et fondateurs de religion divinisés, de tous les génies religieux, des gourous et des Césars de l'histoire du monde : il se distingue en tant qu'il est le souffrant, celui qui est exécuté, celui qui est *crucifié*. Mais cela signifie-t-il qu'il ne donne aucune réponse à la question de la souffrance ?

L'énigme insoluble de la théodicée

Vivre, c'est souffrir : telle est la connaissance la plus profonde du bouddhisme, que l'on peut approuver en tant que chrétien. Souffrir, en l'occurrence, au sens le plus large : c'est tout le négatif qui accable notre vie. Vivre, c'est souffrir, encore de nos jours, même avec la meilleure technique et la meilleure médecine, avec la psychothérapie la plus efficace et toutes les réformes sociales : l'homme n'arrive pas à supprimer sans plus la souffrance. Aux anciennes maladies succèdent de nouvelles, aux malheurs du passé des malheurs modernes, aux maladies physiques des maux psychologiques… Chacun peut se trouver dans une situation où il se pose une question sans réponse. Depuis des décennies, je n'ai cessé de revenir sur toutes les tentatives de théodicée, en philosophie comme en théologie. Et j'ai abouti à la claire conviction suivante : il n'existe pas de réponse théorique au problème de la théodicée !

Cela ne rend pas une attitude fondamentale de foi impossible. Ainsi, en particulier face à la cruauté de la Shoah, je peux et dois dire ceci : *si* Dieu existe, il était aussi à Auschwitz ! Des croyants de religions et de confessions diverses ont prié Dieu même dans cette usine de la mort. Ils ont, dans la souffrance et la mort, tenu ferme : malgré tout... Dieu est vivant. Mais la question demeure sans réponse : *comment* Dieu pouvait-il être à Auschwitz sans empêcher Auschwitz ? En dépit des apologétiques pieuses innombrables, il faut l'avouer sans fard : le théologien qui veut venir sur ce point à bout du mystère, qui est le mystère de Dieu même, n'y découvre dans le meilleur des cas que la projection de ses propres souhaits ou de ses propres constructions théologiques. À propos de ce point extrême, de cette question des plus difficiles, il me semble que le plus approprié serait une *théologie du silence*. « Si je le connaissais, je serais lui », dit une ancienne parole juive. Certains théologiens juifs, préférant renoncer à une justification ultime de Dieu par rapport à toutes les souffrances, ne citent que cette lapidaire parole de l'Écriture, qui fait suite à l'annonce faite à Aaron de la mort de ses deux fils tués par le feu de Dieu : « Aaron resta muet » (Lévitique 10,3).

Aucun des grands esprits de l'humanité que j'ai étudiés – ni Augustin, ni Thomas, ni Calvin, et pas davantage Leibniz, Hegel ou Karl Barth – n'a résolu ce problème originaire. *Sur l'échec de toute tentative en matière de théodicée*, écrivait Kant en 1791, alors qu'à Paris on songeait à une destitution de Dieu et qu'on entreprenait son remplacement par la déesse Raison. J'aimerais pourtant demander en sens inverse aux athées : la raison, voire l'*athéisme* donnent-ils la solution ? Un athéisme qui ferait d'Auschwitz son gage ? Auschwitz serait-il le roc par excellence de l'athéisme ? Ici une question s'impose à moi : est-ce qu'il se pourrait que l'athéisme explique mieux le monde, sa grandeur et sa misère ? L'incroyant explique-t-il en définitive le monde tel qu'il est en réalité ? Et l'incroyant peut-il consoler de la souffrance inconcevable et absurde d'innocents ? Comme si, dans une souffrance de ce genre, la *ratio incroyante* n'avait pas elle aussi ses limites ! Non, celui qui s'oppose à la théologie n'est absolument pas mieux nanti ici que le théologien. Mon jugement, renforcé au cours des décennies et auquel je n'ai jusqu'à présent trouvé aucune alternative convaincante, est donc celui-ci : la souffrance, la souffrance trop grande, innocente et *insensée* – individuelle ou collective – *ne saurait être comprise en théorie*, mais, dans *le meilleur des cas, elle peut être surmontée en pratique*. Pour les chrétiens et les juifs, il y a seulement une *réponse pratique* au problème de la théodicée. Et quand on demande *quelle* est leur position pratique, juifs et chrétiens renvoient à des traditions différentes et pourtant cohérentes.

Pour la souffrance extrême, les juifs tout comme les chrétiens ont à leur disposition la figure de Job, issue des récits bibliques de la sagesse élaborés du Vᵉ au IIᵉ siècle avant Jésus-Christ. Cet homme innocent – un mendiant atteint de lèpre, qui a perdu ses biens, sa famille, sa santé – se plaint auprès de Dieu et rejette tous les arguments en faveur d'une justification de Dieu que ses amis avancent au cours de longues discussions avec lui. Il montre que l'homme n'est pas tenu d'accepter sans plus la souffrance, il n'a pas besoin de ménager Dieu. Il a le droit de se rebeller, de protester, de se révolter contre un Dieu qui paraît cruel, perfide et sournois. Job aurait parlé de Dieu avec justesse, lui concède-t-on finalement. Pourtant ce n'est pas la fin du récit. Finalement Job retrouve tout.

L'homme souffrant n'a pas accès aux secrets de la volonté et au dessein pour le monde du Créateur. L'énigme de la souffrance et du mal ne peut être percée avec les codes de la raison. Les ténèbres de la souffrance et du mal ne viennent à la lumière ni par la psychologie, ni par la philosophie, ni par la morale. La théodicée des amis de Job, qui essaient d'imposer la justification de Dieu à l'aide de leurs arguments logiques, est mise en échec. Mais la théodicée de Job lui-même est mise en échec, lui qui cherchait à atteindre indirectement une justification de Dieu à travers son autojustification. Dieu est et reste l'insaisissable. Pourtant il semble malgré tout raisonnable aux hommes de faire preuve à l'égard de Dieu d'une confiance inébranlable et absolue. L'homme a le droit de protester, mais cela ne devrait pas être son dernier mot.

Pour les *chrétiens* – et pourquoi pas pour les juifs aussi ? –, il semble que la souffrance extrême aille au-delà de la figure – en fin de compte encore fictive – de Job, vers la figure vraiment historique du « serviteur de Dieu » souffrant et mourant, l'*homme de douleur de Nazareth*. Le fait qu'il a été livré, fouetté, raillé, ainsi que sa lente agonie sur la croix, tout cela – comme un juif américain me l'a déclaré un jour – a anticipé la terrible triple expérience de la victime de la Shoah : à savoir l'expérience saisissante, au-delà de tout, d'être abandonné de tous les hommes, d'être dépouillé même de son humanité, et d'être abandonné de Dieu même.

Les premiers chrétiens eurent beaucoup de mal à donner à la mort infamante de Jésus sa signification de mort salutaire. Ils utilisaient des catégories juridiques : la mort de Jésus en tant que justification des pécheurs. Ou des concepts et des images venus du culte : la mort de Jésus en tant que substitution, victime, sanctification. Ou encore des images monétaires : la mort de Jésus comme paiement d'une rançon. Et finalement aussi des images militaires : la mort de Jésus est une arme contre les puissances du mal. Cette multiplicité des interprétations bibliques laisse à chaque génération beaucoup de liberté pour l'interprétation. Il n'existe une théorie unitaire de la croix que depuis le Moyen Âge. Mais cette doctrine de la satisfaction d'Anselme de Canterbury (mort en 1109), censée prouver avec une évidence logique que le sacrifice sur la croix du Fils de Dieu devait apaiser la colère de Dieu, du Père, a suscité un nombre sans cesse croissant d'objections. Dans d'autres publications, j'ai adopté une position critique par rapport aux résultats de l'histoire des dogmes. Une chose est manifeste : c'est justement la croix du Christ qui, durant ces deux mille années de christianisme, a donné lieu à beaucoup trop de malentendus.

La croix incomprise

Manifestement, beaucoup de chrétiens ne se rendent pas compte à quel point le message de salut d'un crucifié représente, aujourd'hui encore, une provocation pour les non-chrétiens, non seulement pour les bouddhistes, mais aussi pour les musulmans. Sinon, en 2009, un cardinal allemand et un dirigeant de l'Église protestante n'auraient sans doute pas refusé une distinction interreligieuse commune avec Navid Kermani, un écrivain musulman très estimé, spécialiste de l'islam, né en Allemagne mais originaire d'Iran : ce dernier avait en effet critiqué la représentation du Crucifié comme étant « un blasphème et une idolâtrie ».

Les deux chrétiens, possédant une culture théologique, auraient dû se rappeler que déjà l'apôtre Paul décrit le message de la croix comme un « scandale pour les juifs et [une] folie pour les païens » (1 Corinthiens 1,23). Aux Romains le message du salut par un crucifié apparaît comme une « nouvelle pour les ânes », idiote et stupide, comme on le voit avec la toute première représentation biblique du Crucifié : un graffiti gravé sur le mont Palatin, le district impérial de Rome, datant du IIIe siècle. C'est l'homme souffrant à sa croix, mais avec une tête d'âne, et en dessous un individu à genoux avec l'inscription : « Alexamenos prie son dieu. » Donc une raillerie de la crucifixion.

Je l'avoue : dans mon cabinet de travail et mon salon, il y a certes une belle icône grecque du Christ, mais aucune image de la crucifixion n'y est accrochée. Pourquoi ? Parce que je partage la réserve des premiers chrétiens. Pendant les trois premiers siècles, on représentait Jésus comme un jeune « bon berger » imberbe. Les deux plus anciennes représentations du Crucifié conservées remontent seulement au Ve siècle : le Christ n'y est pas cependant la figure de la souffrance, mais celle du vainqueur ou de celui qui prie. C'est seulement le gothique tardif qui fit de la souffrance du Crucifié le thème dominant. La représentation la plus bouleversante est celle de Matthias Grünewald, peinte à la veille de la Réforme et qui se trouve à Colmar ; ce tableau, avec la représentation spiritualisée de la résurrection, d'un genre unique, qui y est liée, je l'ai souvent contemplé là-bas.

De nos jours on devrait, à mon avis, adopter une autre attitude à l'égard de l'infamante mort sur la croix de Jésus, d'une part en raison de la sensibilité interculturelle, mais d'autre part aussi sur la toile de fond des expériences négatives de l'histoire. Car je ne peux pas ne pas voir que dans l'histoire de l'Église la croix du Christ a été à l'origine de beaucoup de mauvaises actions. Une fois que grâce à ce signe le christianisme eut pris le pouvoir dans l'Empire romain avec l'empereur Constantin, la croix du Christ, à l'origine signe de salut et de paix, allait devenir de plus en plus un signe de combat et de victoire, surtout pour les soldats, les hommes d'État et les inquisiteurs. Terribles furent les croisades et les persécutions des hérétiques du Moyen Âge, non moins graves les croisades des *crusaders* américains du XXIe siècle en Irak et en Afghanistan, qui ont cru eux aussi, en tuant des milliers d'hommes, avoir Dieu à leurs côtés.

Malheureusement, l'idée de « suivre la croix » est elle aussi discréditée. Des dévots sont responsables du fait que « ramper sous la croix » signifie maintenant rentrer dans les rangs, n'avoir aucune confiance en soi, céder, tendre l'échine en silence. Et « porter sa croix » veut dire, aux yeux de beaucoup, s'humilier, endurer passivement, se terrer, ne se permettre rien, ravaler sa colère.

La croix n'est donc pas uniquement un signe pour les guerriers et les hommes de pouvoir, mais aussi pour les mauviettes et les non courageux, ce qui déjà rebutait le jeune Nietzsche. Voilà qui est bien éloigné de l'homme courageux et vaillant, celui qui fut exécuté, et de son message tel que nous le connaissons à partir du Nouveau Testament. Il existe en outre dans le christianisme trois compréhensions fausses de la prédication de la croix ; elles sont encore plus subtiles, et elles ont encore de nos jours des effets négatifs dans la pratique ; je voudrais m'en démarquer.

Je *ne vois pas* dans le « suivre la croix » une *adoration cultuelle*. Je n'ai rien contre une vénération de la croix conforme aux Évangiles, par exemple dans la liturgie du Vendredi saint. En revanche, j'objecte contre un signe de croix répété des dizaines et des dizaines de fois comme geste de bénédiction, en particulier par ceux qui président aux offices. Et pour les représentations picturales, du premier millénaire chrétien jusqu'à l'époque gothique, on n'a pas osé, comme je l'ai dit, représenter le Crucifié en image. Nous y sommes habitués, mais nous devrions nous opposer à une commercialisation bon marché grâce à une industrie astucieuse des objets de dévotion.

Je *ne vois pas* non plus dans le fait de « suivre la croix » une *identification mystique*. Encore une fois, je n'ai rien contre la mystique sérieuse de la croix et de la souffrance apparue au Moyen Âge, avec des gens comme François d'Assise ou les mystiques espagnols. Cependant je suis opposé à une identification qui se courbe devant la souffrance de l'Unique, qui laisse perdre le sentiment de la distance et du respect devant la croix. Il est pénible en particulier de voir des hiérarques romains portant la croix sur la poitrine lors de pompeuses cérémonies, confondre depuis peu la traditionnelle crosse avec le Crucifié sur la croix, comme si eux-mêmes, avec tout leur apparat, étaient une sorte d'autre Christ.

Et enfin je *ne comprends pas* non plus le « suivre la croix » comme une *imitation au pied de la lettre*. J'ai du respect pour les personnalités, comme Léon Tolstoï et Martin Luther King, qui ont directement pris pour modèle Jésus en renonçant à leurs biens ou à la violence, et qui ont de façon manifeste donné l'exemple d'un agir chrétien. Mais je proteste contre une imitation de Jésus qui cherche la souffrance pour elle-même – allant jusqu'à l'autoflagellation ou la création d'un culte du miracle ou de la stigmatisation (un culte souvent frauduleux) pour faire la démonstration qu'on suit la croix. Je ne crois pas aux stigmates de Thérèse Neumann de Konnersreuth, ni à ceux de Padre Pio, que j'ai personnellement connu. Jésus lui-même n'a pas recherché la souffrance : elle lui a été imposée. Je ne crois pas non plus que ce soit dans la souffrance qu'en réalité l'homme est plus près de Dieu. Cela transformerait en effet le Ciel en enfer.

Donc, si « suivre la croix » ne signifie ni *adoratio*, ni *identificatio*, ni *imitatio*, de quoi s'agit-il ? « Suivre la croix » veut dire : porter la souffrance qui justement *m'arrive*, dans ma situation unique, en *corrélatio*n avec la souffrance du Christ.

La croix propre à une vie

« Si quelqu'un veut venir à ma suite […], qu'il se charge de sa croix » (Marc 8,34). Ce n'est donc pas la croix du Christ que je dois porter, je dois me charger de ma *propre* croix, en lien avec lui. Avec le risque propre à la situation et sans connaître l'avenir, je dois aller mon propre chemin. Or chaque homme a son propre chemin de vie et de souffrance. Chaque individu doit donc se charger de la *croix propre à sa vie*, et personne ne la connaît mieux que celui-là même qui est concerné. Cela inclut qu'on s'accepte soi-même avec ses « ombres ».

J'étais encore un enfant quand j'ai compris que chacun devait porter la croix à lui destinée. À propos d'un individu insatisfait, ma mère m'a raconté ceci : comme quelqu'un s'était plaint de la croix qu'on lui avait imposée, il put, accompagné d'un ange, en choisir une nouvelle dans un grand magasin. Mais l'une lui semblait trop lourde, l'autre trop légère. Après un long va-et-vient, il en trouva une de dimensions moyennes qui semblait correspondre à ses forces. « Tu as choisi ta croix », lui dit alors l'ange. Dès lors il porta sa croix avec patience.

Cependant nombreux sont ceux qui trouvent leur croix bien trop lourde : malades incurables, individus en échec professionnel, abandonnés par leur partenaire... Un regard porté sur le Crucifié peut leur montrer que même dans une détresse extrême, quand ils semblent abandonnés par les hommes et par Dieu, ils ne sont pas totalement perdus.

Le plus souvent ce sont les peines du quotidien récurrentes qu'il faut endurer avec patience : la croix de la profession, de la vie commune pour toujours, de conditions d'existence difficiles ou d'un environnement peu propice, les obligations de tous les jours, les exigences, revendications, promesses...

Actuellement personne n'a plus besoin, comme les anciens ascètes, de *se chercher une souffrance* propre à des fins de mortification. Pour beaucoup, il faut déjà pas mal de force – du fait de la fréquence ou de la durée c'est souvent plus lourd qu'un acte héroïque unique – pour *supporter* la croix habituelle, la *croix* normale *du quotidien*.

Mais nous ne devons pas nous contenter de la supporter passivement : nous devons *combattre* la souffrance partout où c'est possible et utiliser nos capacités personnelles et sociales limitées pour changer les situations qui génèrent des souffrances. Au-delà, nous devons, si possible, faire un *travail* intérieur sur la souffrance : une liberté intérieure par rapport à la souffrance se manifeste quand un homme croyant, quel qu'il soit, ne se laisse abattre par aucune misère et aucune détresse, quand malgré ses doutes il ne désespère pas de tout, si dans la solitude totale il ne s'avoue pas perdu, si dans l'affliction il ne reste pas sans gaieté, si dans la défaite il n'est pas anéanti.

Pourtant l'existence humaine reste une réalité barrée d'une croix, déterminée par la croix – à travers la douleur, les soucis, la souffrance et la mort. Cependant, à partir de la croix de Jésus, l'existence humaine barrée d'une croix peut recevoir un sens en suivant la croix – quand l'homme se fie à elle. En tout cas, aucune croix au monde ne peut réfuter le choix du sens qui est érigé par la croix de Celui qui a été réveillé pour la vie : le signe que même la menace, l'absurdité, le néant, le délaissement, la solitude et le vide extrêmes sont étreints par un Dieu solidaire avec les hommes. Ainsi un chemin est-il ouvert au croyant, non pas certes un chemin qui passe outre à la souffrance, mais un chemin qui la traverse et la dépasse : dans une indifférence active face à la souffrance, il faut être de la sorte prêt à la combattre ainsi que ses causes, que ce soit dans la vie de l'individu isolé ou dans la société humaine.

Une question test pour humanistes

J'ai parlé du dépassement du négatif comme de l'épreuve de vérité pour la foi chrétienne et les humanismes non chrétiens. Peut-être a-t-on compris désormais qu'à partir du Crucifié le négatif peut être surmonté à une profondeur qui semble difficilement possible pour les humanismes non chrétiens.

Admettons que même si je prends ma propre croix en charge au quotidien et consens modestement à suivre le chemin de

Jésus, je ne puis jamais absolument vaincre ni écarter la souffrance. Mais, par la foi, je suis en mesure de lui résister et de la surmonter. Je ne suis alors jamais écrasé sans plus par la souffrance ni ne sombre dans le désespoir à cause d'elle. Si dans la plus extrême des souffrances d'être abandonné des hommes et de Dieu Jésus ne sombra pas, alors celui qui lui reste fidèle dans une foi confiante ne sombrera pas non plus. Car dans la foi m'est donnée une espérance : la souffrance n'est pas le point final, l'ultime. L'ultime est aussi pour moi l'espérance en une vie sans souffrance, que cependant ni moi-même ni la société humaine ne réaliseront jamais. Que cette espérance soit comblée, je suis bien au contraire en droit de l'attendre de l'accomplissement, du mystérieux Tout Autre, de mon Dieu : toute souffrance sera définitivement supprimée dans la vie éternelle.

C'est à la souffrance de la vie, à la négativité dans la vie humaine que l'on voit si un humanisme apporte de l'aide. Les chrétiens – je n'ai cessé de le dire et de le redire – ne sont pas moins humanistes que tous les autres humanistes. Mais les chrétiens voient – s'ils comprennent correctement leur christianisme – ce qui est humain, ce qui est véritablement humain ; ils voient l'homme et son Dieu ; ils voient l'humanité, la liberté, la justice, la vie, l'amour, la paix, le sens… à partir de ce Jésus qui est pour eux la mesure concrète, qui est le Christ. À partir de lui, je peux me reconnaître dans un humanisme qui acquiesce à tout ce qui est vrai, bon, beau et humain. Je l'ai compris ainsi naguère, dès mon lycée humaniste, pour ainsi dire comme fondement de ma pensée universelle. Mais en tant qu'homme chrétien, je peux me reconnaître dans un humanisme vraiment « radical », qui va à la *radix*, à la « racine », et qui est ainsi en mesure d'intégrer et de surmonter même le non-vrai, le non-beau et l'inhumain : non seulement tout ce qui est positif, mais aussi tout le négatif, même la souffrance, la culpabilité, la mort et l'absurde.

Après sept cents pages d'une réflexion fondamentale, j'ai exprimé cela, pour le résumer, dans mon livre *Être chrétien* à travers une seule phrase, dont maintenant encore, plusieurs décennies plus tard, je ne souhaite modifier aucun mot :

> En marchant à la suite de Jésus-Christ
> l'homme peut, dans le monde d'aujourd'hui,
> vivre, agir, souffrir et mourir
> de façon vraiment humaine :
> dans le bonheur et le malheur,
> au cours de sa vie et à l'heure de sa mort,
> soutenu par Dieu et prêt à servir les hommes.

Cependant cette autre phrase, tirée de l'introduction, reste importante pour moi : « L'auteur n'a pas écrit cet ouvrage parce qu'il se considère comme un bon chrétien, mais parce qu'être chrétien représente à ses yeux une chance exceptionnelle. »

Dans ce contexte, et face aux multiples fardeaux et tourments de la vie, il reste encore à traiter une question essentielle.

Comment tenir bon ?

On me demande souvent : « Comment avez-vous tenu bon ? » À vrai dire, il faut beaucoup de choses pour tenir bon, et jamais je ne condamnerai celui à qui les forces ont manqué pour cela. On a besoin d'une bonne santé physique et psychique, d'un peu d'humour et d'un peu d'« insouciance » ; on a surtout besoin d'amis qui ne vous laissent pas seul dans les instants de grande difficulté, de personnes qui vous soutiennent en tout, même dans la banalité du quotidien. Seul, on est incapable de tenir bon.

Mais comment conserver sa santé de corps et d'esprit, son humour et sa confiance envers les hommes ? Là aussi il y aurait infiniment de choses à dire. Je voudrais évoquer uniquement ce qui me paraît décisif, ce qui dans tous les cas serait susceptible de me soutenir et qui serait pour moi l'ultime fondement pour tenir bon même si tout le reste se brisait : si pour une raison quelconque je perdais tout humour ; si je m'enfonçais dans la faute la plus profonde ; si tout succès m'échappait ; si je perdais peut-être aussi la santé et même la confiance envers les hommes.

En fin de compte, qu'est-ce qui importe dans la vie d'un chrétien ? La question est celle-ci : qu'est-ce qui est décisif ? Le succès, la performance ? Non, même si seul le succès compte dans la société de la performance et même si tout le monde aime le succès, et que rien n'a plus de succès que le succès : en tant que chrétien, ce n'est pas le succès qui m'importe ultimcment ! Je n'ai pas besoin qu'on me donne toujours et dans tous les cas raison, ni de m'imposer, ni que ma conception des choses soit approuvée. Je n'ai pas besoin de me justifier face à mon environnement proche, ni face à la société, ni face à une autorité quelle qu'elle soit, ni même face à moi-même.

Certes, je ne dois pas d'emblée renoncer à la performance, encore moins la diaboliser. Mais je dois demeurer conscient du fait que ce n'est pas dans sa profession et son travail que l'homme doit se réaliser, car il est, en tant que personne, plus que le rôle qu'il est amené à jouer ; les performances sont sans doute importantes, mais elles ne sont pas décisives. Je dois donc certainement réaliser des performances, lutter pour mes convictions, convaincre les autres, chercher à obtenir l'approbation. Cependant ce ne sont pas les performances exemplaires qui comptent, quelle que soit leur importance dans la vie quotidienne, la profession et même l'Église.

268

Mais ne suis-je pas capable aussi de « contre-performances », de lourdes contre-performances ? Vraiment, qui pourrait le contester ? La deuxième dimension de ce message se manifeste en ceci : pour le chrétien, ce ne sont ni les performances ni les contre-performances qui importent. Même la défaillance et l'échec peuvent recevoir un statut positif pour ma vie.

C'est quelque chose de tout à fait différent qui est en fin de compte décisif : que même dans des situations limites, même dans une détresse extrême et pour la plus grande faute, jamais je ne désespère, jamais ! Ou, pour le formuler positivement : que, inébranlablement, je garde toujours confiance ; une confiance inébranlable, absolue, croyante, ou une foi confiante en la bienveillance de Dieu.

Car c'est cela qui était décisif déjà pour Abraham et les patriarches d'Israël : « Abraham crut à Dieu, et cela lui fut compté comme justice » (Romains 4,3). Ce fut tout aussi décisif pour Marie et les premiers disciples : « Bienheureuse celle qui a cru » (Luc 1,45). Ce que le si sympathique, si humain mais peu courageux Pierre apprit de Jésus, c'est : aie confiance en marchant sur l'eau, malgré la tempête et les vagues, garde le regard fixé sur lui. Ce que finalement l'apôtre Paul a, en se référant à son Christ, pour ainsi dire enfoncé dans la tête de ses compagnons chrétiens : « L'homme n'est pas justifié par la pratique de la loi, mais seulement par la foi en Jésus-Christ » (Galates 2,16 ; Romains 3,28).

C'est-à-dire : par la confiance absolue dans le Dieu bienveillant et miséricordieux. Ici Paul a compris au plus profond de quoi il retournait avec Jésus et ce qui était exprimé dans son message, dans la parabole du fils perdu, du publicain et du pharisien, des ouvriers de la onzième heure… Ici il a saisi de quoi il retournait avec Jésus, dans son enseignement, ses combats, son action et sa souffrance, et finalement par rapport à sa mort. C'est bien le Crucifié, pour qui, quand il était sur la croix, il n'y avait plus aucune « performance » ni succès qui tiennent et qui a dû faire l'expérience de l'échec de ses efforts, que Paul dépeint à ses propres yeux et aux nôtres : il est justifié par Dieu seul, son Père et notre Père. C'est à travers le Crucifié qu'il l'a compris : l'homme est justifié par la foi confiante seule, ce qui lui confère une grande liberté.

La grande liberté

« C'est pour la liberté que le Christ nous a libérés » (Galates 5,1) : ce n'est pas la « petite » liberté – de toute façon limitée à de multiples égards – qui est visée, celle dont la recherche récente sur le cerveau étudie les processus physiologiques et qu'au quotidien nous présupposons tout naturellement chez nous-mêmes et les autres. Le droit pénal aussi en procède lorsqu'il parle de culpabilité : dans notre compréhension du droit, une action ou une décision est « libre » lorsque celui qui en est l'auteur aurait pu faire autrement ou s'en dispenser.

Il y va de la « grande » liberté, celle que l'homme peut préserver même dans les chaînes. Il y va fondamentalement de ma liberté intérieure de ne pas attacher mon cœur à de faux dieux, même pas aux dieux qui se nomment « pouvoir », « argent », « carrière », « sport », « sexe » ou autres – mais au seul vrai Dieu, tel qu'il a montré son véritable visage en Jésus de Nazareth. Et puisque mon cœur est lié à l'unique Dieu infini, je suis et reste libre vis-à-vis des valeurs, des biens, des pouvoirs et des autorités, tous finis et relatifs. Dans le Sermon sur la montagne, où les exigences éthiques de Jésus sont rassemblées dans de courtes formules, Jésus appelle chaque individu à l'obéissance envers Dieu pour, justement, être alors libre pour son prochain.

Mais au-dessus de tous les commandements, de tous les comportements bons ou mauvais, se tient le Dieu de bienveillance et de miséricorde. Et pour ce Dieu, je ne me réalise

270

jamais dans un de mes rôles – dans ma profession, par la science, le commerce, la vie politique, le rôle de femme au foyer… Je reste un homme « entier » même lorsque, avec l'âge, mon rôle prend fin et la fatigue devant la pression de la concurrence commence. Devant Dieu, je suis comme je suis une fois pour toutes : que je sois un petit peu plus ou un petit peu moins beau, intelligent, en bonne santé, efficace, je garde toute ma valeur, je demeure important, accepté. Et cela reste vrai même lorsque je n'ai plus de travail valorisant, ou quand mes performances ne me permettent plus de briller devant les autres. Devenu vieux ou malade, je suis toujours accepté, aimé, même lorsque je ne suis plus « productif ».

En tant que théologien et homme chrétien, je veux suivre l'exemple du grand théologien protestant Karl Barth qui – il me l'a une fois dit – ne voulait pas à la fin, devant son Juge divin, renvoyer à ses « œuvres complètes » ni même à ses « bonnes intentions » pour obtenir sa justification, mais, les mains vides, ne trouvait approprié pour lui que cette unique parole : « Mon Dieu, sois bienveillant envers moi, pauvre pécheur ! »

Donc, du début à la fin, je place toute ma confiance en la bienveillance de Dieu. Mais cela n'est-il pas archi-protestant ? Je pense que c'est archi-évangélique et, au fond, je n'ai fait qu'expliciter le sens de ce passage de l'Écriture (aujourd'hui certes perçu avec des connotations patriarcales) : « Lorsque vous aurez fait tout ce qui vous a été prescrit, dites : "Nous ne sommes que des serviteurs ; nous avons fait ce que nous avions à faire" » (Luc 17,10).

C'est archi-évangélique, et puisque c'est archi-évangélique, c'est aussi archi-catholique, comme le proclame le grand chant de louange qu'est le *Te Deum Laudamus* : *In te, Domine, speravi ; non confundar in aeternum !* – « En toi, Seigneur j'ai placé tout mon espoir ; je ne serai jamais pour l'éternité réduit à néant ! ». Sur le fond de cette confiance qui me soutient, ma peur de vivre diminue et mon courage et ma joie de vivre s'accroissent. C'est la base d'un authentique art de vivre.

9

Art de vivre

Cependant vérifiez tout : ce qui est bon, retenez-le.

L'apôtre Paul,
première lettre aux Thessaloniciens
(1 Corinthiens 5,21).

Un chemin de vie à travers la joie de vivre et les souffrances de la vie – mais qu'est-ce que l'art de vivre ?

Sur l'art de vivre, le savoir-vivre, la culture de la vie, on a écrit un nombre infini de choses. L'art de maîtriser sa vie reste la tâche de toute une vie. J'essaie de venir à bout de ce qui m'est donné et de faire au mieux en toute occurrence. Mais le *take it easy* n'est pas toujours la solution. En effet, je connais des situations où il est exigé de moi un sacrifice ou des choses incommodes, désagréables, hostiles à la vie. L'art de vivre, la sagesse et la joie de vivre n'excluent en aucune façon l'*askesis*, l'exercice, l'entraînement, la discipline. Les conditions requises pour l'art de vivre pourraient être un certain équilibre intérieur : exprimé dans les catégories de la psychologie des profondeurs de Carl Gustav Jung, ce serait un équilibre entre introversion et extraversion, dans une certaine mesure aussi entre *animus*, la disposition psychique de la femme qui la porte vers le « masculin », et *anima*, la disposition psychique de l'homme vers le « féminin », qu'il est tout aussi impossible de refouler. La tâche de l'homme – intégrer et cultiver l'*animus* et l'*anima* dans l'organisation de sa vie – s'étend même à toute forme d'activité de loisir, puis naturellement aux états d'enthousiasme ou amoureux et à l'amour, et par là à tout le domaine de l'érotisme et de la sexualité. Partout, en l'occurrence, il s'agit de distinguer, de tout examiner et de retenir ce qui est bon.

Erôs *et* agapê

Dans leurs réflexions sur l'amour, certains théologiens ont estimé n'en faire jamais assez pour marquer la différence entre l'*erôs* désirant des Grecs et l'*agapê* oblative au sens de Jésus. Je ne saurais partager cette délimitation tranchée ; elle nuit autant à l'*erôs* (en latin *amor*) qu'à l'*agapê* (en latin *caritas*).

Je suis opposé à toute dévalorisation ou diabolisation de l'*erôs*. Ainsi l'amour passionnel, qui désire l'autre, est réduit au sexe, et de la sorte l'érotisme et le sexe sont disqualifiés en même temps. Tous deux sont d'importantes forces vitales. Il est vrai que l'hostilité envers la chair et la répression de la sexualité ont une longue histoire que la théologie académique, les résultats de l'exégèse critique et l'histoire des dogmes évitent de prendre en considération. Elles se manifestent déjà dans certains courants antiques, surtout dans le manichéisme et la gnose. Mais elles furent considérablement favorisées dans l'Occident latin par l'invention du *péché originel*, déjà évoqué, transmis par l'acte sexuel. On ne le trouve ni dans le récit du paradis au livre de la Genèse, ni chez l'apôtre Paul, ni dans la théologie grecque. C'est Augustin, génial Père de l'Église latin, qui l'a transmis – géniale erreur – à l'ensemble de la théologie occidentale, à celle du Moyen Âge et, *via* Luther, aussi à celle de la Réforme. Augustin, un homme très mondain à l'origine, devint père dès l'âge de dix-sept ans, alors qu'il était un jeune rhéteur, et vécut pendant treize ans avec la mère de l'enfant sans être marié. Durant un temps, il fut « à l'écoute » du manichéisme, qui expliquait le mal et la sexualité à l'aide d'un principe du mal éternel. En raison de son expérience personnelle de l'immense puissance que représente la sexualité et aussi de son passé manichéen, Augustin relie le péché originel – dans une traduction et une interprétation latines erronées d'un passage de la lettre aux Romains de Paul (5,12) – à l'acte sexuel et donc au désir « charnel » et égocentrique qui va de pair : la concupiscence.

Par conséquent, selon le point de vue d'Augustin, aucun enfant qui vient au monde n'est innocent, il est contaminé dès le début – en raison justement de l'instinct sexuel de ses parents – par le péché originel et voué à la damnation éternelle s'il n'est pas baptisé à temps. C'est aussi pourquoi, selon Augustin, le rapport sexuel n'est permis qu'en vue de la reproduction (en latin *generatio*) et non pour le plaisir sexuel (en latin *delectatio*). Le pape Jean-Paul II était encore d'avis qu'un homme ne pouvait, même dans le cadre du mariage, regarder sa femme sans que cela soit « impudique ».

Il n'est pas étonnant qu'une telle hostilité envers l'*erôs* et la sexualité ait, précisément dans l'Église catholique et dans l'éducation catholique, causé tant de dégâts, allant jusqu'à l'interdiction de la pilule. L'*erôs* est l'objet de soupçons même là où l'on ne voit pas simplement en lui une passion inquiétante, débordante, aveugle, sensuelle, mais aussi – comme dans *Le Banquet* de Platon – la pulsion prenant ses racines dans l'amitié, pour aller vers le beau et vers la connaissance philosophique, comme force créatrice de l'essor menant hors du monde sensible pour s'élever au monde des Idées et au souverain Bien divin. C'est à bon droit que beaucoup de catholiques attendent de leur Église un *nouveau regard* – libéré de la peur, aimant et bienveillant envers les hommes – sur la sexualité comme force donnant la vie, force de l'homme créé et approuvé par Dieu.

Même *Marie*, la mère de Jésus, tôt déjà vénérée, était jusqu'au XIIIe siècle considérée dans l'Occident latin, même par Thomas d'Aquin, comme marquée par le péché originel dès sa conception. Cependant à cette époque la vénération mariale ne cessa de croître (*de Virgine numquam satis* – « jamais assez de la Vierge »), et sans nul doute la vénéra- tion mariale a beaucoup enrichi la poésie, l'art et la musique, et même les coutumes, la culture festive et la piété populaire – toutes choses conçues pour les hommes.

Duns Scot (mort en 1308), théologien franciscain, affirma contre l'ensemble de la tradition jusqu'alors, une « pré- rédemption » *(prae-redemptio)*, qui aurait préservé Marie du péché originel. L'idée d'*immaculata conceptio* (« immaculée conception ») fut ainsi inventée et, à partir de là, on la répan- dit par tous les moyens, notamment à l'aide de la liturgie. Finalement, en 1854, elle fut définie comme un dogme par le même Pie IX qui, après la perte des États pontificaux, fit aussi définir le primat de juridiction du pape et l'infaillibilité pontificale lors du premier concile du Vatican (1870). Depuis le dogme de 1854, on abandonne de plus en plus dans la théologie morale catholique la théorie de l'animation pro- gressive du fœtus humain, jusque-là dans la tradition et représentée par Aristote, Thomas et les scolastiques espa- gnols de l'âge baroque. Ils soutenaient qu'on n'a affaire à une personne humaine ni pendant la phase végétative du fœtus, ni pendant la phase sensitive, mais seulement pendant la troisième phase commandée par l'âme intellectuelle. Contre cette doctrine, on affirme maintenant, moins pour des raisons biologiques et médicales qu'avec des arguments théologiques et dogmatiques, que dans l'ovule fécondé il y a déjà une personne inhérente, ce qui a pour conséquence une rigueur considérablement accrue dans la question de l'avor- tement.

Ainsi, en tant que symbole asexué de la chasteté, la Vierge de conception immaculée fut mise à part de toutes les autres femmes, qui, elles, sont bel et bien maculées par le péché originel et tenues par le désir sexuel. En même temps, la Vierge Marie est désignée aux clercs, tenus disciplinairement au célibat depuis le XIe siècle, comme un vague idéal féminin propre à la sublimation ou la spiritualisation de la pulsion sexuelle. De sorte que la dévotion à Marie et au pape ainsi que le célibat se sont mutuellement soutenus, notamment depuis le XIXe siècle. Malgré tout, ils n'ont été accueillis dans aucune confession de foi. Au contraire, Vatican II a essayé de s'opposer à l'exégèse de la dévotion mariolâtrique et papolâtrique, même si ce ne fut qu'avec un demi-succès.

La dévalorisation et la diabolisation de l'*erôs* et du sexe ont, d'autre part, pour conséquence une surévaluation et une désexualisation d'*agapê*. Celle-ci est spiritualisée (et nommée à tort « amour platonique ») : c'est l'idéal d'un amour sans passion ! Ce qui est vital, émotionnel et relevant des affects en est exclu. Mais si l'amour n'est qu'une résolution de la volonté sans un risque du cœur, il lui manque la véritable profondeur humaine, la chaleur, l'intériorité, la tendresse, la cordialité. Une telle *caritas* chrétienne peut faire du bien, mais ce ne peut être un amour qui rayonne.

L'amour peut revêtir de multiples formes : celles de l'amitié, de l'amour parental, filial et fraternel, en passant par l'amour du pays natal, de la nation, de la patrie, jusqu'à l'amour de la vérité et de la liberté, et finalement l'amour du prochain, de l'ennemi et de Dieu. Plutôt que la distinction entre *erôs* et *agapê*, c'est une autre distinction qui est selon moi fondamentale : la distinction entre l'amour égoïste, qui ne recherche que soi-même, et l'amour oblatif, qui recherche ce qu'il en est de l'autre. Qui désire un autre peut en même temps s'offrir à lui. Qui s'offre à un autre humain peut en même temps le désirer. L'amour désirant et l'amour qui rend service, le jeu amoureux et la fidélité amoureuse ne s'excluent pas.

La puissance de l'amour

Jésus lui-même – suivant ce qu'on peut conclure des Évangiles synoptiques – emploie très peu les mots « amour » et « aimer » au sens de l'amour du prochain. Et pourtant l'amour du prochain est omniprésent dans sa prédication. Cela signifie que l'amour est pour lui avant tout un faire. L'amour n'est pas compris d'abord comme un attachement sentimental et émotionnel qu'il me serait de toute façon impossible de manifester à chaque personne. L'amour est plutôt compris comme un être-là-pour-autrui, serviable et bienveillant. Il est incarné par Jésus à travers son enseignement et son comportement, ses incitations et ses guérisons, ses combats et ses souffrances. Du Nazaréen nous pouvons apprendre ce qui manque tant à notre société d'arrivisme et ses nombreux égoïstes, et qui pourtant ne cesse de contribuer à notre joie quand nous pouvons en faire l'expérience : recevoir et manifester des égards, savoir pardonner et se repentir, renoncer à quelque chose, préserver, apporter son aide.

En même temps, Jésus associe l'*amour de Dieu* et celui *des hommes* dans une indissociable unité. L'amour des hommes devient tout simplement un critère de la piété et un comportement humain agréable à Dieu. Jésus concentre tous les commandements sur le double commandement, déjà central dans la Bible hébraïque, de l'amour envers Dieu et envers les hommes. Il ne signifie pas quelque chose du genre : « Qu'ils s'enlacent, tous les êtres ! Ce baiser au monde entier ! », comme dans le grand *Hymne à la joie* de Schiller et Beethoven. Il vise plutôt l'amour envers le « prochain », et fait de l'amour de soi le barème de cet amour du prochain : « Aime ton prochain comme toi-même. » Une attention, une ouverture, une disponibilité pour *mon semblable, celui qui précisément a besoin de moi*. Pour Jésus, c'est cela, le

« prochain ». Ce n'est pas seulement celui qui m'est d'emblée proche, par exemple un membre de ma famille, de ma parenté ou de ma nation, mais celui qui se trouve dans la détresse, par exemple l'homme attaqué par des voleurs pour le « bon Samaritain » qui l'a aidé de manière désintéressée.

Ainsi compris, l'amour semble ne pas connaître de frontières. Et, en effet, il ne doit, d'après Jésus, connaître aucune frontière séparant absolument. Il doit – et c'est selon lui sa caractéristique la plus aiguë – inclure même les ennemis. La frontière rigide et l'éloignement entre compagnons et non-compagnons sont à surmonter. Chaque homme peut devenir notre prochain, que ce soit un opposant politique ou religieux, un rival, un adversaire, un contradicteur ou même un ennemi. Malgré toutes les différences et les incompatibilités, c'est une ouverture et une sympathie qui ne vont pas uniquement aux membres de mon propre groupe social ou de mon propre peuple, de mon parti, de ma propre tribu, ethnie, classe, religion ou nation, à l'exclusion des autres. Mais c'est une ouverture sans frontières et un dépassement des clôtures qui portent préjudice, où qu'on les établisse.

Donc, par cette histoire du Samaritain, ennemi héréditaire détesté, bâtard et hérétique, que Jésus donne non sans provocation en exemple aux membres de sa propre nation, il vise ceci : pas seulement des actes exceptionnels ponctuels, des bonnes actions ou des « actes de bon Samaritain », mais le dépassement effectif des frontières qui demeurent – entre juifs et non-juifs, entre les plus proches et les plus éloignés, entre les bons et les mauvais, entre les pharisiens et les publicains.

L'amour comme accomplissement
de l'éthique planétaire

Une grande *liberté* se manifeste dans cet amour : il n'est plus guidé par le respect mécanique du commandement ou de l'interdit, mais selon ce que la réalité elle-même réclame et rend possible. En ce sens, Augustin a raison quand il avance son audacieuse proposition, qui représente un refus radical de la casuistique : « Aime et fais ce que tu veux. » L'amour accomplit tout naturellement les principes de l'éthique planétaire qui s'imposent à tout homme, et en même temps il les dépasse, comme l'apôtre Paul l'expose dans sa lettre à la communauté de Rome : « Qui aime son prochain a pleinement accompli la loi. En effet, les commandements : "Tu ne commettras pas d'adultère, tu ne tueras pas, tu ne voleras pas, tu ne convoiteras pas", ainsi que tous les autres se résument à cette parole : "Tu aimeras ton prochain comme toi-même." L'amour ne fait aucun tort au prochain ; l'amour est donc le plein accomplissement de la loi » (Romains 13,8-10). Voilà la contribution spécifiquement chrétienne à l'éthique planétaire.

Ce que la puissance de l'amour peut faire concrètement, Paul l'a exprimé dans sa première lettre à la communauté de Corinthe, sous une forme aujourd'hui encore valable :

> L'amour prend patience,
> L'amour rend service, il ne jalouse pas,
> Il ne plastronne pas,
> Il ne s'enfle pas d'orgueil,
> Il ne fait rien de laid,
> Il ne cherche pas son intérêt,
> Il ne s'irrite pas,

Il n'entretient pas de rancune,
Il ne se réjouit pas de l'injustice,
mais il trouve sa joie dans la vérité.
Il excuse tout,
Il croit tout,
Il espère tout,
Il endure tout.
L'amour ne disparaît jamais.
[1 Corinthiens 13,4-8.]

La puissance de l'amour peut-elle vraiment changer la vie ? Quelques antithèses simples, d'un auteur inconnu de moi, rendent sensible à quel point l'amour en tant qu'attitude fondamentale peut changer la vie :

Le devoir sans amour contrarie ;
Le devoir accompli avec amour rend constant.

La responsabilité sans amour rend impitoyable ;
La responsabilité portée avec amour rend attentionné.

La justice sans amour rend dur ;
La justice rendue avec amour rend fiable.

L'éducation sans amour rend contradictoire ;
L'éducation faite avec amour rend patient.

L'intelligence sans amour rend roublard ;
L'intelligence pratiquée avec amour rend compréhensif.

L'amabilité sans amour rend hypocrite ;
L'amabilité manifestée dans l'amour rend bienveillant.

L'ordre sans amour rend pointilleux ;
L'ordre maintenu avec amour rend large d'esprit.

La compétence sans amour rend pinailleur ;
La compétence exercée avec amour rend digne de confiance.

La puissance sans amour rend violent ;
La puissance mise en œuvre avec amour rend serviable.

L'honneur sans amour rend orgueilleux ;
L'honneur préservé avec amour rend modeste.

Des biens sans amour rendent avare ;
Des biens avec amour rendent généreux.

La foi sans amour rend fanatique ;
La foi avec amour rend pacifique.

Les directives pour une éthique de l'humanité universelle, pour une éthique planétaire, sont donc confirmées et englobées par l'éthique spécifiquement chrétienne, et en même temps radicalisées et universalisées en ceci qu'elle vaut concrètement pour tous les hommes, même les ennemis. Mais peut-être ce qui produit des effets au quotidien est-il le plus important. Du modèle chrétien fondamental tel qu'il rayonne à travers Jésus dans le Nouveau Testament s'ensuivirent et s'ensuivent en effet d'innombrables impulsions théoriques et pratiques pour transposer le programme chrétien dans l'action au quotidien. Il y aurait à ce sujet mille actions et souffrances nées de l'amour chrétien à raconter. Néanmoins m'ont frappé surtout quatre possibilités concrètes que l'éthique chrétienne invite à percevoir : faire la paix en renonçant à son droit, utiliser la force au profit des autres, consommer avec modération, comprendre l'éducation dans le respect mutuel. Voici quelques brèves réflexions sur ces points.

La paix en renonçant à ses droits

Je pense au problème de la guerre et de la paix. Tous les jours, je me tiens informé des évènements mondiaux dans les médias. Pendant des décennies, établir la paix au cœur de l'Europe se révéla impossible. Pourquoi ? Parce que « l'autre côté » ne veut pas, disait chaque partie. Mais le problème est plus profond : le plus souvent, les deux côtés revendiquent un droit sur les mêmes territoires (jadis la Sarre, ou encore les territoires allemands à l'est de la ligne Oder-Neisse, aujourd'hui la Palestine ou le Cachemire), et ils peuvent aussi fonder leurs revendications sur des arguments historiques, économiques, culturels et politiques. Et les gouvernements se voient dans l'obligation, de par leur Constitution, de préserver et de défendre les droits de leur propre État. Des représentations de l'ennemi longtemps entretenues et des préjugés à l'égard d'autres pays, d'autres peuples et d'autres cultures favorisent une atmosphère de défiance et de suspicion. La spirale de la violence ne peut naturellement être brisée ainsi, et la paix est impossible à établir puisque personne ne voit pourquoi ce serait justement lui et non pas l'autre qui devrait renoncer à une position de droit et de puissance.

Que me dit à ce propos le message chrétien ? Bien entendu, je le sais parfaitement, avec le Sermon sur la montagne il n'y a « pas de quoi faire un État ». On ne peut en déduire des informations ou des propositions détaillées sur des conflits territoriaux ni pour des conférences sur le désarmement. Cependant, il dit quelque chose que les dirigeants d'États ne peuvent pas facilement exiger de leur peuple, mais que les guides religieux, les évêques, les théologiens et les directeurs de conscience peuvent, eux, dire même à l'opinion au sens large : le renoncement à des droits sans contrepartie n'est pas nécessairement un déshonneur, il peut servir la paix ! On te force à parcourir un mille ? Parcours-en deux (Matthieu 5,41).

Bien entendu, ce renoncement ne doit pas donner carte blanche au « droit du plus fort ». Le message chrétien ne propose pas d'abolir l'ordre établi. Mais il propose de relativiser le droit au nom des hommes et de la paix. C'est un défi pour les dirigeants politiques : renoncer dans certains cas à imposer des droits par la puissance et la force. Après la Seconde Guerre mondiale, soutenus par les Églises, des dirigeants politiques de tendance chrétienne l'ont fait avec succès, pour la réconciliation entre la France et l'Allemagne, et plus tard entre l'Allemagne, la Pologne et la République tchèque. L'idée et la pratique de la résistance non violente par le Mahatma Gandhi et Martin Luther King, qui étaient aussi influencés par Jésus, peuvent effectivement modifier les rapports de forces.

Ce qui vaut dans la grande politique vaut aussi dans les petites guerres du quotidien. Chaque fois qu'un individu ou un groupe se rappelle qu'un point de vue juridique ne doit pas nécessairement s'imposer impitoyablement par la force dans toutes les situations, il rend possible le retour de la paix, du pardon, de la réconciliation. Ainsi certains conflits en famille, entre voisins, dans une entreprise, dans une ville... peuvent d'emblée être évités ou du moins réglés si, dans le domaine du droit, au lieu d'une « justice » à la lettre on pratique une humanité concrète entre les hommes et entre les groupes, de telle sorte qu'un esprit de justice plus profond peut croître. Depuis quelques années, des médiations et conciliations sont heureusement de nouveau pratiquées, ce qui aide à éviter nombre de procès. La promesse du Sermon sur la montagne vaut en tout cas pour les « non-violents » : « *Ils* posséderont la Terre » (Matthieu 5,5).

La puissance au profit de l'autre

Je pense au problème de la puissance économique, qui, dès avant la crise mondiale, s'est souvent imposée sans ménagements pour faire baisser les coûts et supprimer des emplois en vue de rationaliser la production. Les employeurs sont constamment en conflit avec les syndicats et chacun impute la faute au gouvernement. C'est pourquoi, ces dernières années, il est de plus en plus question de « capitalisme rapace » : la puissance économique a souvent été brutalement mise au service d'intérêts particuliers – ce qui est l'inverse d'une économie sociale de marché.

Que peut accomplir ici le message chrétien ? Bien entendu, je sais que les appels moralisateurs à eux seuls ne servent à rien. Le message chrétien ne donne pas d'indications sur la façon dont on peut par exemple atteindre le carré magique : la présence simultanée du plein emploi, de la croissance économique, de la stabilité des prix et de l'équilibre de la balance commerciale. L'offre et la demande, le commerce extérieur et intérieur semblent obéir à des lois d'airain économiques. Le « darwinisme social » (qui ne vient pas de Darwin) enseigne que chacun cherche dans la mesure du possible à utiliser la concurrence en sa faveur.

Mais le message chrétien me fait réfléchir sur une chose qu'on ne peut atteindre uniquement avec les lois : à savoir que ce n'est pas un déshonneur, ni pour les banques, ni pour les entrepreneurs, ni pour les syndicats, que de ne pas profiter pleinement de leur puissance. L'entrepreneur n'a pas besoin de répercuter chaque élévation du coût de production sur les consommateurs, le dirigeant d'un syndicat d'imposer toutes les augmentations de salaire. Même les banques peuvent, dans des situations précises – mais non en tant que règle générale –, mettre leur puissance au service d'autres ou, plus généralement, du bien commun. En effet, on peut parfois, dans des cas particuliers, « faire cadeau » de sa puissance, de ses bénéfices, de son influence : « Veut-il te faire un procès et prendre ta tunique ? Laisse-lui même ton manteau », dit Jésus dans le Sermon sur la montagne (Matthieu 5,40).

Le capitalisme souvent sans scrupules de ces dernières années a besoin d'être remis à sa place par de multiples mesures législatives. Mais en même temps il faut un changement de mentalité de l'opinion ! En particulier, les principaux responsables de la crise économique mondiale – les banquiers, banques centrales comprises, les dirigeants politiques et les journalistes – devraient reconnaître que derrière la fatale croissance sauvage des marchés financiers, le gonflement de la masse monétaire et de la bulle immobilière régnaient les forces du désir de profit incontrôlé et de la mégalomanie économique, qu'il importe de brider. Il faut que l'économie soit de nouveau subordonnée à la politique, et l'économie ainsi que la politique à l'éthique. Autrement dit, l'argent ne doit plus être la valeur suprême. Que « la propriété oblige », c'est déjà inscrit dans la Constitution de la République fédérale d'Allemagne. La puissance économique doit « en même temps être employée pour le bien de la collectivité » – pour le bien de tous les acteurs du processus économique *(stakeholders)*, et pas seulement pour les actionnaires *(shareholders)*. Un tel message n'est pas un opium de réconciliation à bon compte, mais une perspective réaliste partout où les puissants menacent d'écraser les sans puissance, et où la puissance menace le droit.

Ce qui est valable à grande échelle en économie l'est aussi à petite échelle : partout où un particulier ou un groupe se rappelle que la désormais incontournable concurrence ne doit pas se faire au détriment des hommes et de l'humanité, il contribue à l'humanisation de la concurrence et rend possibles même dans la compétition économique le respect mutuel, l'estime envers les humains, la médiation, des égards. Il en va de même pour équilibrer correctement les divers intérêts – un équilibre stable si, dans les différents secteurs, émerge un entrelacs d'intérêts si serré que pour chacun il y aurait plus d'inconvénients que d'avantages à couper un des liens. Dans une période de chômage de masse, c'est particulièrement important. La promesse du Sermon sur la montagne vaut pour les « miséricordieux » : « car ils obtiendront miséricorde » (Matthieu 5,7).

Consommer avec mesure

Je pense au problème de la croissance économique et de la société de consommation : suivant une théorie économique qui ne recueille que des éloges, on doit sans cesse produire pour pouvoir sans cesse consommer. Il faut consommer toujours plus pour que la production continue d'être en expansion. Ainsi le niveau de l'offre est toujours maintenu au-dessus du niveau de la demande, grâce à la publicité, à des modèles et des idéaux de consommation. La consommation de biens devient l'indicateur décisif d'une vie réussie. Et ce partout dans le monde – pas seulement en Europe et en Amérique, mais aussi, entre autres, en Inde et en Chine –, avec de graves conséquences pour l'environnement.

Que me dit le message chrétien dans cette situation ? Il ne peut, j'en suis conscient, proposer aucune solution technique pour la protection du climat et de l'environnement, ni pour la répartition de l'eau et des matières premières, ni pour combattre les nuisances sonores, ni pour le ramassage des ordures. Nous n'avons pas non plus d'indications pour savoir si telle ou telle idée ou telle ou telle réforme est appropriée pour supprimer le fossé entre pauvres et riches, entre pays industriels et pays en voie de développement. Mais le message chrétien m'enseigne, contre la contrainte de la consommation, la liberté

287

de consommer : il m'apprend que cela n'a pas de sens de fonder son bonheur uniquement sur la jouissance de biens et la prospérité, qu'on ne devrait pas se laisser guider par les lois du prestige et de la concurrence, ni participer au culte du superflu. Et qu'aucune des dépendances de notre époque ne doit étouffer la grande aspiration, en l'homme, au bonheur éternel.

Les « maximalistes », qui considèrent en toute chose le rapport qualité/prix et veulent toujours trouver mieux, ne sont le plus souvent pas des hommes heureux. Ce sont plutôt les « tempérants » qui le sont, eux qui ont arrêté de comparer sans fin et qui savent une fois pour toutes se contenter du choix qu'ils ont fait, pratiquant ainsi discrètement la tempérance. Là encore, cela vaut des grandes comme des petites choses : au lieu de l'avidité funeste, encourager la modération. C'est à une attitude fondamentale de liberté intérieure qu'il faut aspirer, à une simplicité souveraine et finalement à une sérénité insoucieuse, qui ne s'épuise pas dans la crainte du lendemain mais se positionne par rapport au jour présent. C'est pour ces « pauvres en esprit » qu'est faite la promesse du Sermon sur la montagne : « Le royaume des Cieux est à eux » (Matthieu 5,3).

Éduquer dans le respect mutuel

Je pense aux problèmes de l'éducation : les styles et méthodes d'éducation, les personnes qui en ont la charge – père, mère, enseignant, éducateur, formateur – connaissent une crise profonde depuis la révolution culturelle de 1968. Ils se voient exposés à des critiques massives et à des reproches impatients de droite et de gauche ; pour les uns l'éducation est trop politique, pour les autres pas assez ; pour les uns elle est trop autoritaire, pour les autres elle est trop anti-autoritaire. Perplexité et manque de repères sont largement répandus.

Dans cette situation, que me dit le message chrétien ? Il ne me donne pas d'indications pédagogiques sur la manière d'éduquer les enfants, sur les façons d'apprendre de nos jours, d'organiser mieux et plus efficacement la formation scolaire et professionnelle, d'enseigner en ciblant chaque tranche d'âge, de modifier l'éducation pour les jeunes à la puberté et à l'adolescence.

Mais le message chrétien me dit des choses décisives sur le comportement de base de l'éducateur envers l'enfant et de l'enfant envers l'éducateur, et aussi sur les raisons de s'engager malgré les déceptions et les échecs. En tout cas, l'éducation ne doit pas se faire seulement pour mon propre prestige, ma propre réputation et mon propre intérêt, mais toujours pour le bien de celui qui m'est confié. C'est donc une éducation qui, foncièrement, n'est pas conçue comme une forme subtile de domination ou de répression, mais plutôt comme le respect réciproque de la dignité de chacun, de l'enfant comme de l'adulte.

Certes, les enfants ne doivent pas être, naïvement et dans une conception romantique, des « partenaires » de l'éducateur : ils doivent être éduqués par les adultes, et c'est un processus quotidien laborieux. Mais les enfants ne sont jamais simplement là dans l'intérêt des éducateurs, tout comme les éducateurs ne le sont pas sans plus dans l'intérêt des enfants. Les éducateurs ne doivent pas dominer les enfants à la manière des tyrans et encore moins les exploiter, mais il en va de même, en sens inverse, des enfants par rapport aux éducateurs. Ces derniers ne doivent pas imposer autoritairement leur volonté aux enfants, mais les enfants non plus ne doivent pas autoritairement imposer leur volonté aux éducateurs. Le *respect mutuel* de la dignité de l'autre selon un esprit chrétien signifie, pour les éducateurs, une disposition donnée par avance, qui n'est pas imposable ni inconditionnelle, à la confiance, à la bonté et surtout à l'amour, une disposition qui ne se laisse pas égarer ; pour les enfants, une acceptation pleine de confiance des limites posées dans un esprit de coopération et de gratitude.

Ainsi rendent-ils possible, même dans une phase d'insécurité et d'absence de repères, une vie sensée et remplie. À ceux qui comprennent l'éducation dans ce sens est accordée la promesse de Jésus : « Quiconque accueille un petit enfant [...] à cause de mon nom, c'est moi qu'il accueille » (Marc 9,37).

Le sport avec fair-play

Le sport aussi appartient, même si ce n'est pas une nécessité, à la vie et donc à l'art de vivre. Ayant régulièrement pratiqué le ski dans les Alpes jusqu'à mon quatre-vingtième anniversaire, j'en suis conscient : le ski reste – à la différence de mon exercice de natation quotidien – un sport risqué, pour lequel les plus avisés souscrivent une assurance spéciale. En une fraction de seconde peuvent se produire des malheurs aux conséquences fatales : chaque skieur peut raconter des aventures et des chutes, parfois aussi des imprudences et des bêtises. Malgré des équipements améliorés, les risques n'ont pas diminué ces dernières années, au contraire. Les accidents les plus dangereux sont les collisions avec d'autres skieurs, qui peuvent être mortelles. Dans ces conditions, il n'est pas étonnant que certains en appellent à plus de règles et à des prescriptions légales sur les pistes, peut-être même à une police des pistes.

Mais cela servira-t-il à quelque chose ? Je ne pense pas uniquement au ski, mais aussi à d'autres sports, en particulier le football : le monde du sport, comme la société en général, souffre aujourd'hui d'une forte judiciarisation, convoquée sur le devant de la scène par la professionnalisation et la commercialisation. Ce ne sont donc ni les réglementations ni les instances juridiques qui manquent. Au contraire, c'est justement ce qui est *non écrit*, ce qu'on ne peut pas prescrire par des lois, qui fait défaut : une disposition intérieure, une attitude morale fondamentale. Il y a un défaut d'*éthique*, sans laquelle les règles écrites peuvent être contournées, ignorées, sapées. L'« éthique » désigne un engagement personnel de l'individu sur des valeurs qui obligent, des critères intangibles et une attitude fondamentale personnelle.

L'année 2005, au *Kirchentag*[1] protestant de Hanovre, j'eus un débat public constructif sur le sport mondial et l'éthique planétaire avec des responsables de la Fédération allemande de football (le président, le sélectionneur national, un arbitre et un joueur de l'équipe nationale). Tous tombèrent d'accord : les meilleures règles ne servent à rien si les hommes ne se sentent pas intérieurement obligés par elles. Or justement le sport est un domaine où tout dépend du fait que les règles soient non seulement « connues », mais aussi appliquées. Lorsqu'on parle de l'« esprit » du sport, on veut dire ceci : disposition au *fair-play*, incluant l'égalité des chances et la sincérité.

Précisément, un sport populaire comme le football devrait être la manifestation la plus belle, la plus impressionnante, du *fair-play*. Le mot *fair*, issu de l'anglais et repris dans la langue du sport, signifie tout simplement « correct », « sincère », « juste ». Et *fair-play* signifie un comportement de bonne camaraderie, un comportement correct, conforme aux règles du jeu. Ce n'est pas par hasard qu'en ce sens l'expression « attitude sportive » soit devenue proverbiale ! Il faudrait cependant réfléchir à nouveaux frais sur ce que signifie le *fair-play* pour chaque participant individuel : ce serait une

---

1. Le *Kirchentag* est une manifestation de masse annuelle en Allemagne, pendant deux ou trois jours, organisée par les deux Églises chrétiennes, catholique et protestante.

attitude raisonnable, conforme aux règles morales non écrites.
Est *unfair*, non *fair-play*, celui qui bénéficie d'avantages
qui ne lui sont pas dus, en particulier celui qui blesse ce faisant un consensus commun. Ces dernières années, après des
joueurs et des employés, même le corps jusque-là irrépro-
chable des arbitres professionnels est tombé sous le coup
d'un soupçon généralisé de corruption, et même tout le football – y compris les supporters menaçants par leur violence –
semble devenu suspect. Beaucoup de confiance a été mise à
mal. Un monde du football en apparence sain s'est écroulé.
Mais le handball, le cyclisme et d'autres ont suivi…
Comment parvenir à un football *fair-play*, un sport *fair-
play* ? Il faut pour ce faire aller plus loin que « la seule observation des règles spécifiques au sport, contrainte par des
menaces et des sanctions », comme le prônait le « groupe de
travail pour le droit du sport » de Constance, en 1998. Cela
exige « une mentalité globale, s'obligeant à des principes
éthiques, une mentalité qui :
— approuve aussi les règles en son for intérieur ;
— ne veut pas atteindre son but, bien entendu désiré de toutes
ses forces, à n'importe quel prix ;
— ne voit pas en l'adversaire un ennemi à vaincre par tous
les moyens ;
— le considère plutôt comme un partenaire de la compétition
sportive ;
— pour ce faire lui accorde le droit à l'égalité des chances, au
respect de son intégrité physique, à la dignité humaine indépendamment de la nationalité, de l'ethnie et des origines ».
On peut entendre tout cela comme une concrétisation de la
règle d'or : « Ce que tu ne veux pas qu'on te fasse, ne le fais
pas aux autres. » Cette règle vaut aussi pour les différentes
équipes, pour les fans et pour les nations. À partir du Sermon
sur la montagne, elle peut même se transformer en une règle
positive : « Tout ce que vous voulez que les hommes fassent
pour vous, faites-le vous-mêmes pour eux » (Matthieu 7,12).

Le football peut constituer une sérieuse concurrence pour la religion, il peut devenir un ersatz de religion. On parle de « culte » et de « dieu Football ». Et le rituel dans les stades présente certains parallèles avec la liturgie : lorsque les sportifs embrassent une coupe, cela fait penser au baiser qu'on donne aux icônes. Lorsque la coupe est levée, cela fait penser à la présentation de l'ostensoir. Et que des milliers de supporters chantant et scandant en chœur génèrent une expérience de communion quasi religieuse n'est guère contestable. Cependant ce n'est pas le phénomène particulier du football comme tel qui est décisif, mais l'ambiance globale qui suggère à l'individu que ce qu'il est en train de vivre, c'est le sommet de son existence. Pourtant, quand le football ne fait plus que combler des têtes et des cœurs vides sans rien de plus, il devient dangereux pour l'homme. La bière et l'alcool ne sont pas un remède à cela, car ils favorisent encore plus l'envie nihiliste de recourir à la violence.

Dans de bonnes conditions, la mondialisation du sport est une *chance*. J'en suis convaincu : le sport recèle une chance unique en son genre de rassembler les hommes de nombreuses nations, cultures et religions. Les manifestations sportives qui se déroulent bien le montrent. Le sport a une signification qui transcende les nations, les cultures et les religions. En cela repose aussi – malgré la commercialisation et le dopage – la force, non totalement usée, de l'« idée olympique ». Elle est pour la communication interculturelle et interreligieuse d'une puissance hautement symbolique.

Des hommes se sont entendus sur un ensemble de règles de comportements, indépendamment de leur provenance nationale, culturelle ou religieuse. À l'aide du sport, ils mettent en œuvre des rencontres, un travail en commun, une entente mutuelle. Un excellent exemple pour une éthique planétaire. Et comme, dans le sport, il n'en va pas seulement de « règles », mais encore d'un certain « esprit », c'est aussi de la plus grande importance culturelle, religieuse et politique.

L'esprit de *fair-play*, l'égalité des chances, la tolérance, la dignité humaine, le partenariat – tout cela peut être vécu par des hommes issus de toutes les cultures et de toutes les religions. Non parce que alors ils ont dû minimiser ou émousser leur religion et leur culture, mais parce qu'ils ont trouvé dans leur culture et leur religion un appui pour cet idéal et ces valeurs. Je plaide donc pour une nouvelle crédibilité du football et du sport en général, à laquelle tous ont leur contribution à apporter : joueurs et athlètes, arbitres, fonctionnaires et, naturellement, le public.

La santé sans le délire de la santé

À chaque occasion, et je le comprends, des hommes me souhaitent « la santé – c'est le plus important ! ». Et la santé est en effet la base de la vie, et le souci de la santé fait partie de l'art de vivre. Mais la santé est-elle vraiment la chose la plus importante ?

Il est certain que beaucoup d'hommes se rendent eux-mêmes malades. À cause de modes de vie mauvais pour la santé : tabagisme, alcool, drogues, excès, paresse, soucis psychiques. Même s'ils ne ruinent pas leur existence, ils l'endommagent néanmoins et peut-être la raccourcissent. Mais je peux ici faire l'économie de recettes pour une alimentation saine et un bon sommeil ou pour la minceur et le bien-être, puisque de toute façon elles sont tous les jours diffusées dans les médias.

Sans doute, le fait que tous les jours j'ai eu soin de m'activer en faisant un peu de sport, de m'alimenter sainement, de boire du vin avec mesure et d'avoir une vie disciplinée en général a contribué à ma longévité. Mais en même temps j'étais conscient que la santé n'est pas le bien suprême. Si dans la vie tout tourne autour de la santé, la vie devient égocentrique. La santé, que l'Organisation mondiale de la santé définit comme le bien-être physique, psychique et social, ne saurait être obtenue par tous les moyens. Avaler des pilules de toutes sortes n'offre guère ce bien-être. Et même le recours incessant à la chirurgie esthétique est incapable de procurer un *forever young*. Qui sait si dans certains cas une psyché tourmentée ne trouverait pas plus d'aide dans la fréquentation d'une maison de Dieu plutôt que dans celle d'un centre de remise en forme ?

Que le rire soit la meilleure des médecines, c'est ce que montre la biologie moderne : au lieu des « hormones du stress » (adrénaline et cortisol), ce sont des « hormones du bonheur » (endomorphines) relaxantes qui sont sécrétées. Pour moi, il n'y a à la limite que la musique, qu'on a appelée la médecine la plus douce, qui puisse concurrencer le rire. Comme contrepoids aux nombreuses peines de la vie, nous disait déjà Emmanuel Kant, le Ciel aurait donné aux hommes trois choses : « l'espérance, le sommeil et le rire ». Oui, l'espérance, malgré toutes les complications avec l'Église, ne m'a jamais quitté. Et le rire retentit souvent dans notre maison ; nous avons tous une vie accaparante, et pourtant le plus souvent joyeuse.

Néanmoins, quand j'affronte de grands soucis, je n'ai pas toujours un bon sommeil, et je sais que je ne pourrai rester éternellement en bonne santé. Bien des promesses de biologistes et de médecins à propos d'un allongement infini de la vie sont illusoires. Le souci de sa santé ne doit pas devenir une religion de la santé. Ainsi faut-il saluer le fait qu'un médecin (Manfred Lütz) plaide « contre le sadisme des régimes, le délire de la santé et le culte du *fitness* », et « pour les plaisirs de la vie » (2002). De toute façon, aujourd'hui moins de personnes considèrent les médecins comme des demi-dieux, et de moins en moins de médecins identifient le Conseil de l'ordre des médecins à la sainte Inquisition ; et dans les hôpitaux, vis-à-vis des patients, on évite autant que faire se peut le sacro-saint langage gréco-latin de la médecine. Cependant ni l'industrie pharmaceutique, ni les médecins ou les pharmaciens, ni les hôpitaux, ni les hommes politiques ne se plient de leur plein gré aux obligations de la santé publique en termes d'économies.

Dans tout cela, voici l'important : même l'homme malade, même l'homme à l'article de la mort, reste pleinement et en tout un homme. Et même si cela ne semble accordé qu'à peu d'individus, il y a des hommes qui arrivent dans une certaine mesure à vivre heureux malgré la maladie. D'autres fardeaux, une faute grave par exemple, expiée ou non, peuvent même être plus lourds à porter.

C'est ma parole préférée du Sermon sur la montagne : « Ne vous inquiétez donc pas du lendemain [...]. À chaque jour suffit sa peine » (Matthieu 6,34). Jésus lui-même, malgré le sérieux de son existence, n'était pas un sombre ascète, il prenait part à la vie de l'homme et à ses fêtes, et du point de vue historique, même si c'est une calomnie, il a dû essuyer le reproche d'être « un glouton et un ivrogne » (Matthieu 11,18 *sq.*). Toutefois, le récit de la transformation de l'eau en vin lors des noces de Cana en Galilée, dans l'Évangile selon Jean, est légendaire (Jean 2,1-12). Parfois la bonne chose à faire pourrait être de suivre le conseil de Paul à son disciple Timothée dans sa lettre pastorale du même nom : « Cesse de ne boire que de l'eau. Prends un peu de vin à cause de ton estomac et de tes fréquents malaises » (1 Timothée 5,23).

Ars vivendi

Qu'ils soient croyants ou non, dans leurs projets et leurs aspirations les hommes accordent aujourd'hui plus de poids à la vie d'ici-bas. S'ils le souhaitent, ils sont en mesure de l'accomplir et de la remplir de toutes sortes d'expériences bien mieux que les générations précédentes. Ainsı, de nos jours, l'art de vivre consiste souvent à vivre une vie meilleure, plus accomplie.

Mais avons-nous une vie plus accomplie du seul fait que nous pouvons de plus en plus facilement la remplir parce que nous vivons plus vite ? À mes yeux, les observations du sociologue Hartmut Rosa[1] sont très intéressantes : l'accélération technique (du transport, de la communication et de la production) a eu pour conséquence une accélération des changements sociaux, par exemple celle des modes et des styles esthétiques, musicaux, philosophiques. Ces deux accélérations ont aussi mené à une accélération du *rythme de la vie*. Nous essayons de caser plus de choses dans une journée, une semaine ou une vie : par des réactions plus rapides, un raccourcissement des pauses ou des temps d'attente et d'apprentissage, et en effectuant simultanément plusieurs activités. Nous nous retrouvons ainsi dans un « cercle d'accélération », où telle ou telle dimension qui prend de la vitesse entraîne l'accélération d'une autre. Le tout est cause de beaucoup de stress.

J'ai pour ma part toujours eu conscience que, malgré toutes ces accélérations, on ne parviendra pas à réaliser une vie éternelle avant la mort, et même que cette vie peut trouver son achèvement à toute heure. Parfois je pense, rétrospectivement, que grâce à mes expériences innombrables j'ai vécu sept vies. Mais je n'ai jamais succombé à l'illusion que par une vie plus rapide et donc plus accomplie j'aurais surmonté ma finitude, et que j'aurais ainsi apporté un sens non seulement à ma vie, mais aussi à ma mort.

Si vers la fin de ce livre je devais résumer en quoi, pour moi personnellement, consiste l'*art de vivre*, je renverrais à tout ce que j'ai essayé d'expliquer ici :

1. Hartmut Rosa, *Beschleunigung. Die Veränderung der Zeitstruktur in der Moderne*, Suhrkamp Verlag, 2005 ; trad. fr. : *Accélération. Une critique sociale du temps*, trad. D. Renault, La Découverte, 2010.

— la confiance en la vie, maintenue à travers les phases et âges différents de la vie ;

— la joie de vivre, que j'ai pu conserver malgré toutes les afflictions et toutes les déceptions ;

— le chemin de vie que, malgré toutes les revendications et résistances, j'ai néanmoins essayé de parcourir en restant constant et conséquent ;

— le sens de la vie, que j'ai toujours, lors de mes activités spirituelles, orienté, trouvé et réalisé en direction d'un grand sens ,

— le fondement de la vie, qui dirige ma vie, la cause des causes sur laquelle ma foi confiante repose ;

— la puissance de la vie, qui est en tant que Saint-Esprit cause, milieu et but du processus vital et qui me donne à moi aussi de la force afin de poursuivre mon chemin jusqu'à son terme ;

— le modèle de vie, qui m'oriente depuis mon enfance et qui me remet toujours debout ;

— la souffrance de la vie, que j'espère combattre de manière appropriée à ce modèle de vie et que je souhaite pouvoir intérieurement dominer.

Au vieillissement – et c'est physiquement de plus en plus pénible – personne ne peut échapper. Pourtant, pour notre génération, tant de choses allègent le poids des ans. On ne devrait pas s'énerver, mais assumer le fait de devoir désormais porter des lunettes, un appareil auditif ou une autre prothèse. Les avancées de la médecine et de la pharmacie profitent aux personnes âgées, ainsi que les meilleures conditions de logement et les facilités pour voyager. Mais toutes les aides et tous les médicaments n'empêchent pas nos organes de devenir plus faibles et notre corps de ne plus répondre comme autrefois. En particulier, le squelette usé manifeste des faiblesses en des points névralgiques et provoque parfois des douleurs.

« Abandonner les choses de la jeunesse avec grâce », conseille Élisabeth Moltmann-Wendel, théologienne protestante, dans un livre judicieux sur le savoir-vieillir (2008). Pendant si longtemps nous avons pratiqué la « position verticale ». Mais pourquoi ne pas demander une chaise et s'asseoir lorsque la station debout est pénible ? Pourquoi ne pas s'allonger quand il n'est pas nécessaire de rester debout et qu'on peut se détendre, « se laisser aller » ? Et finalement il faut aussi « laisser aller » nos souvenirs : pourquoi ne pas parler de notre expérience, de tant de choses refoulées et pas vraiment digérées ? J'en ai fait moi-même l'expérience : à quel point il est libérateur et réparateur d'assumer et de rédiger ses Mémoires. Est-ce qu'après *Mon combat pour la liberté* et *Une vérité contestée* je pourrai encore achever le troisième tome que j'ai déjà commencé ? J'en doute, mais je prends les choses telles qu'elles viennent.

Ars moriendi

Tout s'est passé autrement que je l'avais imaginé. Avec beaucoup de mes contemporains, grâce aux énormes progrès de l'hygiène et de la médecine, j'ai reçu en bonus une période de vie supplémentaire, en comparaison avec sa durée dans le passé. C'est ainsi que j'ai déjà entamé la neuvième décennie de mon parcours. Pour combien de temps ? Plus je prends de l'âge, plus je me préoccupe d'une fin de vie digne d'un humain. De l'*ars vivendi*, l'« art de vivre », fait partie aussi et de manière essentielle l'*ars moriendi*, l'« art de mourir » – si le temps m'en est donné.

Depuis que, dans les années 1950, mon frère, âgé de vingt-trois ans, dut souffrir des mois durant d'une tumeur au cerveau, avant d'étouffer à cause de l'eau présente dans ses poumons, je sais que je ne veux pas mourir de cette façon-là.

299

Depuis que Hans Mayer, célèbre professeur de littérature à Tübingen, âgé de quatre-vingt-quatorze ans, s'est laissé mourir de faim, je sais que la volonté de Dieu à mon égard ne sera certainement pas celle-là. Depuis que Walter Jens, mon cher collègue et ami, a sombré dans la démence et se trouve dans un état de torpeur misérable – même s'il est très bien traité –, pleurant souvent, criant et frappant, je sais que je ne dois en aucun cas manquer le moment d'une mort dont j'assumerai la responsabilité (une position autrefois prise en commun par lui et moi). Alors comment aimerais-je mourir ?

Mors certa, hora incerta : la mort est certaine, mais l'heure incertaine. Quand, où et comment notre vie touchera à sa fin, nous l'ignorons. Durant mon jeune âge je croyais, comme je l'ai dit, que je mourrais prématurément. Et ma gratitude était grande après avoir mené un livre à bonne fin : quelle chance d'avoir encore pu en venir à bout ! C'est depuis toujours mon point de vue : advienne que pourra ! Je n'ai pas de nostalgie pour les temps anciens, je ne me permets pas de douce mélancolie du passé, je ne m'obstine pas à rester maladivement jeune. Celui qui regarde quotidiennement la mort en face a moins peur d'elle. À la question parfois posée dans les interviews : « Comment voudriez-vous mourir ? », je réponds le plus souvent en souriant : « En mission ! » Et j'ajoute : « En tout cas pas dans une maison de retraite médicalisée. »

Je suis fermement convaincu que jusqu'à mon dernier souffle, ma vie, que Dieu m'a offerte, est sous ma responsabilité personnelle – et non sous celle d'un médecin, d'un prêtre ou d'un juge. C'est pour cette raison qu'en 1995, dans mon livre *Menschenwürdig sterben* (« Mourir dignement »), rédigé en commun avec Walter Jens, j'ai écrit un « plaidoyer pour la responsabilité envers soi-même[1] », étayé en 2009 par vingt thèses qu'il n'est pas nécessaire de résumer ici. Pour moi, le

---

1. *Plädoyer für Selbstverantwortung :* c'est le sous-titre de ce livre.

fait que je n'ai pas besoin de prolonger indéfiniment la vie temporelle fait partie de l'art de mourir, car je crois en une vie éternelle. Et si le temps est venu, j'ai le droit, si j'en ai encore la possibilité, de décider moi-même du moment et de la manière de mourir, et du reste mon « testament de vie » doit être respecté. Le fait qu'en juin 2009 le Parlement fédéral allemand a déclaré que les « testaments de vie » doivent, dans tous les cas, être respectés par les médecins et les soignants me conforte dans ma position.

Durant toutes ces décennies, la confiance que j'ai reçue – encore nourrisson – en viatique dans les premières années de ma vie, une confiance mise à l'épreuve des contraintes, des déceptions, des attaques, des contestations multiples, j'ai pu la préserver en dépit de toutes ces déceptions. Mais pourrai-je vraiment la préserver jusqu'à la fin ? Je ne le sais pas, personne ne le sait. Depuis Augustin, on parle de la *perseverantia*, du fait de tenir bon, de la persévérance jusqu'à la fin, comme d'une « grâce » spéciale : c'est la *gratia perseverantiae finalis*.

J'espère bien qu'elle me sera accordée, cette grâce spéciale de conserver la confiance dont tout dépend en fin de compte, quelles qu'aient été les performances ou les défaillances dans ma vie. Si elle doit m'être accordée, je souhaiterais mourir en ayant toute ma conscience et prendre congé dignement. Après avoir réglé ce qui doit être réglé. En rendant grâce et en priant.

Et si je m'étais malgré tout trompé, si je n'entrais pas dans la vie éternelle auprès de Dieu, mais dans le néant ? Alors, comme je l'ai souvent dit et comme j'en suis convaincu, j'aurais, quoi qu'il arrive, mené une vie meilleure et plus remplie de sens que sans cet espoir.

« C'est tout ? » C'est le mot de Kurt Tucholsky, écrivain juif berlinois qui se suicida par désespoir après la victoire des nazis en 1935 : « Si je devais mourir maintenant, je dirais :

“C'est tout ?” – et : “Je n'ai pas vraiment compris”, et : “C'était un peu bruyant”. »

Mais non : je ne pense pas ainsi. Ce n'était pas tout. Je voudrais encore « comprendre vraiment » ma vie. Le tissu de ma vie, tricoté de façon déconcertante avec beaucoup de fils et de couleurs, je voudrais le voir enfin en face. Tout ce qui est énigmatique pour moi sera alors résolu, tout sera compris et tout sera derrière moi. Et ainsi tout ne sera plus aussi « bruyant », mais calme, gai, accompli. C'est cela, mon espérance d'une vie éternelle ultimement réussie, dans la paix et l'harmonie, l'amour durable et le bonheur constant. Pourtant, avant cet instant, reste ce qu'a formulé le grand Augustin au début de ses *Confessions* : *Inquietum est cor nostrum donec requiescat in te, Domine* – « Notre cœur est inquiet jusqu'à ce qu'il repose en toi, Seigneur » (*Confessions*, I, 1).

10

Une vision de la vie

Celui qui arrive trop tard, la vie le punit.

Le président Mikhaïl Gorbatchev,
discours pour le quarantième anniversaire
de la fondation de la RDA à Berlin-Est,
7 octobre 1989.

Un chemin de vie fondé sur la confiance en la vie – guidé par une vision de la vie.

Ainsi l'objectif élevé de notre promenade en montagne est atteint : à partir d'un point de vue assuré et solide, une vue globale sur le monde, qui n'englobe pas seulement le monde des religions et des cultures, mais aussi le monde de la science, de l'économie et même de la politique, est possible. De par ma provenance et ma formation – j'ai grandi dans un pays libre et démocrate, mais environné de régimes totalitaires –, je suis depuis toujours un contemporain politiquement vigilant. En dépit de cela, je n'ai pas voulu être un « théologien politique ». Car la « théologie politique » a depuis toujours été une idéologie politisée : c'était le cas déjà chez le créateur du concept, Eusèbe, l'évêque constantinien (de Césarée), beaucoup plus tard chez Carl Schmitt, professeur de droit public et précurseur spirituel du national-socialisme, et finalement aussi chez les révolutionnaires latino-américains de tendance marxiste durant la seconde moitié du XXe siècle. Je n'ai jamais voulu être au service d'un parti, qu'il soit politique ou religieux, mais être au service de l'ensemble, de l'intérêt général. Avec cet objectif je me suis constitué au fil des années une *théologie critique de la*

303

société, solidement enracinée non pas dans une idéologie, mais dans la réalité – et ce à l'horizon de la politique mondiale (et pas seulement latino-américaine).

Adieu aux grandes idéologies pseudo-religieuses

Je ne me suis jamais occupé des *utopies*. *Utopia* signifie littéralement « nulle part » : avec leurs promesses d'un monde futur merveilleux, sauvé, qu'elles soient de tendances socialistes ou capitalistes, les utopies ont durant les dernières décennies égaré beaucoup de gens. Ma spiritualité se devait de rester réaliste : aucune idée qui ne soit reliée à la terre. Pas de plans bien ficelés mais irréalisables. Pas de représentation exaltée de l'avenir sans lien réel avec le présent. Une *vision* réaliste en revanche, orientée vers l'avenir, me semble utile pour le présent. Je ne pense naturellement pas à une hallucination optique ni à une apparition surnaturelle, mais à une vision ou à un *regard d'ensemble* solidement fondé, pour la vie des individus comme pour celle de la société. Une telle vision présuppose néanmoins une désillusion assumée, un désenchantement.

Deux livres ont été très tôt pour moi des mises en garde. D'une part, l'anti-utopie de George Orwell, *1984*, livre publié en janvier 1949 et inspiré par le totalitarisme socialiste et le régime de terreur stalinien ; il sera affreusement confirmé par les écrits d'Alexandre Soljenitsyne. D'autre part, la vision d'horreur d'Aldous Huxley dans *Brave New World*[1], une œuvre publiée en 1932 où il décrit un capitalisme mené par le développement scientifique et technique pour constituer, en l'an 642 après Ford, *le meilleur des*

---

1. *Le Meilleur des mondes*, trad. J. Castier (1932), aujourd'hui en édition de poche chez Pocket.

mondes : la production et la consommation de masse y ont pris la place de Dieu et de la religion.

Je n'ai jamais fait partie de ceux qui, en Europe de l'Ouest ou en Amérique latine, se sont embarqués sans esprit critique dans l'*idéologie du progrès révolutionnaire par le socialisme*. La vague de révolutions pacifiques en 1989 en Europe de l'Est et l'effondrement du système socialiste ont littéralement cloué le bec à ses sympathisants à l'Ouest. La situation misérable – des points de vue économique, social, politique et culturel – des États du bloc de l'Est poussa les masses à protester dans la rue, provoquant ainsi un vote « avec les pieds » et balayant les régimes totalitaires. Cependant les intellectuels de l'Ouest, qui formaient dans les années 1960 et 1970 une opposition largement présente dans les médias, restèrent étonnamment silencieux face à l'urgence des nouvelles questions posées. Les grandes idéologies ou les explications totalitaires « scientifiques », qui ont longtemps fonctionné comme des pseudo-religions, furent enterrées sans grandes oraisons funèbres. Le « désenchantement du monde » (Max Weber) ne l'a pas emporté, et un « retour du religieux », qui d'ailleurs n'a jamais vraiment pris congé, est incontestable.

Mais je ne voulais pas non plus faire partie de ceux qui croyaient en l'*idéologie du progrès par le capitalisme*. L'échec de la foi en la science est tout aussi patent, car la bombe atomique, les gaz toxiques et la sélection des hommes sont également des produits de la science. Et les progrès technologiques indiscutables ont dans le même temps confronté l'humanité aux faillites écologiques, économiques et sociales ; celles-ci ont débouché sur une crise économique mondiale, devant laquelle les « hommes politiques pragmatiques » et les grands acteurs de l'économie et de la finance mondiales restent largement désemparés. Le changement climatique, la pollution de l'environnement, la répartition de l'eau et des matières premières, la lutte contre le bruit et le traitement des ordures, mais aussi le fossé qui s'élargit entre pauvres et riches, entre pays industrialisés et pays en voie de développement... comment venir à bout de tout cela ?

Donc adieu aussi à la foi en la raison et en la science, ainsi qu'à la pseudo-religion technologique promettant de résoudre tous les problèmes par la technique, qui a séduit des millions d'individus et finalement les a frustrés. Nous ne vivons pas dans une « seconde modernité », comme le pensent ceux qui ne veulent pas admettre le changement de paradigme et d'époque après la Seconde Guerre mondiale, mais dans une postmodernité, qui donne une orientation totalement différente de celle de la raison, du progrès et de la nation, et où les religions sont importantes pour les hommes partout dans le monde. Toutefois, avec des contre-utopies obscures, des restaurations religieuses et des images de nature religieuse qui font peur, nous ne sommes pas sortis de l'auberge. On demande une vision constructive de l'avenir.

Il y a belle lurette que je m'efforce de redécouvrir et de revaloriser l'*éthique humaine*, délaissée dans ces idéologies. Non pas que je défende un moralisme qui surestime ou survalorise la morale, surtout la morale sexuelle, ou qui voudrait faire de la morale l'unique critère de l'action. Je respecte l'indépendance relative des différents domaines humains de la vie, tels que l'économie, la science, le droit et la politique, et je ne me laisse pas instrumentaliser par les intérêts d'une institution (État, parti, Église ou groupe de pression). Mais je souhaite m'engager en tant qu'individu libre pour que dans tous ces domaines de la vie et dans toutes ces institutions on reste ouvert aux réformes, et pour qu'en économie, en politique et dans la société on s'en tienne à des règles éthiques. Et qu'on ne le fasse pas uniquement dans un cadre national étroit, mais dans un horizon cosmopolite.

Une vision d'espérance réaliste

Dans le changement de paradigme de l'époque présente – qui inclut le monde, sa politique, son économie et ses cultures – nous avons d'urgence besoin d'une *vision* qui tente de cerner les contours d'un monde plus humain, plus juste et plus pacifique. Donc d'une « vue d'ensemble », d'une orientation de base pour un présent tourné vers l'avenir. Je ne désire pas, concernant l'avenir, prononcer des oracles, ni parler par énigmes, ni énoncer des songes prophétiques, ni discourir aveuglément à partir de présomptions et par allusions. D'un autre côté, je ne souhaite pas non plus me contenter d'extrapoler des dates précises et des tendances statistiques en vue d'un pronostic prétendument exact de l'avenir. La faiblesse de ces constructions ou de ces modèles mathématiques fondés sur des hypothèses optimistes s'est révélée en 2008, quand la crise économique mondiale a éclaté.

À mon avis, nous avons fondamentalement besoin d'avoir une vision, *étayée par des arguments*, d'un meilleur ordre mondial, et à partir de là nous pourrons décider d'une stratégie et d'une tactique. J'ai en effet, en tant que théologien, passé mes trois premières décennies à m'occuper de la problématique complexe de l'Église et du christianisme, mais les trois décennies suivantes ont surtout servi à me mettre au courant du très complexe problème des religions, de la politique et de l'économie mondiales.

Une telle vision doit combiner une pensée à la fois diachronique et synchronique, elle doit prendre simultanément en compte les grandes époques et les différentes religions du monde pour en découvrir les principaux rapports ; j'ai justifié cette perspective notamment dans ma trilogie sur le judaïsme, le christianisme et l'islam, et dans des publications sur les religions indienne et chinoise. Pour ce faire, il a fallu mettre en œuvre une critique sans préjugés des situations réellement existantes, et en même temps présenter rationnellement des alternatives constructives et concevables, qui puissent proposer des impulsions concrètes en vue de réformes.

Mais un projet d'avenir porteur qui part de la réalité sociale présente et en même temps la dépasse en vue d'un ordre mondial meilleur est difficile à réaliser. Tandis que l'Europe de l'après-guerre disposait d'hommes d'État de grande envergure, motivés par l'éthique et nés de l'expérience de la souffrance, qui ont conduit leurs nations à la réconciliation, à la paix et à un nouvel ordre politique, il semble que le monde d'après 1989 ne dispose le plus souvent que d'hommes politiques à la tête de partis et aspirant au pouvoir, ayant un comportement pragmatique, coresponsables de l'actuelle crise de confiance, financière, économique et sociale.

Cependant il va de soi que les dirigeants des États et les hommes politiques ne sont pas responsables de tout : leurs électeurs le sont aussi. Les résistances aux réformes sont partout répandues dans le peuple. Dès le début des années 1950, Martita Jöhr, future artisane de la Fondation Éthique planétaire suisse, poussa son mari Adolf Jöhr, important chercheur en sciences économiques, à étudier de plus près les facteurs psychologiques lors des variations conjoncturelles. Entretemps s'est constituée une branche à part de la science économique, celle des comportements économiques (*behavioural economics*), qui mène des recherches sur les spécificités psychologiques des comportements humains, en particulier économiques, qui sont souvent en contradiction avec les hypothèses du modèle de l'*Homo œconomicus*, dont on suppose qu'il ne fait que maximaliser les profits de façon rationnelle. De nos jours on a aussi étudié les résistances aux réformes. Malgré tout, je garde espoir, comme je vais ici brièvement l'esquisser.

Un plaidoyer devant l'ONU

Il n'en va aujourd'hui pas moins que d'un « *nouveau paradigme des relations mondiales* », comme je l'ai esquissé dans des livres comme *Projet d'éthique planétaire* (1990) et *Weltethos für Weltpolitik und Weltwirtschaft* (« Une éthique planétaire pour une politique et une économie mondiales », 1997), et comme je l'ai explicité dans *Globale Unternehmen – globales Ethos. Der globale Markt erfordert neue Standards und eine globale Rahmenordnung* (« Entreprise mondiale – éthique mondiale. Le marché mondial exige de nouveaux standards et un règlement-cadre mondial », 2001). Beaucoup d'idées que j'y ai défendues ont été reprises dans le manifeste pour les Nations unies *Brücken in die Zukunft* (« Des ponts vers l'avenir », 2001). Je fais partie d'un groupe de vingt membres, *Group of Eminent Persons*, qui a été invité par le secrétaire général Kofi Annan à élaborer un compte rendu pour le dialogue des cultures sur la base d'un nouveau paradigme des relations internationales ; en même temps j'ai pu beaucoup apprendre des autres. Nous avons présenté notre manifeste au secrétaire général et à l'Assemblée générale de l'ONU le 9 novembre 2001 (peu de temps après le fatal 11 septembre !) sous le titre *Crossing the Divide* (« Des ponts vers l'avenir »). À cette occasion j'ai pu, le 9 novembre 2001 à New York, faire devant l'Assemblée générale des Nations unies la déclaration publique qui suit ; elle témoigne de ma vision de l'avenir :

Face aux erreurs et aux errements actuels, beaucoup de personnes se demandent : le XXIᵉ siècle sera-t-il vraiment meilleur que le XXᵉ, rempli de violences et de guerres ? Allons-nous vraiment créer un ordre mondial nouveau, un

ordre mondial meilleur ? Au xxᵉ siècle, nous avons laissé passer trois chances pour un ordre mondial nouveau :
— en 1918, après la Première Guerre mondiale, à cause de la *Realpolitik* européenne ;
— en 1945, après la Seconde Guerre mondiale, à cause du stalinisme ;
— en 1989, après la réunification allemande et la guerre du Golfe, à cause d'un manque de vision.

Notre groupe *(Group of Eminent Persons)* présente une telle vision pour un nouveau paradigme des relations internationales ; il envisage aussi de nouveaux acteurs sur la scène mondiale.

De nos jours, les religions se manifestent de nouveau comme des acteurs de la politique mondiale. Il est vrai qu'au cours de l'histoire les religions ont trop souvent montré leur côté destructeur. Elles ont stimulé et légitimé la haine, l'hostilité, la violence et même la guerre. Mais dans beaucoup de cas elles ont aussi stimulé et légitimé l'entente, la réconciliation, la coopération et la paix. Ces dernières décennies, partout dans le monde, des initiatives de dialogue interreligieux et de coopération entre les religions se sont constituées.

Dans ce dialogue, les religions du monde découvrent de nouveau que leurs propres énoncés éthiques fondamentaux soutiennent et approfondissent les valeurs éthiques séculaires qui sont contenues dans la Déclaration universelle des droits de l'homme. Lors du Parlement des religions du monde de 993 à Chicago, plus de deux cents représentantes et représentants de toutes les religions du monde déclarèrent, pour la première fois dans l'histoire, leur consensus sur quelques valeurs, standards ou attitudes éthiques communs à titre de base pour une éthique planétaire ; ils furent ensuite repris dans le compte rendu de notre groupe d'experts pour le secrétaire général et l'Assemblée générale des Nations unies. Quelle est donc la base pour une éthique planétaire que des hommes issus de toutes les grandes religions et traditions éthiques peuvent partager ?

Premièrement, le principe de l'humanité : « Chaque personne – homme ou femme, blanche ou de couleur, riche ou pauvre, jeune ou âgée – doit être traitée humainement. » Ce point est exprimé encore plus clairement dans la « règle d'or » de la réciprocité : « Ce que tu ne veux pas qu'on te fasse à toi-même, ne le fais pas aux autres. » Ces principes se déploient dans quatre domaines de vie centraux, et ils appellent chaque homme, chaque institution et chaque nation à discerner leur responsabilité :

— pour une culture de la non-violence et du respect de chaque vie ;

— pour une culture de la solidarité et un ordre économique juste ;

— pour une culture de la tolérance et une vie véritable ;

— pour une culture de l'égalité des droits et du partenariat entre hommes et femmes.

Au temps de la mondialisation, une telle éthique mondiale est absolument indispensable. Car la mondialisation de l'économie, de la technologie et de la communication entraîne aussi une mondialisation des problèmes à l'échelle planétaire ; et ces derniers menacent de nous écraser : problèmes relatifs à l'environnement, à la technologie nucléaire et au génie génétique, sans oublier le crime organisé et le terrorisme à l'échelon mondial. En une telle époque, il importe que la mondialisation de l'économie, de la technologie et de la communication soit soutenue par une mondialisation de l'éthique. En d'autres termes, la mondialisation a besoin d'une éthique planétaire, non pas comme d'un fardeau supplémentaire, mais pour servir de fondement et de support aux humains et à la société civile.

Certains responsables politiques prédisent pour le XXIe siècle un « choc des civilisations ». Contre cette idée, nous exposons notre autre sorte de vision de l'avenir, une vision qui n'est pas simplement un idéal optimiste, mais une vision d'espérance : les religions et les cultures des hommes, par l'interaction de tous les hommes de bonne volonté, peuvent aider à éviter un tel choc, à condition de prendre acte des propositions suivantes :

— pas de paix entre les nations sans paix entre les religions ;

— pas de paix entre les religions sans dialogue entre les religions ;

— pas de dialogues entre les religions sans des standards éthiques globaux ;

— pas de survie dans la paix et de justice sur notre globe sans un nouveau paradigme des relations internationales sur la base de standards éthiques mondialisés.

Là s'arrête ma déclaration publique. Mais pour que cette vision ne reste pas une généralité abstraite, il me fallait entrer dans les questions théoriques et pratiques de la politique et de l'économie – ce qui a exigé un gros travail de ma part. Mais j'ai pu ainsi coucher par écrit, dans des études personnelles, des idées caressées de longue date, j'ai pu les expliciter et les fonder.

Le nouveau paradigme d'une politique mondiale plus pacifique

Je suis les évènements du monde avec un intérêt passionné depuis que, élève de la classe de cinquième en 1940[1], j'ai écrit une rédaction de trente-deux pages sur le déclenchement de la Seconde Guerre mondiale. Le paradigme politique de la modernité européenne, dominant jusqu'à la fin de la Seconde Guerre mondiale, misait sans équivoque sur la violence et sur la guerre, et non sur la coopération pacifique – il allait de pair avec le dédain machiavélique de la morale politique.

Depuis 1945, en Europe et dans le reste du monde, le nouveau paradigme qui s'impose énonce fondamentalement l'idée suivante : au lieu de la politique moderne nationale – politique de prestige, de puissance et d'intérêts (comme ce

---

1. Hans Küng a alors douze ans.

fut encore le cas à Versailles ou dans l'administration du second Bush) –, proposer une politique régionale d'entente mutuelle, de rapprochement et de réconciliation. Elle a été mise en œuvre d'une façon exemplaire par la France et l'Allemagne, avant d'être élargie par la Communauté européenne à tout le continent. Dans l'action politique concrète, cette politique exige une coopération, des compromis et de l'intégration, au lieu des confrontations, agressions et revanches de jadis – également au Proche-Orient, en Afghanistan, au Cachemire et au Sri Lanka.

Cette nouvelle conception politique globale présuppose manifestement un changement de mentalité qui outrepasse largement la politique quotidienne :

— Pour aller dans ce sens, de nouvelles organisations ne suffisent pas, il faut une nouvelle mentalité *(mindset).*

— Il faut absolument éviter de considérer les différences nationales, ethniques, religieuses comme des menaces, mais y voir au moins des possibilités d'enrichissement.

— Tandis que l'ancien paradigme présupposait toujours un ennemi, voire un ennemi héréditaire, le nouveau paradigme *n'a plus besoin d'ennemi*, mais bien de partenaires, de concurrents et souvent aussi d'opposants.

— Au lieu de la confrontation militaire, c'est la concurrence économique et sociale qui s'impose à tous les niveaux. Ce n'est plus de la guerre, mais du droit des peuples et de l'entente des peuples que vient le salut.

— Il s'est avéré que le bien-être national n'est pas à la longue favorisé par la guerre, mais uniquement par la paix ; non pas dans le face-à-face ou la juxtaposition, mais dans la *coopération.*

— Et puisque les différents intérêts existants sont satisfaits par la coopération et par la compénétration des intérêts, une politique qui ne soit plus un jeu à somme nulle, où l'un gagne au détriment de l'autre, mais un *jeu à somme positive* où tous sont gagnants, devient possible.

313

Naturellement, la politique n'est pas devenue plus facile dans le nouveau paradigme, mais elle reste l'« art du possible » – mais libérée de toute violence. Si elle doit fonctionner, elle ne saurait se fonder sur un pluralisme arbitraire « postmoderne » pour lequel *anything goes*. Elle présuppose plutôt un *consensus social* par rapport à des valeurs, des droits et des devoirs fondamentaux. Ce consensus fondamental doit être soutenu par tous les groupes sociaux, les croyants et les non-croyants, les membres des diverses religions, philosophies ou idéologies. Ce ne sont pas seulement une nouvelle politique et une nouvelle diplomatie qui sont ici en cause, mais une conversion des cœurs, une véritable acceptation de l'autre, une nouvelle éthique.

La *politique mondiale*, l'*économie mondiale* et la *finance mondiale* influent beaucoup sur notre propre destin national et régional. On admet progressivement partout qu'il n'existe plus d'îlot national ou régional de stabilité. Et malgré le morcellement des intérêts, il existe néanmoins déjà une si forte *interdépendance mondiale* politique, économique et financière que les économistes parlent d'une *société mondiale* et les sociologues d'une *civilisation mondiale* (dans un sens technique, économique et social) : la société et la civilisation mondiales comme un champ d'interaction cohérent, où nous sommes tous impliqués d'une façon directe ou indirecte. La crise économique mondiale montre à quel point c'est déjà le cas.

Le nouveau paradigme
d'une économie mondiale plus juste

Je fais partie des théologiens, plutôt rares, qui régulièrement jettent aussi un œil sur les pages économiques des journaux ; j'étais encore étudiant quand je me suis vivement intéressé aux questions de philosophie sociale et de politique sociale. Dans *Weltethos für Weltpolitik und Weltwirtschaft*, évoqué à l'instant, j'ai soumis aussi bien le modèle de l'État-providence (Suède) que le modèle du néocapitalisme (États-Unis) à une critique approfondie, et j'ai ensuite réalisé une recherche poussée sur le nouveau *concept mondial de politique économique* : d'une part une économie de marché pure comme dans l'ultralibéralisme économique, économie représentée par exemple par Milton Friedman, d'autre part une économie de marché sociale selon l'idée de Ludwig Erhard, mais qui à notre époque doit inclure l'écologie et aussi être élargie au monde. À l'instar de beaucoup d'autres, je me suis dès 1990 prononcé pour une *société de marché mondiale, écologique et sociale*, mais exigeant une éthique mondiale pour fonctionner. Ma position de principe se fonde sur deux démarcations.

Premièrement, une démarcation contre une *éthique de conviction non économique*, représentée parfois par des gens d'Église ou des syndicalistes. Celui qui soutient des *exigences morales pures de toute rationalité économique*, donc sans égard aux lois de l'économie, ne défend pas une morale, mais un moralisme.

Ma seconde démarcation est au contraire dirigée contre une *éthique de la réussite, sans conviction*. Elle est représentée notamment par des managers obnubilés par la réussite, des économistes et des journalistes sans scrupules. Celui qui propage comme un dogme des *conceptions économiques pures de toutes normes éthiques* ne soutient pas les intérêts de l'économie, mais ceux d'un réductionnisme économique, un *économisme*. On ne peut en aucun cas accorder à la réussite la primauté qui revient à l'éthique. J'ai le droit de défendre mes propres intérêts, mais je dois assumer la responsabilité éthique de chaque action entrepreneuriale, même si dans des cas concrets ce peut être une exigence lourde par rapport à la pression de la concurrence.

Ma conclusion jadis et aujourd'hui : il faut combiner *straté-
gies économiques et jugements éthiques* de manière convaincante. Mais il est manifeste que l'économie mondiale, sous
le signe de la mondialisation inévitable et légitime, s'est en
grande partie coulée dans le moule d'un nouveau modèle de
capitalisme. Même celui qui est favorable à l'économie de
marché devra critiquer ce modèle « néocapitaliste ». Il est
inacceptable à cause de ses conséquences sociales pour
d'innombrables hommes et pour son total manque de standards éthiques, et c'est le principal responsable de l'actuelle
crise économique.

On ne cesse d'affirmer que la crise financière de 2008 n´était
pas prévisible. Mais dès 1997 j'avais, devant l'augmentation
accélérée des turbulences dans le système financier mondial,
mis en garde contre une réédition du krach boursier et de
l'effondrement économique de 1929 à 1933 ; dans *Weltethos
für Weltpolitik und Weltwirtschaft,* j'écrivais ce qui suit :
« Rien que la petite remarque du président de la Banque centrale américaine, Allan Greenspan, au début de décembre 1996,
selon laquelle un "emballement irrationnel" *(irrational exu-
berance)* aurait conduit à une surévaluation du marché financier suffit pour que les investisseurs des marchés boursiers
d'Asie, d'Europe et d'Amérique provoquent dans leur nervo-
sité un effondrement des cours et des ventes paniques. Cela
montre aussi que dans la mondialisation les crises ne font pas
qu'osciller de-ci, de-là, mais peut-être bien qu'elles vont à
leur paroxysme. » Dès cette époque j'osais avancer la suppo-
sition, hérétique pour les économistes, que la théorie du
chaos pouvait s'appliquer aussi à l'économie : les plus petites
causes pourraient induire des effets dévastateurs. En tout cas,
on ne peut en aucun cas exclure « le retour de la crise économique mondiale et de l'effondrement de l'ordre économique
mondial de 1929-1933 ».

Entre-temps, le « capitalisme du crédit » (Hans-Martin
Schönherr-Mann) des entreprises, des institutions publiques

et privées, où tout est payé par des crédits, a conduit à l'effondrement du système bancaire. Lors de ma tournée de conférences aux États-Unis en novembre 2008, je pouvais voir à quel point on déplorait alors, même là-bas, l'avidité du profit en économie et la mégalomanie politique. Je me sentis renforcé dans mes convictions par le *président des États-Unis Obama*, qui, dans son discours d'investiture de janvier 2009, fit le constat suivant : « Nous sommes au paroxysme d'une *crise*, voilà ce que nous avons compris depuis. Notre nation est en guerre contre un réseau de violence et de terrorisme. Notre *économie* est affaiblie, *à cause de l'avidité et de l'irresponsabilité de quelques rares individus* – mais aussi parce que collectivement nous avons omis de prendre des décisions difficiles et de préparer cette nation à la nouvelle époque. Beaucoup ont perdu leur maison et leur foyer, beaucoup d'emplois ont été supprimés, beaucoup de commerces ont fait faillite. Notre système de santé est trop cher, beaucoup n'apprécient pas nos écoles à leur juste valeur. Et chaque nouveau jour nous montre clairement que la manière dont nous utilisons l'énergie renforce notre adversaire – et met la planète en danger. Toutes ces choses sont des symptômes de la crise que l'on peut mesurer et représenter par des chiffres. Ce qui n'est pas facile à quantifier, mais pas de moindre importance, c'est *à quel point cela affaiblit notre moral et notre confiance.* »

Une défaillance, d'abord des marchés, ensuite des institutions et enfin de la morale elle-même, appelle le recours à des règles éthiques pour la recherche du profit – fondamentalement légitime. Mais l'éthique n'est pas simplement la cerise sur le gâteau, elle n'est pas juste un supplément accessoire de l'économie de marché mondialisée. Non, l'urgente et nécessaire nouvelle architecture du système financier doit être étayée par un ordre-cadre éthique. C'est seulement à travers quelques normes éthiques élémentaires, telles qu'elles ont pris forme depuis le devenir-homme de l'homme, que la fatale avidité et l'*hubris* humaines pourront être refrénées. Pour aller dans ce sens, je compte sur une forte contribution des Églises, des religions et de la communauté des peuples.

Espérer une unification des Églises

Je suis et reste un membre loyal de mon Église. Je crois en Dieu et en son Christ, cependant je ne crois pas « en » l'Église. Dans l'Église, je rejette toute identification à Dieu, tout triomphalisme péremptoire et tout confessionnalisme égoïste, je reste ouvert à l'ensemble de la communauté de foi chrétienne que forment toutes les Églises.

De la sorte, ma propre vision s'est constamment élargie au cours de toutes ces années : de l'unité des Églises à la paix entre les religions et finalement à une véritable communauté des nations. Ayant désormais, après huit décennies de vie, probablement atteint la dernière étape, je suis encore moins qu'autrefois en mesure de prédire quelles attentes seront encore satisfaites. C'est pourquoi j'exprime dans ce dernier chapitre mes principaux souhaits, comme un *spero*, « ce que j'espère ». Mon espérance, ma triple vision d'espérance, partagée par beaucoup, survivra au-delà du temps qu'il me reste à vivre.

Durant toute une vie de théologien, je me suis autant engagé pour le renouvellement de l'Église catholique et de la théologie que pour une entente œcuménique entre les Églises chrétiennes. J'ai eu la joie de voir quelques succès, surtout sous le pape Jean XXIII et pendant le concile Vatican II.

Mais j'ai aussi eu à essuyer des revers, surtout auprès des papes postconciliaires ; ces derniers, avec l'appareil de pouvoir de la curie, ont trahi le concile des réformes et, afin de bloquer toutes les réformes, rétabli le système romain venu

318

du Moyen Âge, opposé à la Réforme et antimoderne, avec un épiscopat désormais totalement domestiqué.

Mais c'est là qu'intervient l'avertissement : « Celui qui arrive trop tard, la vie le punit. » En effet, derrière la façade médiatique de l'Église du pape, l'effondrement de la structure pastorale devient de plus en plus manifeste : disparition du clergé célibataire et scandales pédophiles innombrables, des milliers de paroisses sans prêtres, vente massive des églises, fusions forcées de paroisses pour former d'immenses « unités paroissiales », toujours moins de baptêmes, de participants aux offices religieux, de mariages religieux ; exode des femmes émancipées, désintérêt de la jeunesse… La détresse grandissante et la diminution des impôts destinés aux Églises ne vont-elles pas finir par contraindre l'Église de Rome à faire des réformes ?

Mon espérance ne porte pas sur une Église unique uniforme ; les profils régionaux et nationaux des Églises chrétiennes ne doivent pas être fondus dans une unité indifférenciée. Mon espérance vise une *unité œcuménique* entre les Églises chrétiennes, dans une diversité réconciliée. Mais n'est-ce pas faire preuve d'une espérance démesurée ? Non, c'est une vision réaliste, depuis longtemps déjà mise en œuvre par la base de l'Église.

Je ne renonce donc pas à mon espérance : un œcuménisme entre les confessions chrétiennes est possible, et même nécessaire ! Il doit partir de la base et être arraché aux responsables ecclésiastiques. Ma vision est la suivante :

— Les dogmes, élaborés par les hommes et séparant les Églises, passeront derrière la vérité de Dieu et le message de Jésus. Les structures médiévales et prémodernes, qui traitent les hommes, et surtout les femmes, comme des mineurs, vont se décomposer. L'autorité ecclésiastique prétentieuse qui, au cours des siècles, s'est approprié généreusement toujours plus de pouvoirs, va être réduite à des proportions humaines.

— Un jour ou l'autre seront dépassés, par rapport aux autres Églises chrétiennes, à leurs ministères et à leur culte, tous les privilèges et toutes les prétentions médiévales ou datant du début de la modernité de l'Église catholique. Le papalisme et son infaillibilité, ainsi que la posture d'idole pseudo-christique du pape céderont devant une administration de « Pierre » qui soit au service de l'ensemble de la chrétienté et fonctionne dans le cadre de structures synodales et conciliaires.

— De leur côté, le fondamentalisme biblique, les tendances à la scission et le provincialisme d'origine protestante seront repoussés au profit d'une Église responsable du monde et de la « liberté » éclairée d'un « homme chrétien », qui ne manifeste ni autosuffisance moralisante ni intolérance dogmatique.

— Le traditionalisme et le liturgisme orthodoxes des Églises de l'Est seront eux aussi surmontés. Ils seront transformés en un christianisme contemporain et en même temps plus en lien avec l'origine, un christianisme capable d'agir comme un levain dans la réorganisation de la politique et de la société, même dans les pays d'Europe de l'Est.

Somme toute, on n'aura pas d'univers ecclésiastique sacré, et pourtant des Églises qui seront de nouveau plus orientées vers l'Évangile et plus ouvertes aux détresses de nos contemporains.

Espérer une paix des religions

Je suis et je reste un homme religieux. Mais pour autant je ne me situe pas en opposition avec les hommes non religieux, sécularisés, laïques. Je me sens de part en part un homme séculier ; seul le sécularisme idéologique, l'athéisme comme un programme, je pense devoir les rejeter de manière fondée.

En tant que théologien chrétien, je me suis de plus en plus engagé pour un changement de la position des Églises chrétiennes par rapport aux autres religions du monde. J'ai eu droit à des succès : dans les décrets de Vatican II sur la liberté de conscience et la liberté religieuse, sur le judaïsme, l'islam et les autres religions du monde, et dans d'innombrables dialogues interreligieux, conférences et rencontres dans le monde entier.

Mais là non plus les échecs ne manquent pas : il y a encore sur notre globe des guerres soutenues ou légitimées par des religions. Depuis quarante ans, un foyer central de conflits est constitué, avec le soutien des États-Unis, par l'occupation durable des territoires palestiniens par l'État d'Israël, qui, au mépris de nombreuses résolutions de l'ONU et du droit des peuples, aménage des colonies au lieu de se retirer. Israël pense pouvoir briser la résistance arabe par des guerres inhumaines au Liban et à Gaza.

Là aussi s'applique cet avertissement : « Celui qui arrive trop tard, la vie le punit ! » Derrière un mur, comme celui de la RDA autrefois, et dans un environnement hostile, on ne peut mener une vie de citoyen pacifique, et toutes les guerres gagnées ne servent à rien si à chaque fois on manque la paix. Ce qui fait particulièrement de la peine aux amis de l'État d'Israël, c'est qu'il est resté peu de chose de la tolérance envers les autres croyants annoncée dans l'acte fondateur originel ; la politique d'obstruction durant des décennies a totalement effacé la crédibilité morale de ce pays.

Mon espérance *ne* porte *pas sur une unification des religions* ou sur quelque syncrétisme. Il porte sur une *paix* œcuménique *entre les religions du monde* ! C'est-à-dire une coexistence pacifique, une convergence croissante et une existence créatrice, au service de tous, des religions – dans la recherche commune d'une vérité toujours plus profonde et du mystère du Dieu unique et véritable, qui ne se révélera pleinement qu'à la fin. Est-ce là une utopie creuse ? Non, c'est une vision réaliste, dont la réalisation a déjà commencé au niveau de la base des grandes religions ; celles-ci ont une orientation bien plus cosmopolite que les États nationaux et leurs dirigeants.

Malgré toutes les difficultés, je ne renonce pas à cette espérance : une paix entre les religions est possible, nécessaire même. Voici ma vision : pas de paix entre les nations sans paix entre les religions, mais pas de paix entre les religions sans dialogue entre les religions. Une contradiction entre la vérité et la paix n'est pas inévitable, malgré ce qu'en pensent des sociologues non informés. Chaque religion peut maintenir sa prétention à la vérité – aussi longtemps qu'elle respecte la vérité des autres, qu'elle est tolérante dans sa pratique et prête à éveiller et à mobiliser avec les autres l'énergie morale de l'humanité. La vision de mon espérance est la suivante :

— Un nombre d'hommes toujours plus grand comprendra que les trois grandes religions prophétiques – judaïsme, christianisme et islam – forment un premier courant religieux systématique et cohérent, avec une origine proche-orientale et sémite ; tous les hommes se reconnaissent en l'unique Dieu d'Abraham, qui a créé et qui achèvera ce monde dans un déroulement de l'histoire orienté vers l'avenir et dans une éthique fondamentale pour garantir une humanité élémentaire (les dix commandements).

— Mais, dans l'esprit œcuménique de la réconciliation, des hommes toujours plus nombreux vont aussi apprendre à trouver des richesses auprès du deuxième grand courant systématique, d'origine indienne et mystique (hindouisme et surtout bouddhisme), et du troisième courant, de caractère chinois et sapientiel (confucianisme et taoïsme) : ils offrent leurs valeurs spirituelles, leur profondeur mystique, leurs points de vue sur le monde et l'homme transmis à travers les siècles.

— À l'inverse, les trois religions prophétiques elles-mêmes offriront toujours plus aux autres leur inépuisable héritage spirituel – loin de tout colonialisme religieux, loin de toute arrogance triomphaliste, loin de toute dévalorisation spirituelle et de toute récupération.

Tout compte fait, il n'y aura pas un monde idéal des religions, mais des religions qui vivront ensemble dans la paix sans rejeter leur vérité.

Espérer une communauté des nations

Je n'ai jamais possédé qu'un passeport suisse, et même comme professeur d'université en Allemagne – fort bien traité depuis cinq décennies – je revendique l'appartenance à ma patrie. Je n'ai aucun problème d'identité. Aujourd'hui, mon identité nationale inclut une identité européenne. Je suis patriote et en même temps cosmopolite.

Depuis mes années d'études à Rome et à Paris, j'ai une expérience internationale en théologie. Lors de nombreux voyages autour du monde, dans des conférences interreligieuses, en tant qu'invité des semestres durant aux États-Unis, et partout ailleurs durant d'innombrables heures d'étude silencieuses, j'ai appris que la théologie doit, avec les Églises et les religions, apporter sa contribution à une entente entre les nations. Les succès de cette entente sont visibles : des « inimitiés héréditaires » de plusieurs siècles (comme entre l'Allemagne et la France) sont de longue date surmontées. En Europe, le processus d'une communauté des États va de l'avant, malgré les impasses et les obstacles. Une amélioration spectaculaire des relations entre Est et Ouest est survenue depuis la chute du mur de Berlin.

Mais les revers n'ont pas manqué. Au processus d'intégration en Europe et à l'entente entre l'Est et l'Ouest s'oppose un processus de scission croissante entre le Nord et le Sud. La plus amère déception pour le monde entier fut, de 2001 à 2008, le retour de la croyance au paradigme, depuis longtemps dépassé, d'une politique de confrontation et de puissance unilatérale de la part de la démocratie décisive, celle des États-Unis, sous la présidence de G.W. Bush : au lieu de l'entente mutuelle, de la réconciliation et de l'intégration, comme c'est le cas de l'Union européenne (auparavant favorisée par l'Amérique), on a eu un impérialisme et un militarisme américains unilatéraux, arrogants et mégalomanes.

Là aussi s'applique cet avertissement : « Celui qui arrive trop tard, la vie le punit ! » Autant la politique extérieure, à tous égards coûteuse, de Bush (Afghanistan, Irak, Palestine, Iran) que sa politique intérieure (effondrement du marché immobilier et du système bancaire, défaillance du système de surveillance) menèrent à la crise économique mondiale et au plus faible indice de confiance d'un président américain en fin de mandat. Quelle tournure prendront les évènements avec le nouveau président ?

Mon espérance ne va pas à un gouvernement mondial unique ou à une bureaucratie mondiale unifiée. Pas davantage à une domination opérée au nom d'une culture ou d'une religion, ni à d'anciennes ou de nouvelles contraintes physiques ou psychiques sous le signe du juridisme, du dogmatisme ou du moralisme religieux. Au contraire : il faut la liberté et la solidarité même pour les incroyants et les nombreux sceptiques ballottés entre foi et incroyance ! Mon espérance porte sur une communauté œcuménique entre les peuples, véritables « nations unies » : et au service de celle-ci seront les religions, dont les intentions fondamentales profondément humaines – le salut de l'homme total et de tous les hommes ! – sont reconnues et réalisées par les hommes eux-mêmes. Tout cela n'est peut-être qu'un mirage naïf ? Non, c'est une vision réaliste, qui a déjà commencé à se réaliser un peu partout.

Malgré toutes les difficultés, je ne renonce pas à cette espérance : une communauté des nations est possible, nécessaire même. C'est là ma vision : dans une sagesse œcuménique large, les religions pourraient prendre en compte leur responsabilité morale de façon totalement renouvelée :
— pour la paix et, par elle, pour la pacification extérieure de la Terre ;
— pour la justice et, par elle, vers la liquidation des structures sociales, politiques et économiques injustes ;
— pour la préservation de la Création et, par elle, pour une Terre habitable dans le cadre d'un environnement où il vaut la peine de vivre.
Mais... quel sera notre avenir ?

L'histoire n'est pas prévisible

Une telle vision, c'est la question que je dois poser à la fin, ne serait-elle pas finalement elle aussi une utopie – domiciliée « nulle part » ? Si l'on considère le présent, notamment mon propre domaine, l'Église catholique, il y aurait lieu de toujours désespérer. Mais je reviens brièvement sur le passé pour regarder vers l'avant.
Lorsque j'étais étudiant, la dialectique de l'histoire de Hegel (*La Philosophie de l'histoire*) et celle de Karl Marx (*Manifeste du Parti communiste*) m'ont fortement impressionné. Mais je compris rapidement que c'étaient des constructions idéalistes ou matérialistes. Tout compte fait, il n'existe pas dans l'histoire une loi analogue à celle de la nature. Le déroulement de l'histoire n'est pas déterminé par des règles, à partir desquelles on pourrait déduire des maximes d'action pour l'avenir.
Dans les années 1950, on pouvait devenir « défaitiste » à Rome en voyant l'enlisement des réformes sous le régime

absolu de Pie XII Pacelli – sans compter l'épuration des théologiens. L'élection d'un Pie XIII aurait aggravé la situation et exposé une Église catholique totalement non préparée aux bouleversements de 1968. Mais en 1958 fut élu Jean XXIII Roncalli, celui qui fut à l'origine, avec le deuxième concile du Vatican (1962-1965), d'un renouvellement et d'une ouverture œcuménique dont la réussite fut au moins partielle.

Dans les années 1970, après une petite tournée de conférences en RDA, je prenais congé des gens qui m'avaient invité à Dresde quand ces derniers me dirent qu'ils ne me reverraient qu'après leur départ à la retraite, quand ils auraient le droit de voyager à l'Ouest. Vu la pétrification du système soviétique sous Brejnev, la situation du bloc de l'Est était désespérante. L'élection d'un autre apparatchik au poste de secrétaire général du PCUS (Parti communiste de l'Union soviétique) aurait probablement laissé en l'état le système soviétique pendant encore quelques années, comme ce fut le cas sous Andropov et Tchernenko. Mais, en 1985, Mikhaïl Gorbatchev fut nommé secrétaire général du Parti communiste ; c'est lui qui accéléra la modernisation de l'Union soviétique et déclencha ainsi, en réalité, l'implosion du système, qui couvait depuis longtemps, la chute du mur de Berlin et la dissolution de l'Empire soviétique.

À la fin du XXe et au début du XXIe siècle, je me suis souvent trouvé aux États-Unis dans la situation de celui qui crie dans le désert. Par rapport au retour de l'Amérique, sous George W. Bush, à l'ancien paradigme de confrontation et d'agression militaires, on menait apparemment un combat perdu d'avance quand on faisait la promotion du nouveau paradigme de l'entente, de la coopération et de l'intégration. L'élection d'un nouveau président républicain n'aurait mené à aucun changement fondamental, prolongeant ainsi la paralysie des États-Unis. Mais en novembre 2008 Barack Obama fut élu président, et il essaie avec détermination de renverser la vapeur tant en politique intérieure qu'en politique extérieure.

L'histoire ne se déroule pas en suivant des règles logiques ou des schémas économiques – cela nous surprend parfois dans le mauvais sens et d'autres fois dans le bon. À la différence de la nature, il n'y règne pas seulement des processus nécessaires et une forme de régularité. L'histoire n'est pas – c'est mon expérience à travers toutes ces décennies – prévisible.

Et les personnalités importantes peuvent toujours, naturellement en relation avec d'autres, jouer un rôle décisif dans le déroulement de l'histoire. Dans une situation désespérée, ils peuvent – je pense à Churchill ou à de Gaulle – perdre des batailles mais gagner la guerre. Certes, ils peuvent aussi – et là je pense à Anouar el-Sadate et Yitzhak Rabin, assassinés par des fanatiques issus de leurs propres rangs – gagner des batailles mais perdre la guerre. N'auraient-ils pas mérité plus de soutien de leur vivant ?

Leur heure viendra encore. Ou n'est-ce là qu'un rêve ?

Ma dernière vision

« Tout songe est mensonge » ? Ce vieil adage signifie que ce que j'ai rêvé n'arrivera pas nécessairement.

Il y a des rêves dont il vaut mieux qu'ils ne se réalisent pas.

Il y a des rêves qui malheureusement ne se réalisent pas.

Il y a des rêves qui ne se réalisent que plus tard.

Le 23 août 1963, Martin Luther King, le défenseur américain des droits civiques, pasteur baptiste, prononça, devant le Lincoln Memorial à Washington, son discours prophétique *I have a dream*, où il présentait sa vision de l'égalité des droits et de l'assimilation des Noirs américains : *And so even though we face the difficulties of today and tomorrow, I still have a dream* (« Et bien que nous soyons confrontés aux difficultés d'aujourd'hui et de demain, j'ai néanmoins un rêve… »). Le 4 avril 1968, il fut assassiné à Memphis (Tennessee), et je dus annoncer cette terrible nouvelle le soir même à la Riverside Church de New York devant un public horrifié. Mais la vision de Martin Luther King d'une résistance non violente, de la désobéissance civile et de la victoire des Noirs a fait son chemin. Le 4 novembre 2008 – quarante-cinq ans après son discours de Washington –, Barack Obama est élu et devient le premier président noir des États-Unis. Le songe de Martin Luther King n'était pas un mensonge.

Pourquoi ? « Lorsque quelqu'un rêve tout seul, cela reste un rêve. Mais lorsque nous rêvons tous ensemble, cela devient une réalité », disait l'archevêque Hélder Câmara de Recife, un des évêques les plus importants au concile Vatican II, à l'invitation duquel j'ai à plusieurs reprises parlé devant la Conférence épiscopale du Brésil. Mon rêve aussi est rêvé par beaucoup, ma vision d'un christianisme réconcilié, d'une paix des religions et d'une véritable communauté des nations est partagée par beaucoup. Mais pas plus que Martin Luther King je ne vivrai la réalisation de ma vision. Je ne vais pas non plus l'emporter avec moi dans la tombe. Elle sera portée plus loin par les aspirations de toute une génération à un monde plus pacifique, plus juste, plus humain. C'est en cela que je crois, c'est cela que j'espère.

Et qu'adviendra-t-il de moi ? J'espère que pour moi aussi il y aura une disparition de toutes les contradictions et que j'aurai une existence dans l'harmonie, la paix et le bonheur, et qu'à la fin il me sera donné ce qui dans toute la tradition chrétienne est tout bonnement nommé la *visio beatifica*, la « vision béatifique ». L'apôtre Paul, dans la première lettre aux Corinthiens déjà citée, l'a portée à l'expression de la façon suivante tout de suite après le passage sur l'amour évoqué plus haut : « L'amour ne disparaît jamais. Les prophéties ? Elles seront abolies. Les langues ? Elles prendront fin.

La connaissance ? Elle sera abolie. Car notre connaissance est limitée, et limitée notre prophétie. Mais quand viendra la perfection, ce qui est limité sera aboli. Lorsque j'étais enfant, je parlais comme un enfant, je pensais comme un enfant, je raisonnais comme un enfant. Devenu homme, j'ai mis fin à ce qui était propre à l'enfant. À présent nous voyons dans un miroir et de façon confuse, mais alors ce sera face à face. À présent ma connaissance est limitée, alors je connaîtrai comme je suis connu. Maintenant donc ces trois-là demeurent, la foi, l'espérance et l'amour, mais l'amour est le plus grand » (1 Corinthiens 13,8-13).

Ainsi s'accomplira pour moi, comme je l'espère, ce que je crois.

Bibliographie
de Hans Küng

Vie chrétienne

Rechtfertigung. Die Lehre Karl Barths und eine katholische Besinnung, Johannes-Benziger, 1957 ; trad. fr : *La Justification. La doctrine de Karl Barth, réflexion catholique* (avec une lettre-préface de Karl Barth), trad. Henri Rochais et Jean Évrard, Desclée de Brouwer, 1965.

Credo. Das Apostolische Glaubensbekenntnis – Zeitgenossen erklärt, Piper, 1992 ; trad. fr : *Credo. La confession de foi des Apôtres expliquée aux hommes d'aujourd'hui*, trad. Joseph Feisthauer, Seuil, 1996.

Menschenwürdig sterben. Ein Plädoyer für Selbstverantwortung (en collaboration avec Walter Jens et avec des contributions de Dietrich Niethammer et Albin Eser), Piper, 1995.

Vertrauen, das trägt. Eine Spiritualität für heute, Herder, 2003.

L'Église et l'œcuménisme chrétien

Konzil und Wiedervereinigung. Erneuerung als Ruf in die Einheit, Herder, 1960 ; trad. fr : *Concile et retour à l'unité. Se rénover pour susciter l'unité*, trad. Henri Rochais et Jean Évrard, Cerf, 1961.

Strukturen der Kirche, Herder, 1962 ; trad. fr : *Structures de l'Église*, trad. Henri Rochais et Jean Évrard, Desclée de Brouwer, 1963.

Kirche im Konzil, Herder, 1963 ; trad. fr : *Le Concile, épreuve de l'Église*, trad. sous la direction de Maurice Barth, Seuil, 1963.

Wahrhaftigkeit. Zur Zukunft der Kirche, Herder, 1968 ; trad. fr : *Être vrai. L'avenir de l'Église*, trad. Henri Rochais, Desclée de Brouwer, 1968.

Was ist Kirche ?, Herder, 1970 ; trad. fr : *Qu'est-ce que l'Église ?*, trad. Henri Rochais et Jean Évrard, Desclée de Brouwer, 1990.

Unfehlbar ? Eine Anfrage, Benziger, 1970 ; trad. fr : *Infaillible ? Une interpellation*, trad. Henri Rochais, Desclée de Brouwer, 1971.

Fehlbar ? Eine Bilanz, Benziger, 1973.

Katholische Kirche – wohin ? Wider den Verrat am Konzil (en collaboration avec Norbert Greinacher), Piper, 1986.

Die Hoffnung bewahren. Schriften zur Reform der Kirche, Benziger, 1990 ; trad. fr : *Garder espoir. Écrits sur la réforme de l'Église*, trad. Francis Piquerez, Cerf, 1991.

Les fondements théologiques et christologiques

Menschwerdung Gottes. Eine Einführung in Hegels theologisches Denken als Prolegomena zu einer künftigen Christologie, Herder, 1970 ; trad. fr : *Incarnation de Dieu. Introduction à la pensée théologique de Hegel comme prolégomènes à une christologie future*, trad. Élisabeth Galichet et Catherine Haas-Smets, Desclée de Brouwer, 1973.

Christ sein, Piper, 1974 ; trad. fr : *Être chrétien*, trad. Henri Rochais et André Metzger, Seuil, 1978.

20 Thesen zum Christsein, Piper 1975 ; trad. fr : *Vingt Propositions de « Être chrétien »*, trad. André Metzger, Seuil, 1979.

Existiert Gott ? Antwort auf die Gottesfrage der Neuzeit, Piper, 1978 ; trad. fr : *Dieu existe-t-il ? Réponse à la question de Dieu dans les temps modernes*, trad. Jean-Louis Schlegel et Justus Walther, Seuil, 1981.

24 Thesen zur Gottesfrage, Piper, 1979.

Ewiges Leben ?, Piper, 1982 ; trad. fr : *Vie éternelle ?*, trad. Henri Rochais, Seuil, 1985.

Freud und die Zukunft der Religion, Piper, 1978.

Große christliche Denker, Piper, 1994.

Der Anfang aller Dinge. Naturwissenschaft und Religion, Piper, 2005 ; trad. fr : *Petit Traité du commencement de toutes choses*, trad. Jean-Louis Schlegel, Seuil, 2008.

L'œcuménisme mondial

Jesus im Widerstreit. Ein jüdisch-christlicher Dialog (en collaboration avec Pinchas Lapide), Calwer-Kösel, 1976 ; trad. fr : *Jésus en débat. Dialogue entre un chrétien et un juif*, Beauchesne, 1979.

Christentum und Weltreligionen. Hinführung zum Dialog mit Islam, Hinduismus und Buddhismus (en collaboration avec Josef Van Ess, Heinrich von Stietencron et Heinz Bechert), Piper, 1984 ; trad. fr : *Le Christianisme et les religions du monde. Islam, hindouisme, bouddhisme*, trad. Joseph Feisthauer, Seuil, 1986.

Christentum und Chinesische Religion (en collaboration avec Julia Ching), Piper, 1988 ; trad. fr : *Christianisme et religion chinoise*, trad. Joseph Feisthauer, Seuil, 1991.

Spurensuche. Die Weltreligionen auf dem Weg, Piper, 1999.

La littérature mondiale et la musique

Kunst und Sinnfrage, Benziger, 1980.
Dichtung und Religion. Pascal, Gryphius, Lessing, Hölderlin, Novalis, Kierkegaard, Dostojewski, Kafka (en collaboration avec Walter Jens), Kindler, 1985.
Theologie und Literatur. Zum Stand des Dialogs (en collaboration avec Walter Jens et Karl-Josef Kuschel), Kindler, 1986.
Anwälte der Humanität. T. Mann – H. Hesse – H. Böll (en collaboration avec Walter Jens), Kindler, 1989.
Mozart – Spuren der Transzendenz, Piper, 1991.
Musik und Religion. Mozart – Wagner – Bruckner, Piper, 2006.

La situation religieuse de notre époque

Theologie – wohin ? Auf dem Weg zu einem neuen Paradigma (en collaboration avec David Tracy), Benziger, 1984 ; Gütersloher Verlagshaus, 1984.
Das neue Paradigma von Theologie. Strukturen und Dimensionen (en collaboration avec David Tracy), Benziger, 1984 ; Gütersloher Verlagshaus, 1984.
Theologie im Aufbruch. Eine ökumenische Grundlegung, Piper, 1987 ; trad. fr : *Une théologie pour le troisième millénaire. Pour un nouveau départ œcuménique*, trad. Joseph Feisthauer, Seuil, 1989.
Das Judentum, Piper 1991 ; trad. fr : *Le Judaïsme*, trad. Joseph Feisthauer, Seuil, 1995.
Die Schweiz ohne Orientierung ? Europäische Perspektiven, Benziger, 1992 ; trad. fr : *La Suisse désorientée ? Perspectives européennes*, trad. Jean Steinauer, Éditions universitaires de Fribourg, 1993.

334

Das Christentum. Wesen und Geschichte (fondamental par rapport à la présente thématique), Piper, 1994 ; trad. fr : *Le Christianisme. Ce qu'il est et ce qu'il est devenu dans l'histoire*, trad. Joseph Feisthauer, Seuil, 1999.

Die Frau im Christentum, Piper, 2001.

Kleine Geschichte der katholischen Kirche, Berlin, 2001.

Der Islam. Geschichte, Gegenwart, Zukunft, Piper, 2004 ; trad. fr : *L'Islam*, trad. Jean-Pierre Bagot, Cerf, 2010.

L'éthique planétaire

Projekt Weltethos, Piper, 1990 ; trad. fr : *Projet d'éthique planétaire*, trad. Joseph Feisthauer, Seuil, 1991.

Weltfrieden durch Religionsfrieden. Antworten aus den Weltreligionen (en collaboration avec Karl-Josef Kuschel), Piper, 1993.

Erklärung zum Weltethos. Die Deklaration des Parlamentes der Weltreligionen (en collaboration avec Karl-Josef Kuschel), Piper, 1993 ; trad. fr : *Manifeste pour une éthique planétaire. La déclaration du Parlement des religions du monde*, trad. Édouard Boné, Cerf, 1995.

Ja zum Weltethos. Perspektiven für die Suche nach Orientierung (collectif), Piper, 1995.

Weltethos für Weltpolitik und Weltwirtschaft, Piper, 1997.

Wissenschaft und Weltethos (en collaboration avec Karl-Josef Kuschel), Piper, 1998.

Globale Unternehmen – globales Ethos. Der globale Markt erfordert neue Standards und eine globale Rahmenordnung (collectif), Frankfurter Allgemeine Buch, 2001.

Dokumentation zum Weltethos, Piper, 2002.

Wozu Weltethos ? Religion und Ethik in Zeiten der Globalisierung (débat avec Jürgen Hoeren), Herder, 2002.

Friedenspolitik. Ethische Grundlagen internationaler Beziehungen (en collaboration avec Dieter Senghaas), Piper, 2003.

Weltethos – christlich verstanden (en collaboration avec Angela Rinn-Maurer), Herder, 2005.

Weltethos aus den Quellen des Judentums (en collaboration avec Walter Homolka), Herder, 2008.

Le bilan d'une vie

Erkämpfte Freiheit. Erinnerungen, Piper, 2002 ; trad. fr : *Mon combat pour la liberté. Mémoires,* trad. Monika Thoma-Petit, Cerf, 2006.

Umstrittene Wahrheit. Erinnerungen, Piper, 2007 ; trad. fr : *Une vérité contestée. Mémoires II,* trad. Jean-Pierre Bagot, Cerf, 2010.

Remerciements

Soixante années de pratique théologique sont inscrites dans ce livre. Sur ce chemin, j'ai rencontré d'innombrables personnes. De beaucoup d'entre elles j'ai appris des choses, certaines m'ont marqué. À la fin d'un tel ouvrage, elles toutes seraient à remercier, et leurs noms rempliraient d'innombrables pages.

Je veux surtout remercier la lectrice et le lecteur de mes livres, et les auditrices et auditeurs de mes cours, conférences et sermons, qui durant ces années et décennies m'ont encouragé, soutenu ou remis en question à travers leurs critiques. En tant que théologien, je ne me considère pas seulement comme un scientifique, mais aussi comme un directeur de conscience qui souhaite apporter, grâce à sa théologie, une orientation et une aide aux hommes. Pour aller de l'avant sur mon chemin, j'ai toujours puisé beaucoup de force et de courage dans les innombrables réactions qui m'ont été manifestées au cours de toutes ces années. J'en suis très reconnaissant à tous.

Je voudrais particulièrement remercier les presque mille auditrices et auditeurs qui sont venus, durant le semestre d'été 2009, à mon nouveau cours, intitulé « Ce que je crois », à l'université de Tübingen. Qu'il m'ait été accordé pour ce thème, à quatre-vingt-un ans, un si grand et si fidèle auditoire m'a rempli de joie et d'une profonde gratitude.

Pour finir, je veux remercier ceux qui ont été directement impliqués dans l'élaboration de ce cours et de ce livre : mes fidèles collaboratrices et collaborateurs ici et dans l'équipe de la Fondation Éthique planétaire, tout comme les responsables de la maison d'édition Piper, qui ont apporté comme d'habitude leur agréable et professionnelle contribution à la réalisation de ce livre.

Hans Küng,
Tübingen, juillet 2009.

Table

RÉALISATION : NORD COMPO À VILLENEUVE-D'ASCQ
CPI FIRMIN-DIDOT AU MESNIL-SUR-L'ESTRÉE
DÉPÔT LÉGAL : OCTOBRE 2010. N° 102245 (101757)
IMPRIMÉ EN FRANCE